JN302944

産地市場・産地仲買人の展開と産地形成

― 関東平野の伝統的蔬菜園芸地帯と業者流通 ―

新井鎮久 著

成文堂

目　次

序　章　畑作農村の近代化と業者流通および産地形成 …………1
　第一節　関東地方の畑作農村と農業の近代化 ……………………1
　第二節　蔬菜産地の成立・発展と流通組織の変遷 ………………2
　第三節　伝統的蔬菜作農村の産地形成過程・特質と本書の検討課題 ……5

第Ⅰ章　伝統的蔬菜園芸地帯の立地環境 …………………………9

第Ⅱ章　関東地方における輸送園芸の黎明と業者流通 …………35
　第一節　農村恐慌と近県物蔬菜産地の成立 ………………………35
　第二節　産地仲買人の発生と産地市場の展開 ……………………40

第Ⅲ章　猿島・結城台地の葉菜型産地形成と業者流通 …………47
　第一節　近現代における蔬菜産地の形成過程 ……………………47
　第二節　蔬菜産地の生産力形成条件と地域の性格 ………………51
　第三節　産地市場の成立と産地仲買人 ……………………………55
　第四節　仲買人の分布・配荷圏とその属性 ………………………62
　第五節　産地市場と農協の集荷競合 ………………………………66

第Ⅳ章　邑楽台地・板倉低地帯の果菜園芸と産地市場の不振 …71
　第一節　果菜園芸産地の展開と産地市場の動向 …………………71
　第二節　産地市場の集荷努力と産地仲買人の業者的性格 ………76
　第三節　主力商品きゅうりと産地市場の不振 ……………………81

第Ⅴ章　埼玉県北部蔬菜園芸地域の主産地形成と産地市場・産地仲買人 …… 85

第一節　萌芽期の北部蔬菜園芸地域と産地の性格 …… 85
1. 農村恐慌期以前の農業・農村 …… 85
2. 恐慌期における蔬菜産地の成立と産地の性格 …… 86
3. 統制経済期の「青果物振り売り」と蔬菜生産 …… 89

第二節　昭和初期の北部蔬菜園芸地域の発展と業者流通 …… 93
1. 産地市場の成立と特色 …… 93
2. 産地仲買人の発生と経営的性格・行動空間 …… 98
3. 蔬菜産地の形成機構と農村経済 …… 107

第三節　高度経済成長期の北部蔬菜園芸地域の確立と業者流通 …… 109
1. 産地市場および産地仲買人の分布と再編成 …… 109
2. 産地仲買人の経営形態と輸送手段の変遷 …… 114
3. 産地仲買人の営業展開過程 …… 119
4. 産地市場・産地仲買人の動向と集約的蔬菜産地の成立 …… 124

第四節　産地市場と農協の集荷競合・産地支配 …… 129

第Ⅵ章　上武蔬菜園芸地帯の地帯形成と産地市場の二極展開 …… 135

第一節　上武蔬菜園芸地帯の成立と作物編成 …… 135
1. 蔬菜産地の地帯形成 …… 135
2. 蔬菜産地の作物編成 …… 139

第二節　産地市場の展開過程 …… 142
1. 利根川右岸農村市場の場合 …… 142
2. 利根川左岸農村市場の場合 …… 142

第三節　上武生産市場と群馬境中央市場の集荷圏と組織率 …… 143

第四節　産地流通業者の二極展開 …… 147
1. 産地仲買人の分布と動向 …… 147
2. 買参人の営業類型と産地市場の性格およびその背景 …… 150

目次

第VII章　上武蔬菜園芸地帯の生産・流通環境の変化と産地仲買人 …157
第一節　関東北西部の蔬菜産地と産地市場 …157
第二節　農業労働力の高年齢化と生産力の低下―産地の課題その1 …160
　1．中島集落の農業的輪郭 …160
　2．農業労働力の高年齢化と農家の対応 …162
第三節　流通業者の新規参入と流通組織の集荷力低下
　　　　―産地の課題その2 …165
第四節　産地流通業者の動向と市場環境の変化 …170
　1．上武生産市場の集荷圏と仲買人の営業活動 …170
　2．仲買人の経営的性格と市場環境の変化 …173
第五節　市場環境の変化と仲買人の分化・分解 …182

終章　産地市場・産地仲買人と産地形成 …185
第一節　蔬菜流通の諸形態 …185
第二節　大都市圏の業者流通と産地形成―展望 …187
第三節　利根川中流域蔬菜園芸地帯の業者流通と産地形成 …190
第四節　蔬菜園芸地帯の生産と流通の新局面 …194

あとがき …201
索引 …203

序　章

畑作農村の近代化と業者流通および産地形成

第一節　関東地方の畑作農村と農業の近代化

　近代化初期段階の関東地方の畑作農村では、紅花・葉藍・綿花・大麻・葉たばこ・なたね・だいず等の伝統的な工芸作物が、東関東を中心とする各地の自然堤防や洪積台地上で栽培されていた。しかし、これらの前期的な商品作物の多くは、間もなく海外からの輸入商品によって駆逐され、衰退・消滅の命運を迎えることになる。替わって養蚕が関東北西部を展開基軸にして開墾地を含むより広範な畑作地域に、急速な普及をみるようになる。いわゆる穀桑式農業の展開である。その間、前期的工芸作物に代替えされる甘藷・落花生栽培が東関東地域を広く席巻し、同時に東京市域近傍には、近代化過程の都市発達に呼応して、近郊蔬菜園芸地域が次第に拡張されていった。

　一方、近代化初期段階の関東地方の畑作農村では、近県物の蔬菜産地の成立はまだ見られず、農産物とくに蔬菜類の商品化は自家用作物の余剰部分に限られていた。余剰蔬菜の商品化は、近隣在方町への生産者農家による挽き売り、もしくは小規模ながら地廻りの仲買人によって収集され、鉱山都市足尾や東京市域に移出されていった（東村誌，赤堀村誌）。

　関東地方の畑作農村が余剰蔬菜の商品化段階から抜け出し、局地的ながら商品化目的の生産に移行するのは、本書でしばしば問題となる農村恐慌期以降のことである。この時期、多くの農村で米麦繭価の暴落による家計の破綻を補塡すべく、平地林開墾主導型の耕地規模の拡大、桑園蔬菜間作による土地利用の高度化、さらには商品作物の新規導入や養畜部門（養豚・酪農）の拡充等の経営努力が傾注された。蔬菜作の導入もこうした選択肢の一つとして採択されたものである（出典：第Ⅱ章第一節参照）。恐慌下における商業的蔬菜生産の成立は、先進的な篤農家の存在とともに種苗業者、都市の青果問屋、

農会等の斡旋指導によるところが大であった（小野誠志1980．八千代町史通史編．森田啓次郎1995）。

　この段階（昭和初期）で萌芽的発生ないしは成立をみた蔬菜産地が，利根川中流右岸の沖積低地農村であり，邑楽台地東端の洪積台地や茨城県西部の猿島・結城台地の洪積台地農村であった。前者は葉・茎菜型の特産地として発足し，後2者はすいか・はくさいの生産で産地化の緒についた。利根川沖積低地帯の産地形成は，地域内部の特殊要因―利根川堤塘大改修による大量の耕地喪失農民の発生（零細農民層の滞留）と蔬菜作農家の商農的気質―に基づくものであり，後2者の場合は，東京近郊農業の発展が，作付面積の大きい労働粗放的な重量蔬菜の栽培を，地価の低い近郊外縁部に押し出した結果である。近世以降，中間距離の近県地域に経営規模の大きい洪積台地農村が広域的に展開していた。このことが，東京近郊からの押し出し要因いわゆるプッシュ要因に対して，プル要因的に作用したためである。

　中間距離の近郊外縁部に早期成立したこれらの蔬菜産地は，近隣に大きな消費市場が存在せず，個人的な東京出荷も輸送手段の未発達な段階では不可能に近いことであった。かくして，生産物の流通方法は共同出荷もしくは業者流通に依存することになるわけである。加えて，すいか・はくさいともに振り荷組織の大型化に移行し難い重量商品のため，共同出荷になじまない商品特性を有し，しかも，とくに重量比価の低いすいか・はくさいには遠距離輸送に不向きな商品特性がある。当然，市場間価格差が生じやすい商品である。まさに「投げ師」とも言われる産地仲買人にとって，この地域間価格差は，差益業界の恰好な標的商品であった。

第二節　蔬菜産地の成立・発展と流通組織の変遷

　産地形成と流通組織との関係は，大阪・堺近郊農村あるいは利根川右岸沖積低地農村にみられる農民気質，洪積台地農村における蔬菜の商品特性，さらに産地形成の時期，交通体系の革新，都市発達，生鮮食料品市場行政の整備等きわめて多面的な条件に基づいて具体化される。ここでは，業者流通の

序章　畑作農村の近代化と業者流通および産地形成

成立において一つのエポックを画した産地形成の時期，ならびにその他いくつかの関連する問題について触れてみたい。

　農村恐慌期以降高度経済成長前期までの間は，都市の蔬菜需要の増大も相対的に緩やかであった。対応する蔬菜供給や流通問題には，遠隔産地からの旅荷の流入以外本質的な変更は見られなかった。大方の産地は，産地市場の未成立，ないし未整備状態下での商人資本の活動と，これと前後する共同出荷体制の成立によって，地場流通は仕切られていた。

　本質的変更は高度経済成長期にいくつかの側面を見せながら進行した。たとえば，成長経済の展開期以降，東京およびその周辺部では産業と人口の急速な集積，集中が進み，生鮮食料品需要の急速な膨張―産地の大型化・広域化―流通の大型化が一挙に問題化した。産地の拡大は農業基本法下の選択的拡大生産政策と「指定産地」指定を軸にして推進され，流通の大型化は，大都市での中央卸売市場の整備とその運用に基づく建値市場化や集散市場体系の確立を狙って実施された。その間，産地形成の進んだ農村の出荷組合や生産者集団を発展的・組織的に組み込んだ農協が，国の流通政策を背景に生産と流通の両面において強力なリーダーシップを発揮するようになる。

　以来，多くの新興産地において，農協の大型共販体制が蔬菜の流通面を支配することになる。言い換えれば，経済成長期とりわけ米生産調整期以降の農協は，水田から畑地に軸足を移動し，米から蔬菜にシフトするようになったわけである。以後，新興の蔬菜産地では積雪寒冷地の一部を除いて，業者流通―産地仲買人と産地市場―の成立をみることは稀となった。いわば，経済成長期以降における農協の市場参入と1970年代の蔬菜需給の緩和基調期を境にして，業者流通が新興産地を支配できる時代は，ほぼ終焉を迎えることになるわけである。もとより，伝統的産地での業者流通は，中央卸売市場の建値市場化や集散市場体系の網の目を縫うようにして，農協出荷を超える実績を挙げ，産地農民の支持を集めて健在である。

　ところで，昭和初期のわが国の蔬菜生産は，東京，大阪等の近代化に伴う需要の増加に対応して，府下ならびに隣接県の一部に近郊農業地帯の形成をみることになる。時を置く間もなく，鉄道，船舶，自動車輸送の発達を背景

にして，遠郊農業地帯の形成が順次進行し主産地が形成される。残された課題いわゆる2・8月の冬枯れ期と夏枯れ期の存在のうち，後者は輸送手段の拡充とこれにかかわる施設整備，ならびに高冷地・寒冷地での産地開発によって間もなく解決する。第二次大戦後まで持ち越された前者冬枯れ期の蔬菜供給は，1965年以降のビニールハウス利用による施設栽培技術の普及で，ほぼ全面的に解決することになる（野菜生産流通問題研究会1988）。外国産の輸入農産物がこうした問題を追認的に補完するようになるのは比較的近年のことである。

　一方，卸売市場法の整備面では，1960年代中頃に発足した指定産地制度や価格保証制度とあいまって，主産地の出荷体制は急速に整備され，農協の大型共販が進行した。同時に地方中核都市を組み込んだ中央卸売市場法が整備され，ここに大型市場と大型共販の提携が，集散市場体系下における最も合理的・効率的流通形態として動き出したわけである。当然，建値市場化による全国的な価格の平準化が，差益目的の産地仲買人の行動を限定的なものにしたことも事実である。他方，市場関係者や行政当局が，集散市場体系の構築と建値市場化こそ青果物流通の王道であると信じ続けていた頃，「産直」を軸に据えた市場外流通が農協まで巻き込んで深く進行していた。

　周知のように産地仲買業務の全盛期は1950年代末期頃といわれている（松浦　恵1985）。その後，1960年代中葉から消費―流通―生産各領域の大型化が進行し，産地市場と仲買業者は斜陽期を迎えることになる。全国的・県域的集荷と名古屋市域・全国的配荷を扱うかつての名古屋近郊枇杷島市場の送り師集団，ならびに東京府域北西部からの入荷蔬菜を府域内外の市場に分荷していた千住市場の投げ師集団の活動は，都市域の拡大と流通業界の再編成によって，存在理由を失い衰退した。しかし大方の予想に反して，大阪・堺近郊農村，淡路島の農村，南三河地域，利根川中流域農村地帯等では，産地市場と産地仲買業者の活動が現在も継続し，以下に述べるごとく業者流通業界は健在であった。この現実を反映して，業者流通に関する学会，関係機関の評価にも肯定的な見解が早い段階からすでにみられた。

　たとえば，『産地形成と流通（1969）』における座長発言をみると，小泉浩

郎の研究の視点を「産地仲買人・青田師の存在の合理性を重視し，これが流通合理化のひとつのパターンであり，過度期的な役割でなく，近代的な性格を持っているもの」と理解し，評価している。また，小泉浩郎は分科会での報告のなかで，「広域配荷を特徴とする産地市場は，時期，品目に偏りはあるが，最盛期には県外業者も含めて大規模な需給の出会いがあり，比較的安定した価格を形成している。」点を指摘し，業者流通を肯定的に捉えている。一方，農林省本庁職員，同研究所・試験場研究員を執筆メンバーの中枢に据えた『日本の野菜』の中で「集出荷業者の取り扱いが一定量を維持していることは，農協等からの出荷量の少ない，また分荷の対象となっていない，大消費都市の周辺市場からの荷引き要請が強いためであって，現在でもたまねぎ・はくさい等の一部品目や地域によっては産地仲買人等が流通上重要な役割を果たしている。」と述べ，その存在と機能を認めている。山口照雄(1982)の解説も客観的で参考になる点が多い。なお，補足するならば，先の研究報告では問題にされていないが，業者流通とくに青田師の存在が，蔬菜農家の年間経営計画のなかで重要な位置を占めてきたことも，流通問題を超えた経営効果として十分評価すべき事柄であろう（都市近郊野菜経営）。

　森　祐二（1992）の指摘も併記しておこう。「市場外流通の部分が卸売市場に包括されたら，流通は卸売市場だけでいい。実はそれが可能な市場形態がある。それは前項でも指摘した産地市場と呼ばれる産地立地型の民間市場である。『もはや産地間競争の問題ではない。これからは市場間競争の時代である。』これはわが国でも有数の産地市場として知られる長野県連合青果の考え方である。」青果物流通業界で活躍するジャーナリストは，産地市場の今後の役割を大胆にもこう指摘している。

第三節　伝統的蔬菜作農村の産地形成過程・特質と本書の検討課題

　利根川中流域一帯には，埼玉県側の深谷，本庄，妻沼と群馬県側の境，新田，尾島，東を中心とするごぼう・きゅうり・ほうれんそう・すいか・だい

こん・やまといも等の果菜・根菜・葉菜の総合産地と，館林，板倉における施設物きゅうりに特化した果菜産地，ならびにその下流部左岸一帯の茨城県猿島・結城両台地に広がる葉物3品（はくさい・レタス・キャベツ）に特化した産地が，それぞれ展開している。

　これらの地域は，昭和初期，京浜地帯への人口の集中と近代産業の集積を契機とする近郊農業の発展期に，近郊外縁蔬菜作農村として他産地に先駆けて萌芽的発生期を迎えたところである。いずれの産地も，成立当初から蔬菜作農民と産地市場および産地仲買人との相互依存関係が強く，蔬菜の流通面における独特の地域性を共有する空間―本書の副題として取り上げたいわゆる「伝統的蔬菜園芸地帯」―を形づくっている。この萌芽的段階の蔬菜産地では，生産技術的な課題だけでなく，生産物の流通面でも未経験故の試行錯誤に直面していた。こうした状況のなかで，産地規模の拡大に伴う生産と流通の分離を求める農家の要望と利害関係が一致した結果が，産地仲買人の発生であり産地市場の成立であった。いわば農協という強力な流通組織が生まれる以前に成立した伝統的産地と，主力商品の商品特性とに規定されて生じた流通組織であり相互依存関係であった。

　業者流通を特徴とするこれらの地域の発展は，その後，第二次世界大戦前後における澱粉質食品偏重の統制経済時代を経て，1960年代から80年代にかけて，野菜指定産地制度の施行ならびに農産物消費構造の変化や産地仲買人の業者的性格の変質を契機に，品目的にも多様化し，利根川中流域蔬菜園芸地帯（以下，この呼称に統一する）ともいえる一連の大規模濃密産地を形成して，今日に至っている。加えて，地形的にも沖積低地帯と洪積台地とからなる点で，3者ともに共通し，栽培作物の地域的・歴史的性格を特徴づけている。

　首都圏50〜75km辺に展開する伝統的な蔬菜園芸地帯は，互いに個性と共通性を維持しながら，ほぼ4分の3世紀に渉って有力産地の地位を保ち続けてきた。以下，産地市場と近在農村ならびに産地仲買人と蔬菜作農民との相互関係の考察を通して，日本の近代化以降における首都近郊外縁蔬菜作農村―利根川中流域蔬菜園芸地帯―の成立と変貌の過程を明らかにしてみたい。とりわけ，高度経済成長期以降，急速に増大した農産物需要とこれに伴う生産

と流通の大型化の要請に，地域の生産者および流通業者がどう対応したか。より具体的には，中央卸売市場を核とする集散市場体系の構築と建値市場化という流通近代化政策の進行するなかで，前近代的側面を含む産地流通業者たちがいかに対応し，存続してきたかという点について，その実態と存続理由ならびにその意義―産地市場・産地仲買人と産地形成―の解析を中心に，大阪・名古屋近郊農村との比較を交えながら，以下の3地域の検討を試みる予定である。

なお，本書では，利根川中流域蔬菜園芸地帯の最上流部に展開する蔬菜産地を上武蔬菜園芸地帯と呼称し，右岸の産地を埼玉県北部蔬菜園芸地域，左岸の産地を群馬県南部蔬菜園芸地域とそれぞれ分けて呼称する。さらに，群馬県南部蔬菜園芸地域の利根川下流域に立地する蔬菜産地を邑楽台地・板倉低地蔬菜園芸地帯と呼称し，同様にその下流域の左岸一帯に広がる蔬菜産地を猿島・結城台地蔬菜園芸地帯と呼称することにした。また，首都近郊外縁農村とは，首都近郊農業地帯を除く関東地方全域の農村を統一的に呼称したものである。

補足的事項であるが，本書では，読者の混乱を避けるべく市町村の名称をすべて大型合併以前の旧名に統一表記し，また「農業協同組合」についても，「農協」と「JA」の時期的別称を「農協」に統一表記した。

文献および資料
赤堀村誌編纂委員会（1978）：『赤堀村誌』．
東村誌編纂委員会（1979）：『東村誌』．
新井鎮久（2010）：『近世・近代における近郊農業の展開』古今書院．
小野誠志（1980）：『野菜作経営の展開』明文書房．
杉浦 恵（1985）：『青果物の流通　1』農林リサーチセンター．
農林省農業技術研究所編（1969）：『産地形成と流通』．
森　祐二（1992）：『青果物の市場外流通』家の光協会．
森田啓次郎（1995）：『嬬恋幾山河』．
野菜生産流通問題研究会（1988）：『日本の野菜』地球社．
八千代町史編纂委員会（1987）：『八千代町史　通史編』．
山口照雄（1982）：『野菜の流通と値段のしくみ』農山漁村文化協会．

第 I 章
伝統的蔬菜園芸地帯の立地環境

上武蔬菜園芸地帯　埼玉県北部の蔬菜園芸地域を取り巻く自然的環境は，利根川右岸低地帯の場合，本庄・深谷・妻沼(めぬま)にかけて，利根川および烏川自然堤防帯を中心に展開する（図 I.1）。両河川の形成した自然堤防は，土壌学的にみてかなり近似的な性格であるが，平野の微地形発達過程や河川の自然的性格の違いを反映して，微妙な地域差も見られる。とくに深谷市域の利根川自然堤防帯では，肥沃な砂壌土や粘質を帯びた壌土が一般的であるが，南の小山川と北の利根川の両粘質壌土帯の中間には，より肥沃な落合統・大塚統が分布する（畑地土壌生産性分級図）。土壌学的な分類に基づく強粘土質の畑地土壌だが，新会地区を中心に北部沖積低地帯最良の土壌帯を構成している。氾濫原に形成された自然堤防列と対をなす後背低地や旧河道は，水田地区を

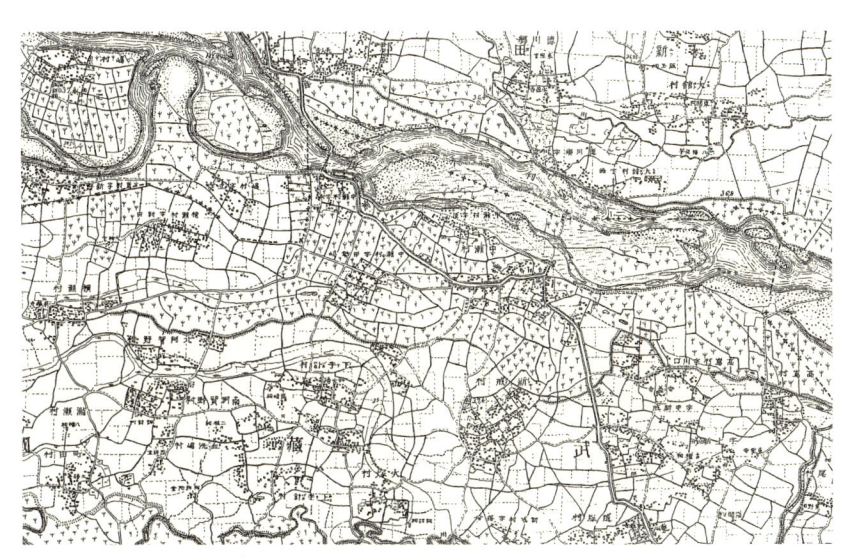

図 I.1　利根川中流右岸低地帯の自然環境と土地利用（迅速図．深谷図幅）

ともなって、各地にほぼ東西方向に連なる痕跡を残している。水田地区を結ぶ清水川（用排水河川）とその支流は、大雨の際に本庄方面から流下する野水の被害が、蔬菜作地域にまで波及することを防ぐ機能も持っている。防止機能を最大限に発揮するため、排水路に沿って不相応に広大な遊水池を整備しているのも、畑作を重視する集約的蔬菜産地ならではの景観である（写真Ⅰ.1）。

一方、地形的に地域を総観すると、備前堀を中心にして、北部は自然堤防帯を南西部は後背低地帯を形成し、土地利用では畑地帯と水田地帯とに大別される。とりわけ前者の畑地帯は、上・下流域を問わず生産力のきわめて高い沖積土壌であり、有効土層も厚く、過旱・過湿の恐れも少ない日本有数の沃土に恵まれた蔬菜園芸地域となっている（深谷市史追補編）。なかでも深谷市八基地区では、蚕種製造と葉藍の栽培をとおして近代初頭から商品経済と接触していたこと、ならびに近代後半の畑作地帯としては、他に例をみない大規模耕地整理事業の達成などにより、近現代の濃密蔬菜園芸地域形成の主

写真Ⅰ.1　利根川右岸低地帯の清水川と遊水池 (2011.12)

導的条件が整っていた。

　埼玉県北部の蔬菜園芸地域は、利根川沖積低地帯を中心に、南部の荒川扇状地上までその範囲を広げている（図Ⅰ.2）。崖線が明瞭に認められる深谷地方の場合、沖積低地と洪積台地の境界線は、45〜50mの等高線で引かれ、JR高崎線の走向とほぼ一致している。扇状地面は侵蝕谷の発達が見られず、平坦面が広がっている。扇状地上を被覆する洪積土壌は、地力瘠薄で過旱の恐れや風食の危険が多く、農業生産力的にも劣っていたが、長年にわたる地力培養の結果、作物の立地選択範囲は拡大した。当然、低生産力土壌のため開発は遅れたが、今日、洪積土壌に適合する作物選択によって、岡部・藤沢地区を中心にそれなりに存在価値のある蔬菜園芸地域となっている（深谷市史追補編）。

　埼玉県北部蔬菜園芸地域の核心・深谷市域に西接する本庄市も、蔬菜栽培の盛んな地域である。以下、本庄の自然環境について、『本庄市史（通史編Ⅰ）』を中心に、筆者の知見を若干加えながらまとめてみよう。

　本庄市域の地形を概観すると、北から南に向かって沖積低地、台地、丘陵が分布する。沖積低地帯は、利根川と本庄台地の崖線に挟まれた地域に展開する。沖積低地帯には、東から深谷市八基地区の土壌、蔬菜産地の性格ともに共通点の多い藤田地区、仁手地区を経て旭地区と並ぶ。これらの集落の立地する沖積低地は、烏川の氾濫原としてその骨格が形成され、その後、およそ16世紀中頃から利根川の氾濫の影響も加わり現地形が成立した。

　地質学上、本庄低地はいわゆる「妻沼低地」の上流域に広がる。この沖積低地帯は、烏川、利根川、神流川が氾濫原に刻んだ流路跡と、これに沿って堆積した自然堤防ならびにその後背低地からなる平野の微地形群を構成している。氾濫原の土地利用は、自然堤防上の微高地が集落と畑に利用され、旧河道の多くは帯状に水田化された。微高地の砂壌土は肥沃で蔬菜栽培に適し、埼玉県北部蔬菜園芸地域の一角を支える農業基盤となっている。旧河道の下層には砂礫が厚く堆積しているが、耕土層は粘質を帯びた土壌で被覆され、水利に恵まれたところでは稲作が行われてきた。微地形変化の著しい沖積低地帯も、1970年代から80年代にかけて推進された県営圃場整備事業で、その

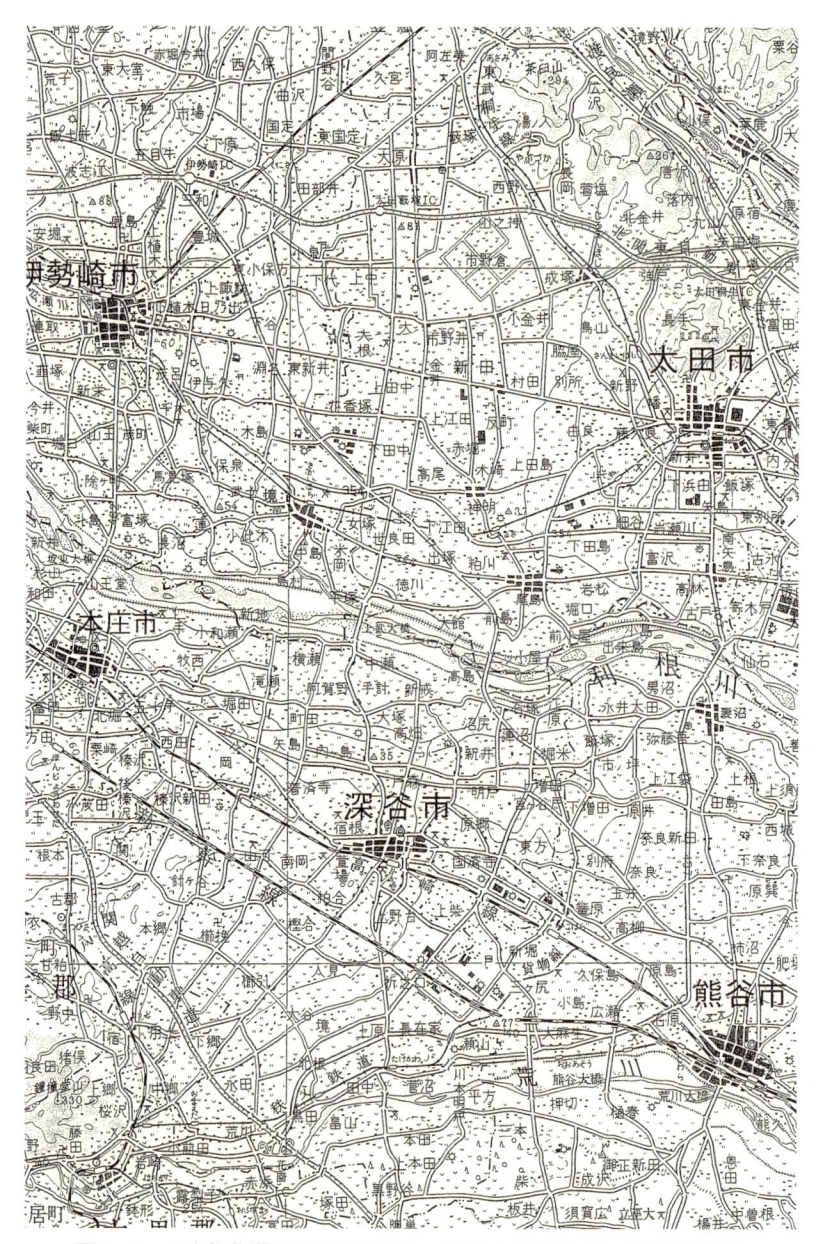

図 I.2　上武蔬菜園芸地帯 (20万分の 1 地勢図．宇都宮図幅．平成23年発行)

第Ⅰ章　伝統的蔬菜園芸地帯の立地環境

特色と面影を失った。反面，窪地や水田の一部は整地されて畑地化し，これに田畑転換利用が加わった結果，蔬菜作地帯の性格が一層強化されることになった。沖積低地帯の南限は，本庄台地崖線であり，段丘崖の比高は東端の城山附近で約4m，西端の小島地区で7.5mとされる。段丘崖は古代烏川が神流川扇状地を侵食して形成したもので，かつては神流川の流路になり，現在は元小山川の流路となっている。昭和30年代前半まで崖線では清冽な湧水が各所にみられ，中でも石尊様の清水は有名であった。

　沖積低地に南接する本庄台地は，洪積世末期に神流川が運んだ堆積物によってできた扇状地面である。台地は一見平坦に見えるが，南から北に向かって緩やかに傾斜している。緩傾斜地形ではあるが土壌侵食を生じたり，農作業効率を阻害するほどのものではない。局所的には小河川の形成した河岸段丘や侵食谷がみられ，これらが台地上に僅かながら起伏をつくっている。地層は洪積世末期に形成された低位段丘堆積物とされているが，本庄台地では大里ローム層が1～2mの層厚で堆積している。本庄台地の標準的な土層は，礫層の上にローム層を載せ，これを30～40cmの表土が被覆している。ローム土壌の生産力は，寄居扇状地ととくに異なる点はないが，農村恐慌期の百合根の生産と今日の果樹栽培とは土地利用的に若干異質である。本庄の市街地を載せる洪積台地上では，都市化が進み，近年著しい変貌が見られるが，台地農村では今でも蔬菜生産を行っている農家は少なくない。

　なお，東部の妻沼地方は，地勢平坦にして農桑に適したところである。市街地を載せる自然堤防状の微高地は，高度経済成長期以前に作成された地形図から判読すれば，周囲を取り巻くように流れた旧河道によって形成されたと思われる。利根川の乱流河道は，妻沼町のほぼ全域にわたって，その痕跡を地形図上に残している。旧河道附近には集落と畑の分布する自然堤防と水田の分布する後背低地が見られる。東西に流れる備前掘を大まかな境にして，南部の水田地域と北部の畑地蔬菜作地域とに分けることもできる。後者の土壌は中瀬・新会の延長としての砂壌土ないしやや粘質を帯びた肥沃な壌土地帯となっている。この土壌は，原井橋付近で約3mの層厚で堆積し，その下部は数mの砂礫層となっている（妻沼町史）。おそらく妻沼地区の畑地帯を代

13

表する土壌型と考えられる。近〜現代にかけて養蚕から蔬菜栽培に転換した地域である。南部の水田は古くから壌土質の二毛作地帯となっていた。

　利根川左岸の群馬県南部に発達する蔬菜園芸地域は，利根・広瀬両河川の形成した自然堤防帯（氾濫低地帯）と，これに接続する大間々扇状地の扇央部から扇端部にかけての地域に集中的に分布する（図I.2参照）。自然堤防帯の土地条件は，地形的には利根川右岸地域の場合とほとんど差異は認められない。ただし土壌学的には，ごく一部の過旱の恐れがある微砂質土壌の堆積地域を除けば，おおむね生産力の高い砂壌土地帯である。この土壌は広瀬川右岸では2mほどの層厚を持つが，利根川右岸の島村地区では1mと浅い。中島，米岡，平塚各集落にかけてみられたごぼうの集中的産地は，この2m層厚の土壌分布地域と一致していた。また広瀬川と七分川旧河道との間には，壌土が自然堤防状の微高地を形成している（境町史自然編）。利根川右岸地域に比べて，左岸の氾濫低地帯では，粘性が弱くねぎ栽培に適した壌土質土壌に欠ける点が決定的な相違点といえる。

　群馬県南部蔬菜園芸地域の北の一角を占める大間々扇状地は，桐原面（東・赤堀）と藪塚面（藪塚本町）からなり，前者では侵蝕谷が発達し，後者では平坦面が大きく広がっている（図I.3）。両地形面とも2mほどの洪積土壌で被覆され，下部は10〜20mほどの礫層が厚く堆積する。藪塚面の場合，自由地下水面の位置は扇央部で最も深く，久宮では20mに達する。土壌瘠薄・過乾と風食の恐れが大きい乏水地形に加えて，晩霜害・雹害の多発する大間々扇状地の農村では，作物編成は，国営農業水利事業の完成まで耐乾性・深根性作物に限定されるという過酷な状況が続いた。南部の自然堤防帯と北部の扇状地（桐原面）の周辺には，比較的まとまりを持つ洪積台地（伊勢崎台地・伊与久台地）と中間に挟在する谷底平野，扇端低地（新田町史通史編）が分布し，それぞれが一体となって，群馬県南部蔬菜園芸地域の核心部分を形成している。なお，境町を中心とした上述の地域の東部には，南から肥沃な利根川自然堤防帯，木崎の市街地を載せる比高2〜2.5mほどの洪積台地（木崎台地），石田川と湧水帯で仕切られる扇端低地帯が，群馬県南部蔬菜園芸地域の延長空間として展開する（境町史歴史編下）。

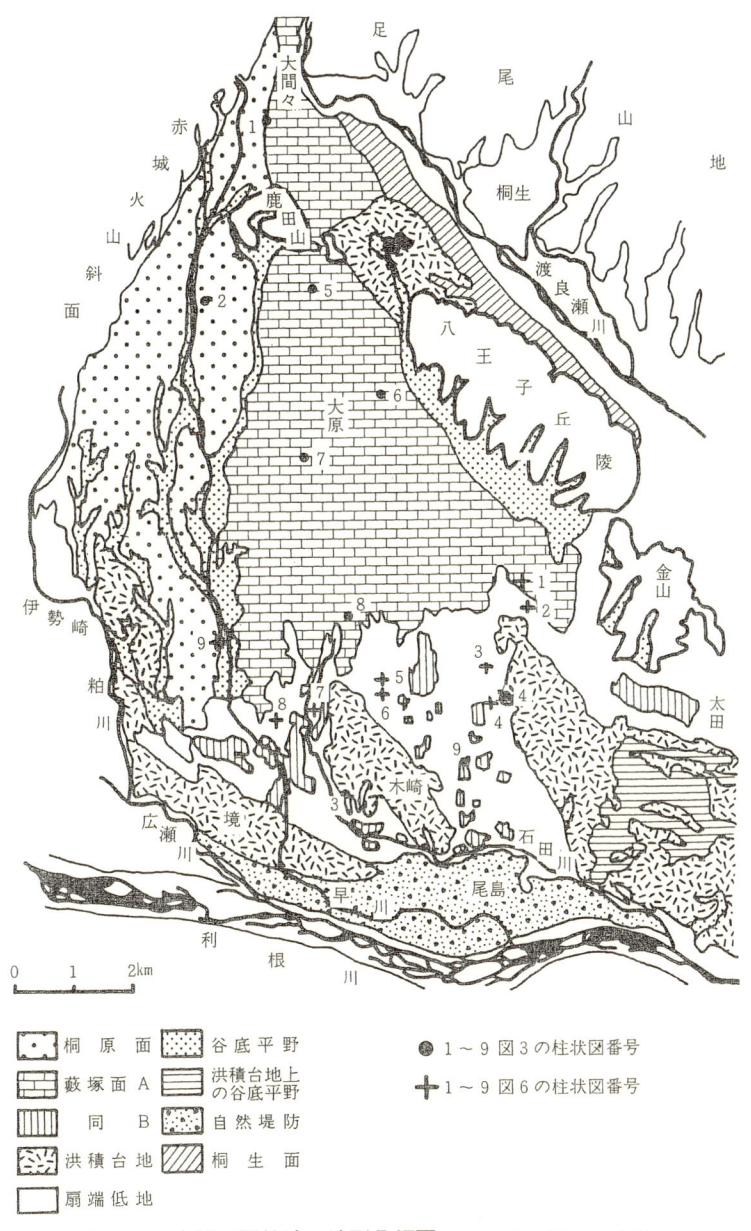

第Ⅰ章　伝統的蔬菜園芸地帯の立地環境

図Ⅰ.3　大間々扇状地の地形分類図（新田町史通史編より転載）

凡例:
- 桐原面
- 藪塚面A
- 同B
- 洪積台地
- 扇端低地
- 谷底平野
- 洪積台地上の谷底平野
- 自然堤防
- 桐生面
- ● 1～9 図3の柱状図番号
- ✚ 1～9 図6の柱状図番号

次に利根川中流域蔬菜園芸地帯の社会経済的環境のうち，地域農業の生産力水準の動向にかかわる土地改良と工業化について，主として経済成長期以降の推移を概観する。前者は農業構造改善事業の展開を中心にして考察し，後者は工業団地造成を手掛かりにしてそれぞれ展望する。

　上武蔬菜園芸地帯における土地改良事業は，農村恐慌期に実施された深谷市八基地区の事例をもって嚆矢とすることができる。事業の内容は，用排水改良と自動車・荷馬車による蔬菜搬出のための農道整備であり，耕地交換を含む1反歩区画の耕地整理であった。道路網は各部落から村の中心部に向けて敷かれ，同時に県道や隣接他町村との接続も考慮され，しかも集落から放射状に耕地に向けて建設された（八基村誌）。昭和初期，全村を対象にした先進的な土地改良事業が完成をみたのは，近代化過程の初期段階から蚕種製造・葉藍栽培・養蚕等をもって商品経済に接触してきたこと，ならびに渋沢栄一・渋沢元治・尾高惇忠等の逸材を輩出してきた村民たちの進取の気性によるところが大きい。利根川右岸低地帯の濃密蔬菜産地の骨格はこうして形成された。

　この他に，明戸地区の第1・2次農業構造改善事業（圃場整備）をはじめ県単事業，市営事業としての圃場整備や農道整備が各地で施工された。一方，蔬菜濃密産地の新会，中瀬地区では，県営事業として排水改良と畑地灌漑を伴う30a区画の圃場整備事業が413ha規模で実施され（深谷市史追補編），ここに戦前の八基地区の土地改良と地域的に結合した生産基盤の確立をみることになる。

　同じ頃，寄居扇状地では，荒川中部開発計画に基づく国営幹線用水路の設営と，農業構造改善事業による大規模な畑地灌漑事業とが実施された。とくに扇央部の優良開拓農村・櫛引原地区では用水路の開疏と土地改良が施工された。しかしながら，用水の多くは下流地区の新規水田開発に充てられ，櫛引原地区での蔬菜栽培の拡充に転用されることはなかった。結局，寄居扇状地で実施された荒川中部農業水利事業は，畜産，酪農，花卉・樹木，水田水稲作等に地域別，業種別に分散して利用され，蔬菜産地成立の契機をもたらすことはなかった（新井鎮久1971）。

第Ⅰ章　伝統的蔬菜園芸地帯の立地環境

　農業労働力の流出や農地の潰廃にかかわる工業団地の造成については，埼玉県の草分け的な工業団地として造成された深谷（幡羅）をはじめ，熊谷（御稜威原），川本・春日丘の３団地があるが，いずれも寄居扇状地の縁辺部や17号国道沿いに立地し，埼玉県北部蔬菜園芸地域にとっては，やや間接的な存在である。とくに沖積低地帯の工場立地は伝統産業，中小企業を含めて皆無に近い状態である。

　本庄市域のうちでも利根川，神流川，烏川自然堤防帯の土地改良は，藤田～仁手地区にかけての乱流田畑作地帯を対象に県営圃場整備事業で行われ，蔬菜生産地域としての性格を一段と明確にした（本庄市史通史編）。工業団地としては，洪積台地上に飛行場跡開墾地の歴史を持つ児玉工業団地と本庄・いまい台工業団地が造成されている。濃密蔬菜園芸地域との関係は，深谷，妻沼地区の場合と共通し，比較的遠隔距離ではあるが，農家労働力の高齢化と後継者不足問題の一因になっている。

　妻沼町における土地改良は男沼地区で施工された。事業は農業構造改善事業として，畑地灌漑，排水改良，圃場区画と農道の整備をとおして，蔬菜栽培の効率的展開と増収効果を狙って実施された（土地・水・地域）。工業団地の建設は，小規模な妻沼西部工業団地だけである。

　群馬県南部蔬菜園芸地域の社会経済的環境のうち土地改良状況については，大まかにいって，これまで水田地帯主導型で用排水改良事業が行われてきた。畑地蔬菜作地帯の土地改良は，利根・広瀬川沖積低地帯でほとんど認めることができなかった。これに対して，大間々扇状地の扇央部を占める藪塚本町から扇頂部の笠懸・大間々両町にかけて，田畑を問わない区画整備と碁盤目状の農道網が整備されている（図Ⅰ.4）。また赤城南面を含む桐原面上の赤堀村では，蔬菜栽培の導入を目的にした土地改良区営の農道整備と圃場整備の事例が，同じく桐原面上の東村では，早川沿岸水田地域の農道整備と圃場整備に付随した畑地の圃場整備が，境町にかけてそれぞれ施工された。桐原面上の両村とも，若干，耕地整理網の粗密にバラツキが見られ，形態的にも不整形の面が見られるものの，総じて良く整備された田畑作地帯といえよう。他方，扇端部の新田町では，木崎台地の中江田集落から上江田集落にかけて

の地域と，扇央部に近い太田県道以北の地域とが，いずれも比較的耕地整備の進んだ畑作農村景観を呈している。新田町綿打地区における耕地整理は，1900（明治32）年の耕地整理組合法の制定を受け，同35年には早くも整理事業が発足する。事業への素早い対応と広域的な普及は，扇端部に湧水掛かりの排水不良型湿田地域が広く占めていたこと（図Ⅰ.5），ならびに北部の畑地帯で，大正〜昭和にかけて耕地整理を含む平地林開墾が同時進行的に実施さ

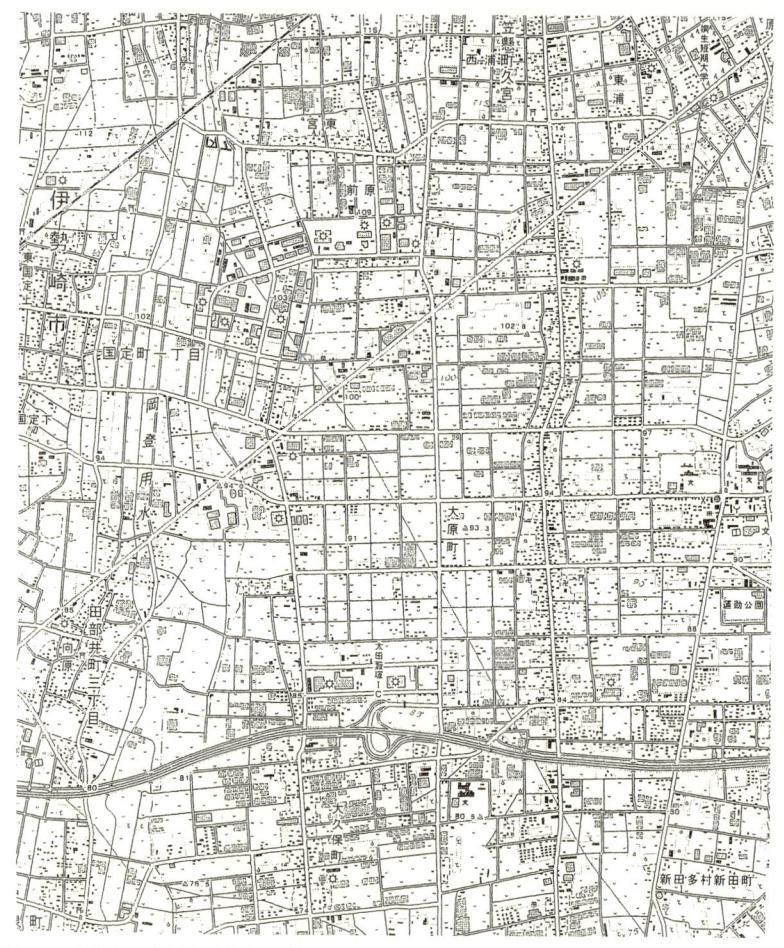

図Ⅰ.4　大間々扇状地扇央部の耕地整理状況（2.5万分の1地形図．桐生図幅．平成21年発行）

第Ⅰ章　伝統的蔬菜園芸地帯の立地環境

れたことにも深いかかわりがあった。耕地整理面積は明治末年までに概算1,804haに達し，結果的に新田郡の耕地整理面積は群馬県下で1位の実績を挙げるに至った（新田町史通史編）。

　境，世良田，尾島にかけての沖積低地帯における耕地未整理状況の原因として，生産力の高い中核的蔬菜作地域では，農家が土地改良の必要を自覚しないか，または集落の意志統一が共同体的性格を本来的に持つ水田農村ほど容易でなかったか，あるいはこの地域の耕地では何らかの作物が常に栽培され，工期用の休閑期が存在しなかったこと等によるものと思われる。反面，大間々扇状地の農村や木崎台地の農村が耕地整理をよくなし得た一因としては，既述のように，平地林開発という歴史的な地域課題の存在と，耕作規模の相対的に大きい地域での機械化営農基盤づくりの必要性を指摘することができる。

　こうした歴史的過程を経て，その後，国営渡良瀬川沿岸農業水利事業の一

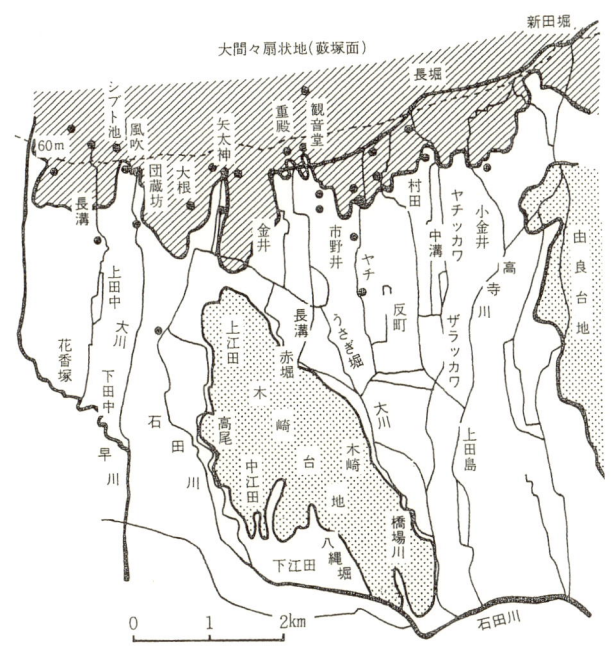

図Ⅰ.5　新田町の水系と旧湿田（白地部分）（新田町史通史編より転載）

環として推進された「藪塚台地畑地帯総合土地改良事業」は，北関東でも希少の国営畑地灌漑事業であり，かつての深根性作物栽培地域を施設物きゅうり・ほうれんそうの周年栽培地域に転換させる事業効果を発揮した。同時期，県営東群馬土地改良事業が発足した。計画段階の事業目的は開田，用水補給，畑地灌漑であったが，事業半ばで減反政策に直面し，事業規模を縮小するとともに事業内容も圃場整備と暗渠排水工事に切り替えて終了した。畑地灌漑については，少なくとも境地区に関する限り実施された形跡は見られない。

　高度経済成長期における地方自治体の工場誘致政策に乗って，群馬県南部蔬菜園芸地域の中枢地区周辺にも多くの工業団地が県，市町村，組合の手で造成された。しかしそのほとんどが優良農地—蔬菜産地—を避けて推進された。以下地域別に列挙すると，上武道路（R17）に近隣接する扇端低地帯（境町史自然編）の湿田を中心に，境上武工業団地，境北部工業団地，尾島工業団地，尾島第二工業団地が展開し，上武道路から若干西方の軽鬆土開墾地区—伊与久台地—に伊勢崎佐波第一工業団地が，また上武道路と北関東自動車道路の交差するインター付近に伊勢崎工業団地がそれぞれ造成された。伊勢崎南部の利根川沿岸に立地する南部工業団地，八斗島工業団地，名和工業団地も農村労働力に依存する一連の大規模工業地帯を形成している。いずれも利根川の氾濫原と旧河道に堆積した砂質土壌帯で，かつては旱魃に弱い低位生産力のため，桑園として限定的に利用されてきた地域である。

　大間々扇状地にもいくつかの工業団地が形成された。扇状地西域の赤堀村には，香林工業団地，鹿島工業団地，赤堀・笠懸・東工業流通団地が造成され，隣接東村には伊勢崎東流通団地と同第二流通団地が建設された。選定された用地は平地林残存地区や上武道路に面した地区が多く，農業振興地域との両立が図られている場合が一般的のようである。また，扇央部から扇端部にかけての藪塚本町，新田町にも藪塚工業団地，新田北部工業団地，反町工業団地，新田早川住宅団地が創設された。当然，その際の農用地の転用量も少なくなかったが，汎地域的にみるとスプロール的な工業化の展開例は東村市場・国定，赤堀村下触，新田町市野倉の飛行場跡開拓，藪塚本町六千石・太田藪塚インター付近等に数社ずつ見られるだけである。

第Ⅰ章　伝統的蔬菜園芸地帯の立地環境

邑楽台地・板倉低地蔬菜園芸地帯　利根川と渡良瀬川に挟まれた狭長な地域に立地するこの蔬菜園芸地帯は、二大河川の相互干渉と造盆地運動の影響でしばしば溢流し、洪水に悩まされる沖積低地の板倉町（図Ⅰ.6）と低地帯を横切って延びる洪積台地上の館林市とからなっている。東西に連なるこの洪積台地は、大泉町（30m）―邑楽町―館林市―板倉町（15m）の一部を載せ、なかでも東端に近い伊奈良・赤羽集落は畑地帯として、施設園芸（きゅうり）を中心に邑楽台地における蔬菜産地の中核となっている。邑楽台地・板倉低地蔬菜園芸地帯に分布する洪積台地には、地域の40％近くを占める邑楽台地のほかに、西岡・藤岡両洪積台地がある。後者の両台地は栃木県岩船地方に連続する台地であるが、渡良瀬川の旧河道の浸蝕や新河道の開削により分断されている。

　概括的にみて、この地域の台地は西から東にかけて傾斜するが、造盆地運動の影響で北から南に向けても傾斜が見られる。その結果、多くの侵食谷はいずれも北西から南東方向にかけて展開する。洪積台地上のローム層厚は、

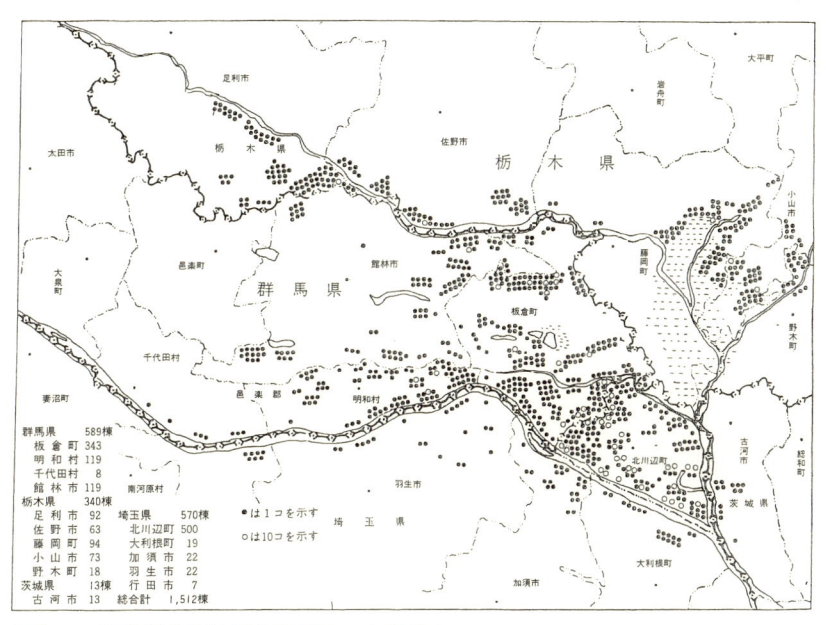

図Ⅰ.6　利根川中流域板倉町周辺の水塚分布（昭和54年現在．板倉町史通史上巻より転載）

藤岡台地の場合が2m，邑楽台地の場合が5m前後であり，表土の30cmが熟畑化した黒色の耕土層になっている。邑楽台地では，低湿な水田面との比高は北部で4～5mになるが，南部では1～2mと僅少で自然堤防と見誤るほどである。当然，大規模洪水の際には冠水し，結果的に，沖積土壌に被覆された埋積洪積台地となっている地域もみられる（板倉町史通史上巻）。

　輪中地域と比肩される板倉低地帯の地形は，7本の自然堤防帯と多くの池沼が散在していた後背低湿地帯とからなっている。前者はシルト質土壌が多く，後者はグライ化土・黒泥土・泥炭土などからなる秋落型の低生産力土壌が一般的で，近現代にかけて排水機設置を伴う大規模土地改良事業によって耕地化され，あるいは乾田化されたところである（板倉町史通史上巻）。蔬菜栽培に適合したいわゆる砂壌土質の自然堤防は，長年に渉る水田拡張過程で水田面まで削離整地され，上武蔬菜園芸地帯のような有力な蔬菜産地にはなっていない。幅員200～300m程度の狭長な自然堤防の発達では，面積的にみても両者の存在価値は比較にならない。さらに基幹作物・きゅうりの施設栽培には，必ずしも排水良好な自然堤防上の砂壌土が必要不可欠の条件ではなかったからである。

　邑楽台地・板倉低地蔬菜園芸地帯における土地改良事業は，低地帯全域に及ぶ耕地整理と農道整備，板倉沼周辺の河川・池沼干拓による開田，低湿水田の乾田化，用排水改良等の形をとって行われた。このうち明治後期に始まる耕地整理事業は，1941（昭和16）年以降に限ってみても1,871haの圃場で施工されている。一方，農業基本法に基づく区画整理事業いわゆる農道・水路の整備と耕地整理を併せた土地改良事業は，1963（昭和38）年度開始の第一次農業構造改善事業（40ha）を契機に各地で施工されていった。改善事業の主目的は30a区画の圃場造成と集団化であり（板倉町史通史下巻），機械化省力一貫体系導入のための土地基盤づくりであった。なお洪積台地上の農地では，土地改良事業の実施された形跡は地形図（2.5万分の1）と現地調査からは岩田地区南・北側，城沼北部以外には確認できなかった。ただし個別圃場を対象にした陸田化のための整地実績は広域に及び，灌水用の浅井戸本数も最盛期の昭和45年頃には2,275本に上った。

第Ⅰ章　伝統的蔬菜園芸地帯の立地環境

　湿田の乾田化や干拓開田には，排水機能の強化が必須の条件となる。基幹的な排水事業は，1927（昭和2）年の第一排水機場の建設をはじめ，1949（昭和24）年の第二排水機場の完成，1973（昭和48）年の近代的機能を持った現在の機場への更新等を経て，ようやく乾田化の実績を手中に収めることになった。また，邑楽水害予防組合が実施した県営谷田川機械排水事業—第一・第二排水機場の設置と楠木承水溝の建設—の治水効果も大きかった。この間，板倉沼周辺では，1937（昭和12）年から県営の干拓事業が進められ，個人干拓事業の成果まで含めると120haの水田が誕生した。乾田化と開田による新規用水需要の発生は，水資源開発公団が1977（昭和52）年に完成した用排水分離方式の邑楽東部用水で賄われることになった。

　邑楽台地東端および板倉低地帯周辺には明和町の明和工業団地，千代田町の千代田工業団地，館林市の鞍掛第一・第二工業団地ならびに地元板倉工業団地等が展開し，邑楽台地・板倉低地蔬菜園芸地帯の農家労働力の去就にかかわりを持っていると考えられる。域内唯一の板倉工業団地は，1979（昭和54）年に群馬県企業局によって板倉沼を埋め立てて造成された（図Ⅰ.7・8）。埋立用の土砂は，渡良瀬遊水地の堆積土壌と佐野市の山ズリを搬入して施工

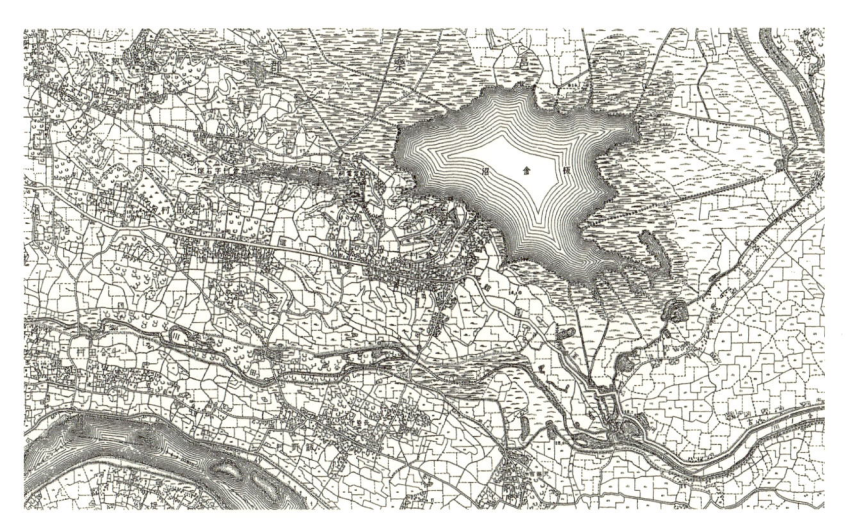

図Ⅰ.7　明治初期の板倉沼付近の土地利用（迅速図．藤岡町図幅）

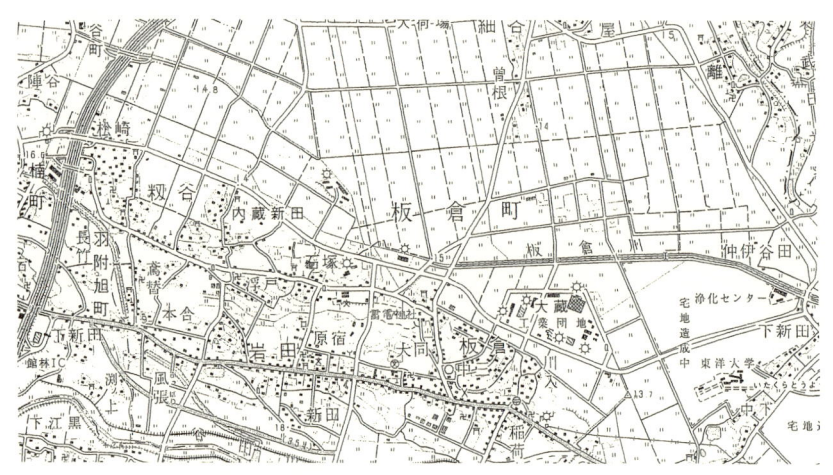

図Ⅰ.8　現代の板倉沼付近の土地利用（5万分の1地形図．古河図幅．平成11年発行）

された。大型工業団地の造成ではあったが，農地潰廃などによるダメージは回避された。農地転用をはじめ農家・町民に及ぼす経済的・社会的諸影響は，むしろその後の東洋大学の一部移転問題こそ小さくないと思われる。それにしても両者を合わせた影響は，久しく続いた純農村から農地と農業労働力を流出させ，ひとつのインパクトになったことは間違いない。

猿島・結城台地蔬菜園芸地帯　はくさい・レタス・キャベツの葉物3品を主軸に生産する猿島・結城両台地の農村ともに，地形的には前記2地帯と同様に沖積低地と洪積台地から構成される。洪積台地には畑地の広がりと残存する平地林が見られ，沖積低地は飯沼，菅生沼をはじめ多くの台地侵食谷と鬼怒川・利根川筋の自然堤防状微高地からなり，前者は水田として後者は一般に宅地・畑地として利用されている。ただし蔬菜産地としての地域性を比較すると，洪積台地の比重が圧倒的に高いという特性を持つ。台地農村が蔬菜産地としての地位を確立する以前の農業は，猿島台地の場合，茶とたばこの栽培に軸足が置かれ，工芸作物と蔬菜の比重が逆転するのは昭和40年代のことであった。かつてこの地域は近世中期以降，台地と低地産のごぼう・れんこんなどの輸送能性の高い特産物を，境河岸より江戸に舟運搬出したことで知られている（猿島町史通史編）。同時に，近世については資料的に不明で

第Ⅰ章　伝統的蔬菜園芸地帯の立地環境

あるが，近代において東京の屎尿が肥船で搬送された最遠地方でもあった。その意味では，この台地が江戸近郊農村のなかでは突出した遠距離に成立した遠隔特産地であったといえる。位置的には明らかに近郊外縁部に立地する猿島台地農村を江戸近郊農村に組み込んだ条件は，いうまでもなく近世舟運の発展によるものであった。いわば近世から近現代にかけての交通条件の変革—舟運の衰退と陸上交通の停滞—が，猿島の村々の地域性を江戸の近郊的農村から一転して首都の近郊外縁部農村に退化させたとみることができる。

　結城台地は鬼怒川低地と飯沼川低地の間にあって，上・中・下位の3台地に分かれ，北西から南東に向かって段丘状に低くなっていく。台地は2mほどのロームで覆われ，平坦部の耕土層は厚さ50cm，黒褐色で畑地として利用されている（八千代町史通史編）。耕土層はクロボクと呼ばれ，腐食に富む土壌である。作物の立地範囲は広いが過乾の恐れがあり，厳冬期には霜柱や風食に悩まされる。飯沼川低地と利根川流域に挟まれた猿島台地も，地形・土壌・土地利用面で結城台地とほぼ共通する。あえて違いを挙げれば，造盆地運動の影響で北西端の古河に向かって傾斜をしている点である。なお，結城台地農村が蔬菜産地としての地位を確立する以前の商品生産は，桑園と茶園経営に普通畑作の一部を加えたものであった。

　猿島・結城の台地上には，樹枝状に延びる侵食谷が北西から南東方向に向かって各地に形成されている。侵食谷の谷津田には低位泥炭土壌が見られ，谷戸田とも呼ばれる湿田には，摘み田の風習が終戦後まで存続していた。侵食谷の多くを占める沼沢地の成因は，利根川・鬼怒川が高水時の溢流で谷口に逆デルタを形成し，あるいは自然堤防の発達が谷口を背廻し閉鎖して，内部を沼沢地化したことによる（図Ⅰ.9）。飯沼，菅生沼，長須沼，一ノ谷沼，鵠戸沼，大沼，釈迦沼，長井戸沼をはじめとする大小無数の池沼が分布した沼沢地は，近世以降現代までの長年月を費やして干拓され，近現代の土地改良で徐々に乾田化されて今日に至っている。近世干拓以降の沼沢地にはホックと称する掘り下げ田（掘り揚げた土壌は畑に盛る）やアゲッ田と呼ばれる掘り揚げ田が広く分布し，かつての中川水系低地帯と同様の景観を展開していた（図Ⅰ.10）。

台地を侵食し，これを猿島・結城両郡に2分している河川は鬼怒川である。鬼怒川は東の小貝川と並んで常総台地の西域を切って流れる大河川である。ただし両河川の性状は対称的で，流れの緩い土砂堆積型の小貝川に対して，高峻な山地を水源とし広大な集水域を持つ鬼怒川は，流れも速く砂礫質の多い河床を形づくっている。氾濫原の土壌は黄褐色低地土壌で，肥沃な「肥土＝あくと」とよばれている。砂壌土質で作物立地の適性は広い。なかでも桑

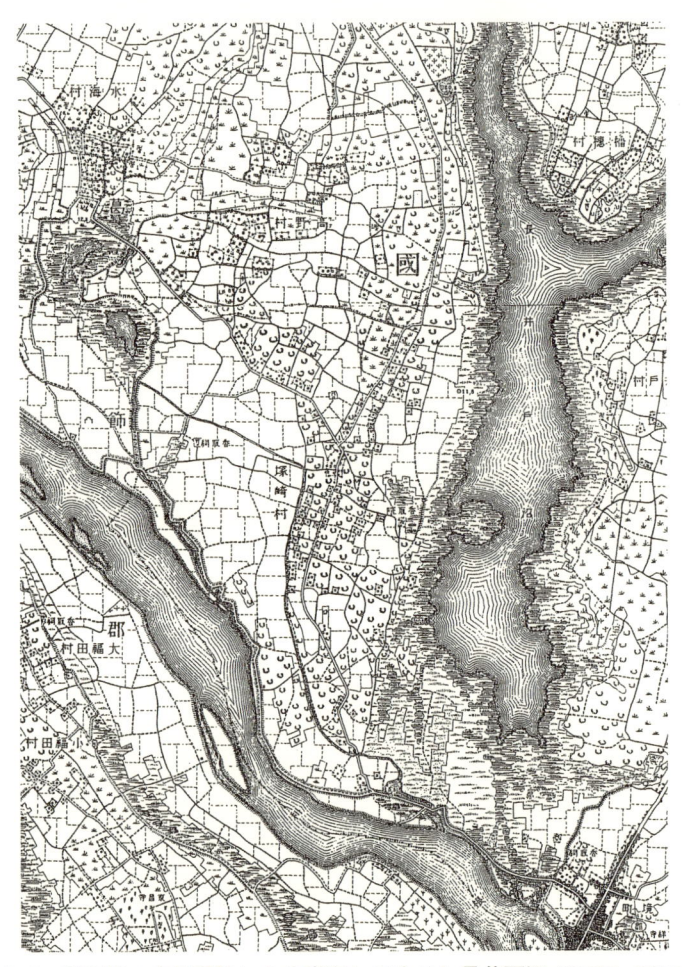

図Ⅰ.9　利根川の自然堤防による脊廻しで生じた長井戸沼（迅速図．関宿図幅）

第Ⅰ章　伝統的蔬菜園芸地帯の立地環境

の栽培にはよく適し，最盛期には茨城県最大の養蚕地帯を形成していた（八千代町史通史編）。

養蚕消滅後の今日，鬼怒川流域の自然堤防帯は洪積台地上と同様に蔬菜，陸田，普通畑（そば）として利用されているが，上武蔬菜園芸地帯における利根川自然堤防帯ほど，有力かつ重要な耕地としての認識はないようである。この地域には瓦の原料に供される土壌もあり，その点，埼玉県北部蔬菜園芸地帯の製陶用土壌の分布と共通する肥沃土壌地帯といえる。

最後に利根川筋の自然堤防について『下総境の生活史地誌編』から抄録してみよう。17世紀に利根川・鬼怒川の瀬替えが行われた際，最も大きな環境

図Ⅰ.10　飯沼新田のホックとアゲッ田（猿島町史通史編）

変化を受けたのが菡沼(いぬま)であった。鬼怒川合流点の菡沼では浅瀬や中洲が形成され，砂質の微高地が広がった。上流には常陸川の堰止めの影響で沼地が形成された。その後，利根川の通水が行われるとともに流路も2～3本に分岐し，それらに沿う形で自然堤防と砂質の後背湿地からなる氾濫原が形成された。18世紀になると河床の上昇も本格的になり，中洲や浅瀬も増加し，自然堤防の発達と後背湿地の埋積も進んだ。利根川沿いに肥沃な土砂が堆積し，高燥化していった。その結果，自然堤防は耕地として注目されるようになり，やがて秣場から次第に流作場(りゅうさくば)へと土地利用も変化し，最終的には近現代の桑園化に移行することになる。一方，後背湿地が水田に改変されるのは第二次大戦後のことであった。結局，利根川自然堤防帯の土地利用は，鬼怒川筋のそれと同じ延長線上の景観であったが，狭長・断続的な地形のため蔬菜生産に及ぼす影響はきわめて微弱であった。

　猿島・結城台地蔬菜園芸地帯の社会経済的環境，具体的には土地改良と工業化の展開過程について以下概観する。茨城県西部両台地における土地改良事業は，戦前，戦後を通じて水田地帯で集中的に行われた。最も畑作農業地域の性格が濃厚な八千代町の場合，戦後の土地改良事業は昭和33年指定の新農村建設事業として発足する。土地改良面積326ha，農道，用排水路の新設，交換分合面積75ha，蔬菜産地形成等を盛り込んで進行した。ハードの側面はほとんど水田水稲作のための土地改良事業であった。続いて1975（昭和50）年完成の国営鬼怒川南部農業水利事業と，これに付帯する第二地区灌漑排水事業ならびに圃場整備事業が八千代町を含めて施行された。同じ頃，クリークの残る山川沼周辺の圃場に対して，大型農業機械の導入を目指した30 a区画の圃場整備が進められ，ここに八千代の水田整備は一部の谷津田を除いてほぼ完成をみたことになる。他方，畑作地帯の土地改良は，おそらく町営事業と思われる小規模農道整備が，他町村の畑作地帯に比較した場合，相対的ながらそこそこの実績を残してきたようである。

　八千代町に隣接する猿島町も茨城西部屈指の蔬菜園芸地域である。猿島町の土地改良の歴史は，近世では飯沼干拓と新田の維持に終始し，近現代では飯沼新田の維持と改良に終始したといっても過言ではないだろう。近代以降

の飯沼新田の維持は，農民営的には「アゲッ田」造りとして土地に刻まれ，公的経営としては，飯沼反町水除堤水害予防組合の設立と関連諸事業の実施がみられ，さらに昭和初期には県営飯沼川沿岸農業水利改良事業が実施された。こうした状況の傍らで，畑地の土地改良もごく限られた地区で例外的に推進されてきた。猿島町の畑作農業近代化への試みは，水田改良の第一次構造改善事業に6年遅れて開始された。事業内容は，逆井山地区における30a区画の畑地圃場整理，幹線農道の整備，スプリンクラー施設の設置などであった。事業の目標が蔬菜産地の発展に置かれていたことはいうまでもない。

なお，境町，岩井町，三和町，総和町等の猿島・結城台地農村の畑地帯でも，土地改良の実績とくに構造改善事業の導入事例を，市町村史，地形図，現地調査から見出すことは，一部地域の圃場整備・農道敷設以外困難なことであった（図I.11）。結局，高度経済成長期以降の茨城県西部台地農村では，各地に数多く分布していた侵食谷の湿田土地改良（乾田化―用排水整備―大型圃場の造成―農道敷設）事業をとおして，機械化省力一貫体系の水田経営を確立

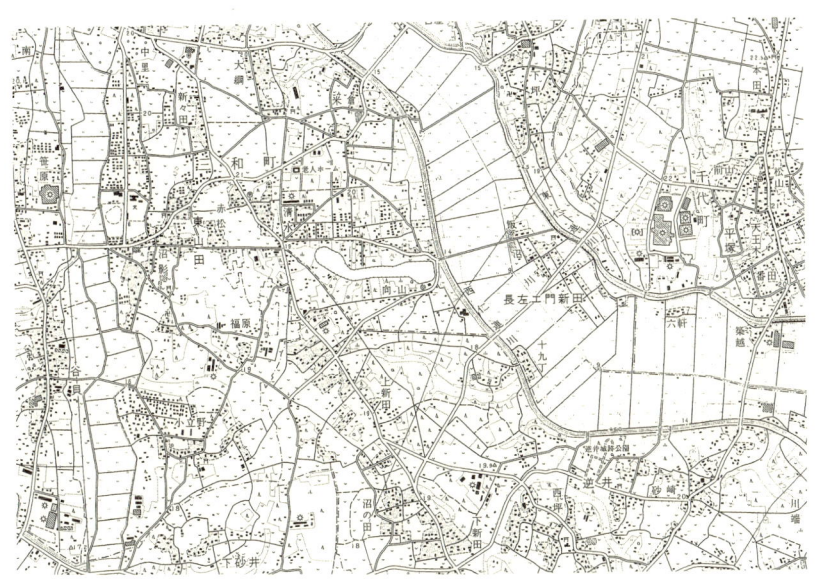

図I.11　台地に刻まれた土地改良実績（2.5万分の1地形図．下総境図幅）

し，そこから析出される余剰労働力を蔬菜の商品経営に投入しようという意図が想定できる。日本的小農経営の基本形態「米＋商品作目」がここでもモノカルチャーを超えて実現されてきたわけである。

利根川右岸沖積低地農村ならびに大間々扇状地と南接する洪積台地の畑作農村で普遍的にみられた土地の区画と農道網の整備は，邑楽台地と猿島・結城台地に関する限り，水田改良の付属事業と目されるごく一部の畑地改良を除いてほとんど認められない。ちなみに，茨城県西部台地畑作農村で地域的なまとまりを持った農道網の分布地域，いわば蔬菜生産基盤の比較的良好とみられる耕地を2.5万分の1地形図から挙げると，たとえば以下のようになる。

結城市田間集落・結城市南部耕地・鬼怒川大橋北西耕地・下妻市中井指集落・境町染谷～伏木耕地・岩井市中里～幸田集落・総和町上～久伝集落・野木町南飯田～佐川野耕地・三和町諸川地区・三和町仁連～東山田集落。

もとよりこれらの地区・集落にみられる土地改良の痕跡が，地域農政整備事業，新農業構造改善事業，農道整備事業，農村総合整備モデル事業のいずれによるものか，あるいは市町村の単独事業として進められたものかは明らかでない。現地調査中に耕地を斬って走る直線道路や排水溝を設置した耕地，農道も見かけることもあった（写真Ⅰ.2）。それにしても土地改良の遅れた蔬菜作純農村であることは確かである。

地域農業の生産基盤を揺さぶる工業化の先兵は工業団地の造成・展開である。都市化はそのあとを追って農村に浸透する。ともに農地と農業労働力の流出によって，地域農業の生産力低下や農村の崩壊をもたらす。そこで猿島・結城台地を取り巻く中核的諸都市での工業団地の立地状況について，まず展望しておこう（以下の考察はすべて2.5万分の1地形図による）。

茨城県西部台地は周囲を古河，小山，結城，下館，下妻，水海道の諸都市によってコの字型に囲い込まれている。これら諸都市の工業団地や個別立地工場がもたらす農家労働力への影響を，じわじわと受けているのが八千代をはじめとするコの字型内部の諸市町村である。コの字型内部の台地市町村に立地した工業団地を中心にして整理すると，中心部八千代町にはさすがに工

業団地の造成は見られず，単独の工場分布も村貫東集落，平塚耕地等での散発的立地以外にはほとんど認められない。ただし外部の状況を展望すると，町の南部に接する石下町と東部に展開する下妻市に中程度の工場スプロールが見られ，八千代町農家の労働力プル要因になっていることが考えられる。八千代町に北接する猿島町では，1982（昭和57）年，町の東外れに茨城県企業局主導で沓掛工業団地が立地した。この町も八千代町と同じく企業の単独展開はごく稀である。ただし猿島カントリー倶楽部の開業は，生産要素の流出という意味からもまた雇用機会の限定という点からも，地域計画推進上の問題点といえる。

　1964（昭和39）年，境大橋・関宿橋が同時開通し，境周辺の市町村が一挙に陸の孤島から解放され，労働力依存型企業群の進出と受け皿としての工業団地の造成ラッシュが訪れる。1962（昭和37）年の配電盤工業団地（総和町），猿山工業団地（境町），土与部工業団地・川妻工業団地（五霞町）の造成，続いて翌1963（昭和38）年には，北利根工業団地・丘里工業団地（総和町）の分譲が始まる（下総境の生活史図説境の歴史）。その後，1970（昭和45）年に染谷工

写真Ⅰ.2　八千代町の農道とキャベツ畑（2011.10）

業団地，同1972（昭和47）年に下小橋工業団地がそれぞれ境町に県，町の開発公社の手で設営された。関係自治体の町づくり方針が徹底していた結果，工業団地の建設ブームにもかかわらず，茨城県西部台地農村への個別的な企業立地いわゆるスプロールは僅少にとどまっている。

　結城台地南部の岩井市では，馬立工業団地・ハイテクパークいわいが造成された。中小企業の個別的立地状況は，ややまばらで，農地と労働力の流出に及ぼす影響は問題とするに値しない。しかしながら，大利根ゴルフ場の建設は，農地の大量流出と都市計画上の評価の両面からみて問題含みである。猿島台地西部の古河市に接する総和・三和両町では，古河市からの都市化の影響で若干スプロール的な住宅化が見られる。ただし工場のスプロール現象はほとんど見られない。

　大観すると，東京の都市近郊化はすでに取手・守谷両市まで波及しているが，水海道市を緩衝地帯にして猿島・結城両台地農村への影響は労働力面に限られ，少なくとも土地利用面では及んでいないといえる。もっとも，工業団地の立地状況から検討すると，境大橋の架設を契機にして，工業化の楔は猿島・結城台地蔬菜園芸農村にかなり深く打ち込まれたとみてよいだろう。昨今，農家労働力の流出を主因とする地域農業生産力の低下を懸念する声がしばしば聞かれる。まず伝統的優良蔬菜作農村の立地環境について把握し，そこから課題に迫る努力が必要であろう。

　　　文献および資料
　　　新井鎮久（1971）：「首都近郊開拓農業の動向と土地所有形態の機能」地理学評論第44
　　　　　巻第12号.
　　　新井鎮久（1985）：『土地・水・地域』古今書院.
　　　板倉町史編纂委員会（1985）：『板倉町史　通史上巻』.
　　　境町史編纂委員会（1991）：『境町史　自然編』.
　　　境町史編纂委員会（1997）：『境町史　歴史編下』.
　　　猿島町史編纂委員会（1998）：『猿島町史　通史編』.
　　　境町史編纂委員会（2004）：『下総境の生活史　地誌編』.
　　　新田町史刊行委員会（1990）：『新田町史　通史編』.
　　　埼玉県立農業試験場（1963）：畑地土壌生産性分級図.
　　　深谷市史編纂会（1980）：『深谷市史　追補編』.
　　　本庄市史編纂室（1986）：『本庄市史　通史編』.
　　　妻沼町史編纂委員会（1977）：『妻沼町史』.

第Ⅰ章　伝統的蔬菜園芸地帯の立地環境

八千代町史編纂委員会（1987）：『八千代町史　通史編』．
使用図幅（国土地理院）
2.5万分の1地形図（深谷．妻沼．上野境．桐生．大胡．館林．栗橋．古河．小山．
　　下館．諸川．下総境．下妻．石下．水海道．守谷）平成23年現在の最新図幅を使用．
5万分の1地形図（高崎．桐生・足利．深谷．古河．小山．野田．水海道）平成23年
　　現在の最新図幅を使用．
2万分の1迅速図（深谷．栗橋．藤岡．関宿）．
20万分の1地勢図（宇都宮図幅大正15年発行．同昭和23年発行．同平成10年発行．同
　　平成23年発行）．

第 II 章
関東地方における輸送園芸の黎明と業者流通

第一節　農村恐慌と近県物蔬菜産地の成立

　蔬菜産地の成立　近代における近県物蔬菜産地の成立動向は，農村恐慌期以前，地方都市近傍の農村において，すでにその萌芽的発生をみることができる。なかでも北関東の農村では，「地産」能力のまったくない鉱山都市足尾の旺盛な需要に応えるべく，余剰蔬菜はもとより，当時としてはかなりまとまった量の商品作物が，大間々町の産地仲買人あるいは出荷組合などにより，鉄道経由で各地から搬出されていった（東村誌．赤堀村誌上）。

　この時期，北関東をはじめとする近郊外縁農村では，鉄道交通の発達，金肥の普及，新種蔬菜の導入，栽培技術の向上，近在都市への挽き売り型農産物流通の黎明などを背景に，自給経済から商品経済への移行が緩やかに浸透し，近県物蔬菜産地成立の諸条件が整っていった。

　農村恐慌期における首都近郊外縁農村いわゆる群馬・茨城・栃木に埼玉・千葉・神奈川の外縁部を加えた近県物産地（以下，首都近郊外縁農村と呼称する）の商品生産は，蔬菜産地成立の条件整備と農村恐慌からの離脱をプル要因とし，近郊農業地帯からの重量・粗放的作物の排除をプッシュ要因として，展開の歩を進めていった。展開の仕方は具体的な地域の事情に応じて様々であった。

　総括的に言って，首都近郊外縁農村における蔬菜の商品生産は，昭和初頭の農村恐慌期とりわけ経済自力更生運動をひとつの契機にして導入された。この時期，多くの農家は米麦・繭をはじめとする農産物の価格暴落に対して，限られた耕地利用の内面的拡充（利根川低地帯の桑園蔬菜間作），もしくは規模拡大による生産量の増大と商品作物の新規導入で，不足分を補填しなければならなかった。恐慌期に成立ないし存在を明確にした首都近郊外縁農村の蔬

菜産地は，平地林が広く残存し開墾による規模拡大の余地が大きい洪積台地（大間々扇状地，邑楽・藤岡・西岡台地，寄居扇状地，北総台地，武蔵野台地北部，猿島・結城台地など）を主体とし，加えて火山灰台地（嬬恋村），沖積低地の自然堤防帯（利根川中流域・那珂川流域・久慈川流域）などを，筆者の管見から指摘することができる（八千代町史通史編．猿島町史通史編．下総境の生活史地誌編．新井鎮久2010．赤堀村誌上．小野誠志1969．森田啓次郎1995．八基村誌．深谷市史追補編．板倉町史通史下巻．境町史歴史編下．新田町史通史編．関東農政局統計情報部1980．日本地誌第5巻．日本地誌第6巻）。

　農村恐慌期の洪積台地の栽培作物はすいか・うり・かぼちゃ等の果菜類，ごぼう・だいこん等の根菜類，ならびにはくさい・キャベツ等の葉菜類であった。このことは近郊農業地帯が粗放蔬菜を排除し，排除された粗放蔬菜は，地代の低い近郊外縁農村へ立地移動する傾向を持っていたからである。生産物の流通は産地仲買人や問屋が中心になって捌いたが，後に出荷組合や産業組合の参入がみられるようになる。一方，沖積低地ではこまつな・ねぎ・やまといも・晩秋きゅうり（利根川中流右岸低地帯），ごぼう（那珂川・久慈川自然堤防帯）が栽培されるようになった。前者利根川右岸農村の場合，成立の初期には，振り売りと呼ばれる零細挽き売り業者や農民の手で，直接近隣都市の消費市場および一般家庭に搬出され，その後，産地規模の拡大につれて営業規模の比較的大きい産地仲買人によって，積雪寒冷地帯や京浜地帯に仕向けられていった。他方，茨城県東部の那珂川沿岸と久慈川沿岸の自然堤防帯のごぼう栽培は，明治末期，大阪商人の勧誘で始まった。まもなく，ごぼうに対する需要が白ごぼう（河原もの）から黒ごぼう（野方ごぼう）に転じた結果，主産地は自然堤防帯から洪積台地に移動した（日本地誌第5巻）。関西市場を中心に業者出荷が流通を掌握してきたが，後に市況の良いやまといも栽培を経て，近年，茨城ごぼうの特産地は新興の鹿行台地に産地移動している。

　農村恐慌当時，首都近郊外縁農村には，既述のような洪積台地や自然堤防帯以外にも，各地に同様の地形分布がみられた。そこに見られる土地利用景の多くは，商品化の進んだ近郊農業地帯の農村と異なり，伝統的・自給的な主雑穀生産と前栽物栽培であり，最も重要な商品生産は，高い桑園率を伴う

養蚕経営であった。近代初期，鬼怒川・小貝川・桜川・思川・中川水系・利根川などの関東内陸の自然堤防帯に普及した綿花栽培（日本産業史体系関東地方編），大宮台地・利根川自然堤防帯の葉藍・紅花栽培なども，近代化過程の中で養蚕経営に転換されていった（深谷市史追補編．八基村誌）。農村恐慌期の首都近郊外縁農村とくに畑方においても，この路線―穀菽農業と養蚕経営―は大方の村々で作物編成上の比重を変えながら維持され，継承されていった。

　関東内陸とくに東関東の農村で，恐慌期以降，養蚕に代わって出現しその後広く普及する作物は，宇都宮・結城台地間のかんぴょう，鹿島・行方両台地の甘藷，新治台地の栗，南下して下総台地の落花生などであり，いづれの台地も，首都近郊外縁農村の畑方としては，開墾対象の平地林が広く分布する地域であった（図II.1）。下総台地を除く関東内陸のこれら諸台地農村は，JR常磐線，国道4・6号線，利根川架橋2本という輸送条件に恵まれない陸の孤島的性格の残る地域であり，生産物の流通も村々を巡回する産地仲買人―商人資本―によって伝統的に牛耳られていた。

　産地の形成要因　旅荷を産出する遠隔産地と東京近郊の中間に立地する関東内陸の近県物産地，いわゆる近郊外縁蔬菜園芸地帯における蔬菜生産は，いくつかの推進力によって，産地形成を遂げることになる。ひとつは農業経済史的契機である。明治以降の近代化過程のなかで，農民たちは徐々に商品経済への参加を求められていく（新田町史通史編）。そのための社会的経済的条件もわずかながら整い始め，可能性も一歩前進する。農村恐慌の到来はそうした状況の中で，農民たちを蔬菜生産に向けて激しく突き動かす転機となった（境町史歴史編下．新田町史通史編）。

　その二としては，関東内陸の洪積台地には，近代に至るまで広大な山林原野が残存し，農村恐慌期以降の開墾をとおして，近郊農業地帯から排除された粗放作物の受入れに恰好な条件を備えていた点も見落とせない（図II.2）。猿島・結城・邑楽台地のはくさい・すいか栽培の台頭，大間々・寄居扇状地のすいか・だいこんの産地化，夏の一時期，東京市場を独占するほどの地位を確立した火山灰台地・嬬恋のキャベツなど，枚挙にいとまがない。

その三は，上田・古河・足尾・館林あるいは東京・京都の問屋や産地仲買人などの買い付け・栽培指導によって，近郊外縁蔬菜園芸地帯成立の基礎が固められたことである。京都の消費地問屋による産地育成策は入間ごぼうの

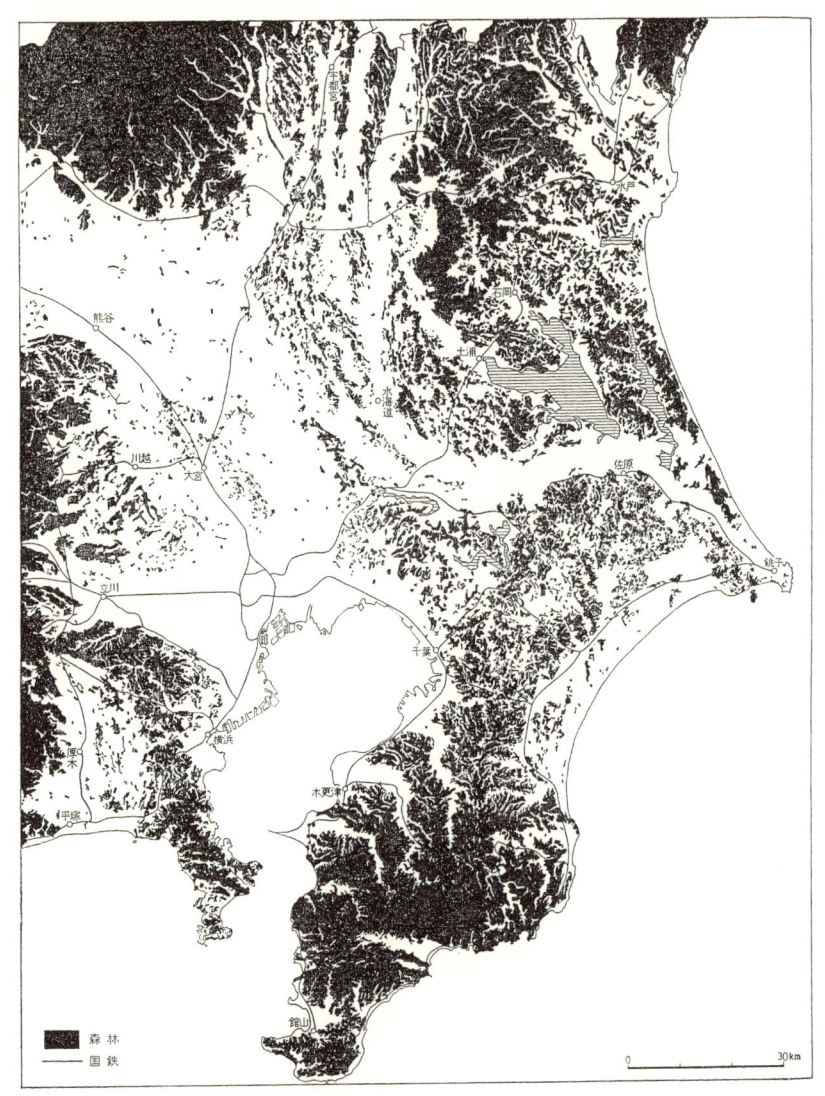

図Ⅱ.1　関東地方の森林分布図（首都圏土地利用図により正井泰夫氏作成）

第Ⅱ章　関東地方における輸送園芸の黎明と業者流通

場合にみられ（小野誠志1980），大阪の消費地問屋による産地の育成指導は那珂川自然堤防帯のごぼうの例がある（日本地誌第5巻）。種苗商人の果たした役割も見落とせない。とくに猿島・結城台地では，近隣または遠方の複数種苗商人による指導が行われ（八千代町史通史編），嬬恋キャベツの功労者青木彦治（上田の青果物問屋）の顕彰碑とともに，今でも語り継がれている（森田啓次郎1995）。

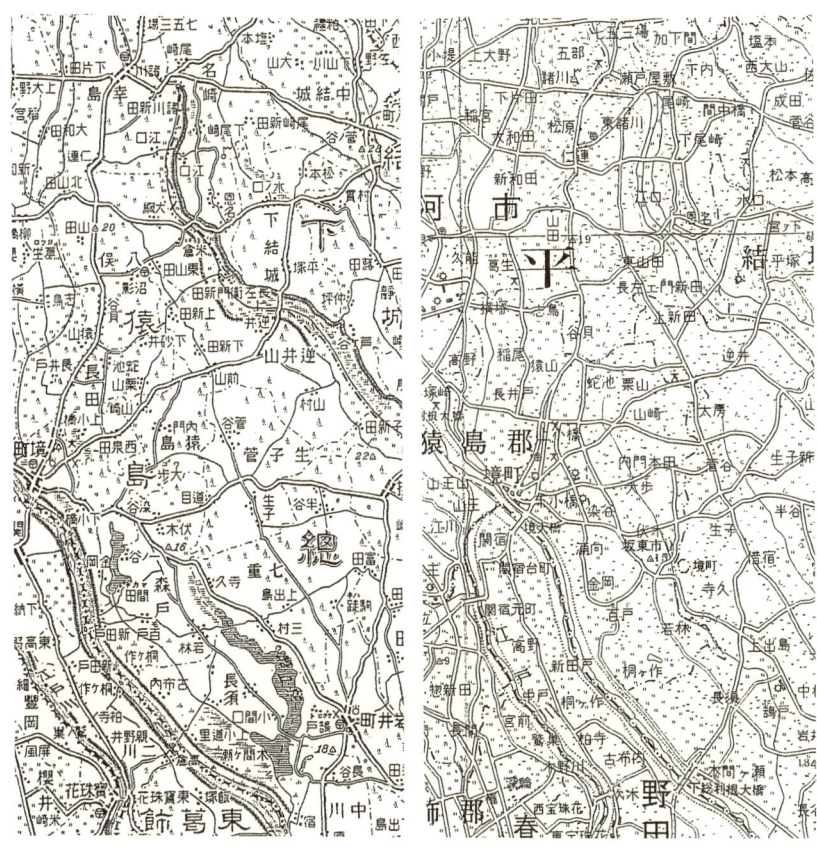

図Ⅱ.2　猿島台地の平地林の推移（左図　昭和初期，右図　現代）
（20万分の1地勢図．宇都宮図幅．昭和10年および平成23年発行）

第二節　産地仲買人の発生と産地市場の展開

産地仲買人の発生　首都近郊農業地帯から排除され，新たに近郊外縁部農村に普及するようになった蔬菜類のうち，ごぼう以外はいずれも比較的労働粗放的な作物で，一農家当たりの栽培面積が広く，単位面積当たりの収量(重量)も大きいため，振り荷組織の大型化には移行し難いという側面を持っていた。反面，個別出荷では十分対応しきれない収量水準を維持していた。このことが青田売り，庭先売り，ときには予約販売や持ち込み販売をとおして，産地仲買人や問屋の介入を招くことになった。加えて当時の基幹作物であったすいか・はくさいのように需要に地域的偏重がなく，重量比価の低いものは流通圏を小さくしようとする力が働く。したがって，価格の市場間格差が生じ仲買人の発生と市場参入をこの面からも招くことになる(小泉浩郎1969)。

　ごぼうのように輸送能性と貯蔵性が高く，市場が遠く関西方面にある場合も，仲買人や問屋の独占的支配を受けることが多かった。生産農家と流通業者との繋がりは強固で，前近代的な性格を残していた。那珂川自然堤防帯・久慈川自然堤防帯・武蔵野台地北部などで産地市場の成立を後々までみることがなかったのも，両者の関係の在り方と無縁ではなさそうである。

　利根川右岸低地帯のように，大正期の本川大改修工事に伴う耕地減少で生じた零細農家が，自家の生産物ないしは仲買した蔬菜類を，近在都市へ挽き売りすることから発足した蔬菜農村では，産地規模の拡大につれ，新たに参入する仲買人の資力も次第に大型化し，移出先も京浜・積雪寒冷地帯に広く展開していくことになる。ここでは蔬菜栽培農家の発生と流通業者の発生とはまったく同時進行的であり，ときには両者が同一の農民によって，経営されることも少なくなかった。近代的連続堤防の構築に際して，耕地の多くを利根川河川敷に組み込まれ，零細農家を大量に滞留させた貧しい農村から，利根川右岸低地帯の豊かな歴史のすべてははじまっている。

　結局，関東地方北部の近郊外縁農村たとえば上武蔬菜園芸地帯の場合では，主産地形成過程において，近在都市出荷では市場が狭隘に過ぎ，京浜市場へ

第II章　関東地方における輸送園芸の黎明と業者流通

の自力出荷は遠隔地過ぎることから，流通業者集団いわゆる産地仲買人と産地市場の成立をみたわけである。もちろん猿島・結城台地のような粗放作物の大規模量産地域では，生産と出荷のふたつの労働過程を農家単位で消化することは至難に近いことであり，この面からも仲買人の介在や特殊な流通経路の存在を必要としていたことが考えられる。いわば地理的位置と労力配分の問題が桎梏となっていたためである。

　近年，流通体系の大幅な改革や農協との出荷競合の高まりに影響され，産地仲買人は更なる配荷努力を重ねる一方で，業者的性格の変更を試み，加工出荷業者化するものも少なくなかった。本来的に差益商人的性格の濃厚な業種から手数料商人への変質は，商売の醍醐味が減殺されるだけでなく，産地仲買人の定義にかかわる程の厳しい変貌であるといえる。

　産地市場の展開　邑楽・猿島・結城の諸台地では，産地成立の揺籃期以降，産地規模の拡大につれ生産量の増大，仲買人の増加が進み，取引形態は青田売りないし庭先売りから産地市場の設立とそこでの相対売りへと移行した。その結果，仲買人の業者的性格は，差益商人から手数料商人的な存在に変化する一方で，集荷量の増大つまり営業規模の大型化に向けてシフトしていった。揺籃期の産地市場は，邑楽台地でみられたような勝手市場的なものが多く，糶（せり）形式が普及するのは第二次大戦後の混乱期以降に待たねばならなかった。板倉中央青果市場での聴き取りによると，「勝手市場には，問屋経営のものと第三者経営のものとがあり，一般に後者は口銭をとるが前者は取らなかった。いずれも相対取引だが，口銭を徴収しない問屋経営の狙いは，持ち込まれた蔬菜荷の確保が本命であり，口銭を徴収する第三者経営の市場こそ，市場機能の整備された現代市場の本流となるものであった。ただしこの市場方式は，当時としては亜流に属する経営形態に過ぎなかった」という。

　近郊外縁部を広域的に展望した場合，恐慌期における産地市場の成立は，仲買人の産地参入と間をおかずに進行した。市場は，粗放的な大規模経営による重量作物で，かつ振り荷組織の大型化に移行し難いはくさい・すいかの産地に多く設立された。市場の形式と運用は，仮設市場でかつ季節的なもの

が一般的であった。なお，寄居・大間々扇状地には，明治末期と大正中期に開設をみたすいか市場もあったが，生産農家と産地問屋の間に前期的結合関係が成立していた武蔵野台地北部では，ごぼう・かんしょを専門的に扱う産地市場の開設は，近現代を通してついに一例もみられなかった。

　農村恐慌期に成立した首都近郊外縁部の蔬菜産地は，その後，戦時統制経済の影響を受けて穀菽農業に転換するが，間もなく復活する。復活後，産地規模の広大な猿島・結城台地や邑楽・藤岡台地では，1950年代にすいかの連作を可能にした接木技術と，定植時期の選択を可能にしたはくさいの練床栽培技術が開発され，関東北部の洪積台地では困難とされていた蔬菜二毛作体系が完成した。こうした画期的な産地の拡大と高度経済成長期の農産物消費構造の高度化・多様化に指定産地制度が結合し，産地市場の確立期が実現した。

　1993年当時，準産地市場を含めると猿島・結城台地蔬菜園芸地帯に12産地市場が，邑楽台地・板倉低地蔬菜園芸地帯に3産地市場が，上武蔬菜園芸地帯に6産地市場がそれぞれ展開していた。しかも流通近代化政策が施行される1960年代に比較しても，三大都市圏の中央卸売市場の建値市場化と集散市場体系の確立による全国市場価格の平準化，いわゆる流通近代化政策の推進にもかかわらず，3地域の産地市場と産地仲買人たちは，若干の淘汰と再編を伴いながらも大勢は存続していった（図II.3）。

　乱立した戦後の仮設市場の下で，重量・粗放作物の生産を再開した各地の伝統的産地は，高度経済成長期の需要変動と栽培技術の革新を背景に，作物編成と作付体系の変革を進めていった。とりわけ労働力の老齢化は，すいか＋はくさい（だいこん）型の重量作物から軽量作物への移行傾向を深める一因になった。こうした状況の推移と相互に連関し合って，遅ればせながら，猿島・結城台地の専業的産地仲買人たちのなかに通年営業化の動きが浮上してきた。夏〜秋物限定の単品パートタイム営業から多品目フルタイム営業への経営安定志向が芽生えたわけである。かくして産地仲買人たちの行動は，移出のための荷揃えの必要から蔬菜作農民に栽培品目の多様化を求め，また市場に対しては転送荷の受入れを要求する動きとなって表面化していくこと

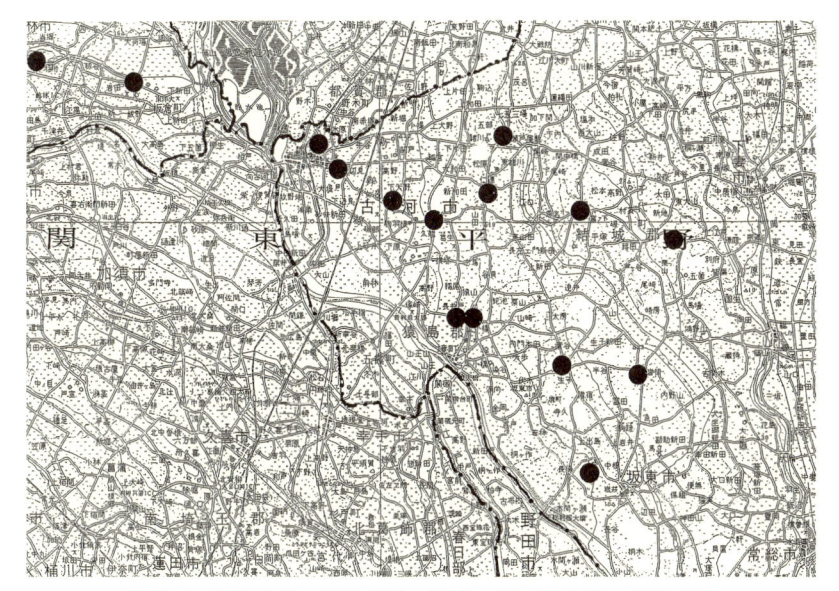

図Ⅱ.3　邑楽台地・板倉低地，猿島・結城両台地の産地市場
（茨城県西農林事務所資料により著者作成．2011.12）

になる。

総合産地の形成　1900年代末期における一連の動き，たとえば「指定産地」指定にかかわる栽培品目の多様化（図Ⅱ.4）や転送荷の受入れは，地元産地市場の荷扱い品の総合化と仲買人の取扱品目の多様化を背景にした，総合産地の形成に向けた動きであることだけは確かである。連作障害の発生問題もこの動きに拍車をかけようとしている。結局，栽培品目の多様化・総合化を求める産地市場と産地仲買人の新しい動きに対して，きゅうり（館林・板倉）や葉物3品（猿島・結城）などの特化作物の集中出荷で，消費市場の支配力を強めようとする農協の思惑との間に生じた確執を抱えながら，産地では現在も差別化への模索が続いている。

一方，総合産地を形成している上武蔬菜園芸地帯では，淘汰を経た産地市場群のもとで，多様化と階層化の進んだ産地仲買人と蔬菜作農民との間に，利根川を挟んで活発な引き合いが展開している。なかでも利根川左岸唯一の産地市場「群馬境中央」の集荷圏の広さ・集荷内容の総合性・集荷量の周年

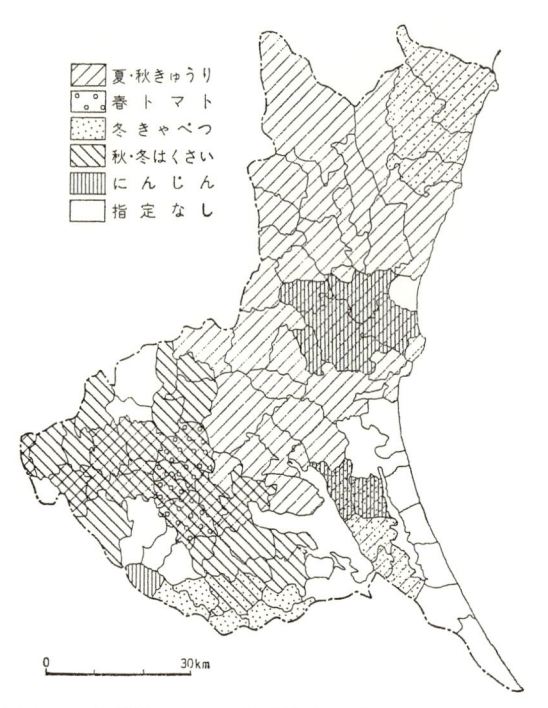

図Ⅱ.4 茨城県における蔬菜指定産地 (桜井明俊氏による)

凡例:
- 夏・秋きゅうり
- 春トマト
- 冬きゃべつ
- 秋・冬はくさい
- にんじん
- 指定なし

安定性には刮目(かつもく)すべきものがあり，産地市場の鼎立(ていりつ)する南岸の仲買人をも，強く引きつけてやまない状況を創出している。産地農民と産地市場・仲買人との関係もかなり安定的である。一方，群馬境中央市場と並び称されてきた上武大橋右岸の上武生産市場では，近年，出荷量の停滞傾向がその推移から見て取れる。理由のひとつは，生協直系の「埼玉産直センター」の設立と契約農家の系列化に伴う業績の向上によるが，利根川右岸低地帯の労働力的・地力的理由に基づく生産力の低下にあることも否めない。

左右両岸双璧市場の集荷実績の違いをもたらしているもうひとつの原因は，両産地後背の洪積台地農村の地域的性格の差によるところが大きい。左岸洪積台地農村が広く台地特産の蔬菜経営に地域特化したのに対し，右岸洪積台地農村では台地北部を除き，その他の農村は，花卉・植木，畜産・酪農，水稲等に地域分化し，特記するほどの特産蔬菜栽培地域の成立は認められない。

加えて，台地北部の蔬菜作農民の多くは，近隣の岡部市場や深谷並木市場に蔬菜を搬出し，上武生産市場に出荷する事例は限られている。これに対して，左岸沖積低地帯におけるごぼう栽培の集中的特化と洪積台地の果菜・根菜型の特産蔬菜産地の出現が，夏～秋物の出荷を通じて左岸産地市場の集荷量の周年安定性に，大きく関与していることも無視できないことである。

　総合産地を基盤とする上武蔬菜園芸地帯の産地市場は，仲買人（移出商）の求める配荷計画との間に少しの齟齬もきたすことのない品揃えをもって，その要望に応えようとしている。蔬菜産地市場の流通関係者が，東北・北陸の地方市場や穴場市場への配荷を主流とする限り，総合的な蔬菜産地・産地市場の成立は必然的な帰結である。その限りにおいて，上武蔬菜園芸地帯は，3者の意向がかみ合った経営矛盾の少ない蔬菜産地といえる。平場農村における産地展開の最終形態に近い総合性の実現と安定性の確保を目前に控えた蔬菜産地であるが，そのためにも流通業者たちは農協との関係に限らず，産直問題を含めて「埼玉産直センター」との競合・共存関係をも，いまひとつ明確にしておく必要があるだろう。

　他方，邑楽台地・板倉低地や猿島・結城台地等の蔬菜産地は，過去の変貌過程が証明するように，総合化に向けた道程の半ばを往く蔬菜産地である。後者の葉物3品に特化して久しい台地農業地域でも，連作障害を一因とする地力低化問題の解決や仲買商の通年営業指向を梃子に，総合産地化の動きを速めるものと思われる。ただし，邑楽台地・板倉低地等の蔬菜産地では，差益商品的性格の弱いきゅうり生産に特化した状況が続く間に，農協の集荷力に取り込まれ総合化は遅れている。このまま出荷規模の大きい系統出荷によって，有力産地の支配強化策が継続された場合，総合産地化の後退のみならず，産地市場と産地仲買人の存在も地域から消滅することが考えられる。2012（平成24）年現在，すでにきゅうりの特化産地では産地市場の一つが休業状態に陥っている。なお，総合産地化の是非はともあれ，産地市場や仲買人たちの中央卸売市場からの転送荷の受入れは，生鮮食料品市場流通の現代化路線から逸れた，展望なき独善の策にほかならないように思われる。

文献および資料

新井鎭久（2010）:『近世・近代における近郊農業の展開』古今書院.
東村誌編纂委員会（1979）:『東村誌』.
赤堀村誌編纂委員会（1978）:『赤堀村誌』.
板倉町史編纂委員会（1985）:『板倉町史　通史編下巻』.
小野誠志（1980）:『野菜作経営の展開』明文書房.
関東農政局統計情報部（1980）:『関東における野菜産地の現状と方向』.
小泉浩郎（1969）:「流通機構の変化と市場対応」（農林省農業技術研究所編『産地形成と流通』）.
境町史編纂委員会（1997）:『境町史　歴史編下』.
境町史編纂委員会（2004）:『下総境の生活史　地誌編』.
猿島町史編纂委員会（1998）:『猿島町史　通史編』.
地方史研究協議会（1959）:『日本産業史体系　関東地方編』東京大学出版会.
新田町史刊行委員会（1992）:『新田町史　通史編』.
日本地誌研究所（1968）:『日本地誌　第5巻』二宮書店.
日本地誌研究所（1963）:『日本地誌　第6巻』二宮書店.
深谷市史編纂会（1980）:『深谷市史　追補編』.
森田啓次郎（1995）:『嬬恋幾山河』.
八千代町史編纂委員会（1987）:『八千代町史　通史編』.
八基村誌刊行会（1962）:『八基村誌』.

第 III 章

猿島・結城台地の葉菜型産地形成と業者流通

第一節　近現代における蔬菜産地の形成過程

　明治から大正期にかけての猿島・結城台地の畑作農村では，養蚕・茶・たばこ以外は米麦・大豆・そらまめ等のいわゆる主雑穀類の余剰生産物が，地域性と階層性を伴いながら，商品化されていたにすぎなかった（猿島町史通史編，八千代町史通史編）。この時期までは，はくさい・すいかともに試作段階，自給段階を抜け切れず，商品作物としての地位は未確立であった。その後，台地畑作農村も農村恐慌の波に洗われることになる。恐慌を契機にして，まず猿島台地を中心にすいか栽培が始まる。やがて主産地は鹿島台地から猿島台地へ移り，さらに結城台地へと移動することになる。同時期，自給的ないし地方市場向けつけな栽培の伝統を背景にして，はくさい栽培が徐々に普及し，園芸出荷組合や青果物出荷業者の手を経て，少量ながら東京市場に向けた出荷も開始される。（八千代町史通史編）。こうした蔬菜栽培の展開を支えたのが，種苗商や仲買商人たちがもたらす各種の情報であった。この頃，東京の屎尿が江戸川経由の舟運で猿島・北相馬郡まで到達し，台地農村での蔬菜作成立の初期的条件になった（日本地誌第 5 巻）。

　一部農家に蔬菜の商品生産が導入されたとはいえ，米麦を主体に雑穀・いも・豆類に自給用蔬菜を組み合わせた作物編成は，戦前における台地農村の基本的パターンであった。わずかに国道 4 号線と JR 東北線を控えた古河周辺に，はくさい・かぼちゃ・さといも等の輸送園芸の萌芽的発生をみたにすぎなかった。戦中戦後と引き継がれてきたこのパターンが大きく変貌するのは，昭和 20 年代後半のすいかの接木技術とはくさいの練り床栽培技術の完成以降のことであった。前作のすいかと後作のはくさいが結合したこの作型は，北関東における洪積台地上の蔬菜二毛作を可能にし，以後の台地畑作農業の

写真Ⅲ.1　三和町のはくさい畑―遠景は平地林 (2011.12)

基本として地域を支配することになる（写真Ⅲ.1）。反面，経営耕地規模が平均的に大きい台地畑作農家にとって，粗放作物とはいえ技術革新に伴う作付規模の拡大は，労働力配分を著しく困難なものにした。

　この問題の救世主として登場したのが，昭和30年代中頃から40年代中頃にかけての麦・小麦に代わる陸田水稲作の急速な普及であった。1965年現在，猿島・結城台地の陸田化率は，真壁・猿島・結城3郡に置き換えてみた場合，全県の61％に達し，洪積台地の占める割合の大きい茨城県・関東地方でも屈指の陸田地帯になった（図Ⅲ.1）。洪積台地での陸田水稲作の普及効果は単なる主食交替に留まらず，水稲モノカルチュアーの所得効果に加えて，折から進行中の構造政策の一環―選択的拡大成長部門の導入―としても，「水稲＋商品化作目」という日本農業存立の大前提を踏まえて，確実に安全牌を切ったことになる。このときの商品化部門こそ大規模生産体制の確立していた「指定産地」指定（1965年）のはくさいであり，付随するすいか・メロンの大産地化であった（図Ⅲ.2）。1970（昭和45）年以降，稲作転換の推進とともに大型生産団地が形成され，はくさいの栽培面積は核心地八千代町だけで1,000

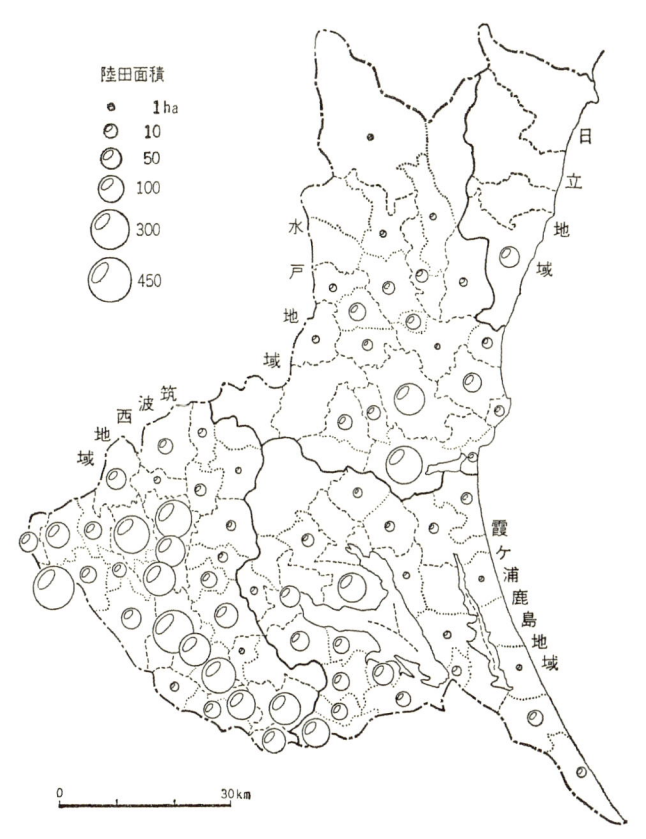

第Ⅲ章　猿島・結城台地の葉菜型産地形成と業者流通

図Ⅲ.1　茨城県における市町村別陸田の分布 (1967)
(農業基本調査結果報告より桜井明俊氏作成)

ha，耕地面積の70%に達した (関東農政局統計情報部1980，八千代町史通史編)。ただし2011年現在，台地畑作農村を席巻した陸田水稲作も米生産調整策の推進で急減し，蔬菜畑への転換や契約栽培のそば畑となり，短命ながらその歴史的使命を終えた。

　近世，利根川舟運の要所・境河岸を中心にして半径20kmに及ぶ江戸向け蔬菜産地 (飯沼沿岸農村のごぼう・飯沼新田のれんこん) の成立が示すように，近世・近代の猿島・結城台地の農村は主として，鬼怒川，利根川の舟運で江戸 (東京) と接触していた。古河 (4号線) と取手 (6号線) 以外に利根川を越え

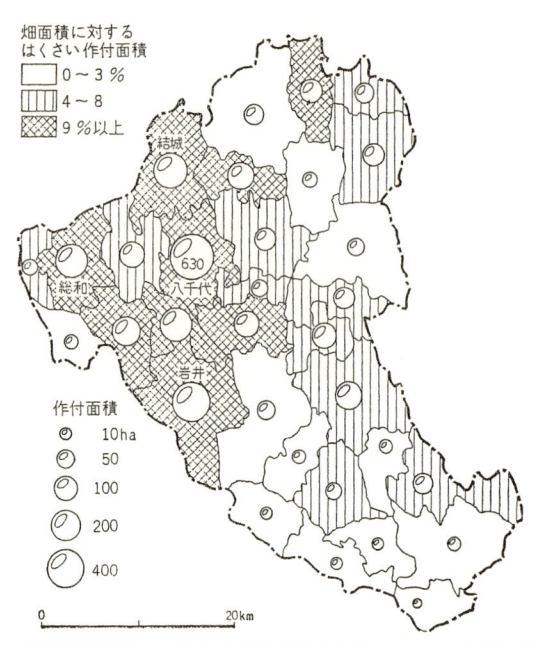

図Ⅲ.2 筑波西地域における市町村別結球はくさいの作付面積(1967)
(野菜作付統計より桜井明俊氏作成)

る有効な陸上交通手段がなかったからである。その点，1958（昭和33）年の岩井の芽吹大橋，1964（昭和39）年の境大橋の架橋は，両台地の農村と農民を陸の孤島から大きく開放することになった（猿島町史通史編）。その結果，交通体系の革新は，猿島・結城台地から都心までの自家用トラック輸送を2時間に短縮し，東京市場への個人出荷を可能にした。1978（昭和53）年の八千代町から東京市場への個人出荷率15％という数字は，近郊外縁蔬菜作農村が首都近郊農村に移行しつつあることを示唆するものであった（八千代町史通史編）。

　1960年代半ばの台地農村では，概括すると果菜類・葉菜類の栽培が多く，根菜類や茎菜類は不振であった。輸送途上で荷痛みが懸念される葉・果菜類が卓越することは，近郊外縁部の輸送園芸地帯としては，先の指摘とともに，多分に近郊農村的性格を帯びていたことを示すものである。たまたまこの時期・1966（昭和41）年，野菜生産出荷安定法が施行され，猿島・結城台地農

村では秋冬はくさい・春はくさい・夏ねぎ・冬春レタス・春レタス・冬レタス・冬春ほうれんそう・冬春トマト・夏秋トマト・冬春きゅうり・夏秋きゅうりを含めた6品種，11類型の露地蔬菜があいついで指定された。このことはすいか（メロン）―はくさい型のかつての粗放的重量作物の単作・連作農村に，総合産地化と輪作体系の導入という産地の持続的発展につながる変革の一契機をもたらすことになった。事実，多くの耕地を巻き込んだ連作障害と耕土の圧密化現象の発生が，前記の指定産地制度とかかわり合って，猿島・結城台地の蔬菜作農家を大きく揺さぶることになる。

とりわけ昭和40年代から表面化したすいか（メロン）―はくさい栽培に伴う連作障害は，50年代になると根こぶ病，黄化病，早期枯れ上りの多発を招き，収量と品質にダメージを与えることになった。根本的対策として有機質肥料の投入と深耕が採りあげられた。このとき浮上した深耕は，ごぼう・とうもろこし等の作付を前提とするものであったが，未成熟とうもろこし以外は，以後，洪積台地農業の有力蔬菜となることはなかった。しかしこうした連作障害対策が，1966（昭和41）年以降の「指定産地」指定とともに，台地の蔬菜作を連作体系から輪作体系に移行させる重要な契機になったことは確かである。

第二節　蔬菜産地の生産力形成条件と地域の性格

猿島・結城台地は，首都近郊外縁農村としては最も近郊農村に近接した位置を占める蔬菜作農村である。こうした立地条件の大都市近郊性にもかかわらず，全国的にもその例をみないほど経営基盤の堅実な大規模畑作農村である。表Ⅲ.1に示すとおり水田農村の千代川村を除けば，中核農家率は25～30％に達し，平均耕地面積も1.2～1.4haと全国平均を大きく上回る。

平均耕地規模が大きいのは，大正から昭和初期にかけて，台地全域に分布していた松や雑木の平地林と麦・茶のための防風林（多目的雑木林）が，農村恐慌期・戦中～戦後期・1950年代後半の農山漁村建設事業期のそれぞれにおける開墾の対象とされ，農業の規模拡大を支えてきたことによる（図Ⅲ.3）。

また，所有耕地規模の大きさとともに，1960年代中葉から1980年代中葉にかけて，広域的に推進された農業とくに水田農業の生産基盤づくりも，農業機械の導入と連携しながら，地域農業の生産力形成条件として効果を挙げている。中核農家率が高く，しかも1戸当たり平均耕地所有規模が大きい両台地では，農業粗生産額に占める蔬菜の割合も，水田農村千代川村以外はいずれの場合も高く，ほぼ60～70%に達している。まさに経営基盤の堅実なしたがって持続的発展への展望をもつ蔬菜作農村である。
　猿島・結城両台地上の各市町村で生産される主要蔬菜5品目を，農業粗生産額に従って順次配列すると（表Ⅲ.1参照），上位を独占するのははくさい・

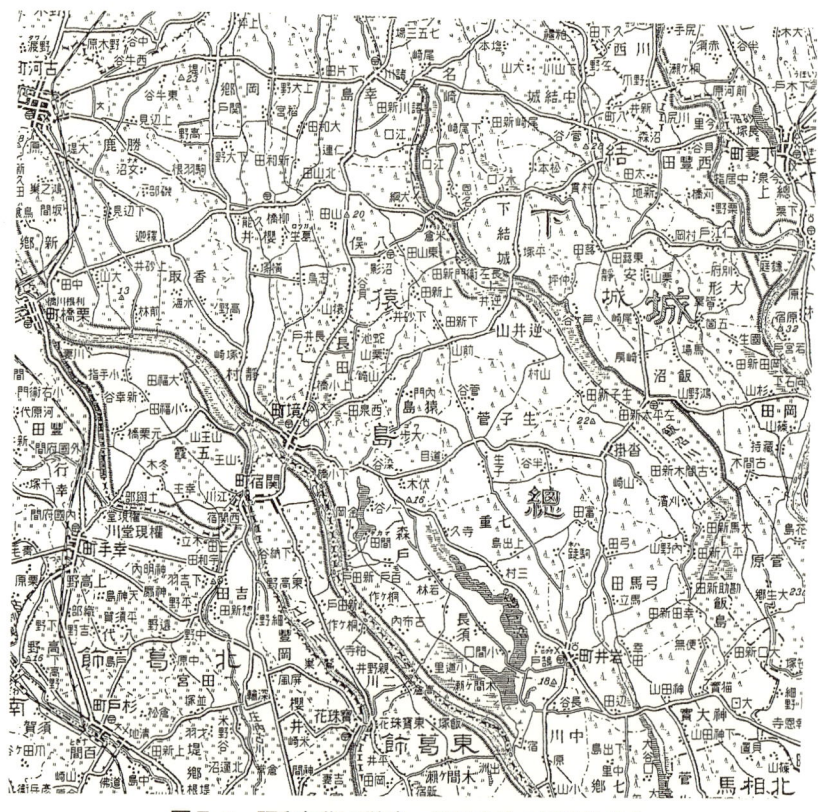

図Ⅲ.3　昭和初期の猿島・結城台地の平地林分布
(20万分の1地勢図．宇都宮図幅．昭和10年発行)

第Ⅲ章　猿島・結城台地の葉菜型産地形成と業者流通

表Ⅲ.1　猿島・結城両台地農村の農業構造

市町村	中核農家率	平均耕地面積	蔬菜占有率	主要蔬菜5品目
三和町	30(％)	1.4(ha)	70(％)	はくさい　レタス　キャベツ　露地メロン　なす
総和町	31	1.4	67	キャベツ　レタス　かぼちゃ　なす　はくさい
境　町	26	1.3	61	レタス　はくさい　キャベツ　ねぎ　トマト
猿島町	26	1.2	59	はくさい　レタス　トマト　未成熟とうもろこし　キャベツ
岩井市	25	1.3	57	レタス　ねぎ　トマト　キャベツ　ほうれんそう
八千代町	30	1.4	71	露地メロン　はくさい　キャベツ　なす　レタス
千代川村	12	1.3	47	はくさい　すいか　きゅうり　露地メロン　未成熟とうもろこし

蔬菜占有率：農業粗生産産額に占める割合
資料年度：1993年
各市町村役場産業課資料より作成。

レタス・キャベツであり，これらの葉物3品に裏作ないし輪作体系に組み込まれた各種作物が続く。主要蔬菜の組み合わせ方は，地域によってそれぞれ異なり，たとえば高度経済成長期には八千代町ではくさいの栽培を核にした作物編成が，また猿島町，境町，岩井市ではトマト・はくさいの栽培を中心に蔬菜生産が組み立てられていた。小野寺　淳（1991）によると，両地域で軽量作物のレタスが評価され，基幹作物のひとつとして急速に浮上してくるのは，1980年代中頃以降のことであった（図Ⅲ.4），（写真Ⅲ.2）。レタスとともにねぎ栽培も，集出荷段階での労働力配分上の弾力的対応と収益性が評価され，今日，猿島台地南部諸地域を超えて，北部まで広く普及する気配がみられる。その結果，7市町村の主要蔬菜5品目は延べ12種類を数え，かつてのはくさい・すいか（メロン）の連作を伴う単品卓越型地域の面影は完全に消滅した。このほか「指定産地」の指定は受けていないが，すいか・メロン・ハニーバンタム・かぼちゃ・なす等の伝統的作物が，各地の特産物として栽培されている。一方，2011年現在，猿島台地北部（諸川青果市場集荷圏）では，主要蔬菜は他地域と共通する葉物3品とねぎであるが，増反作物としてはち

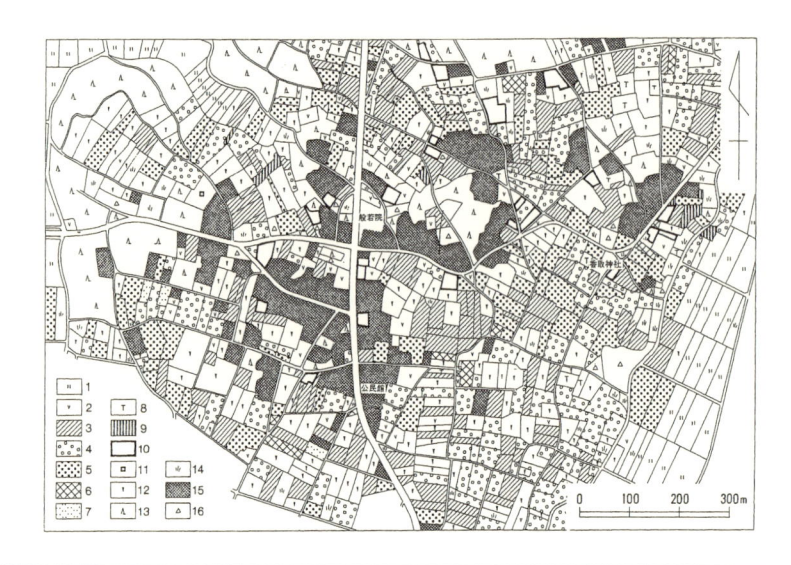

凡例: 1. 稲（収穫跡） 2. 特記以外の野菜類 3. レタス類 4. キャベツ 5. ハクサイ 6. ネギ 7. 大豆 8. 茶 9. 植木 10. 温室 11. 牛舎 12. 収穫跡・整地中 13. 林地 14. 駐荒地 15. 宅地・商店・公共施設 16. 土砂・資材などの置場

図Ⅲ.4 下総境町（志鳥）の土地利用（1998）（「下総境町の生活史図説」より転載）

写真Ⅲ.2 下総境町の冬レタス畑（2011.10）

んげんさい・ほうれんそうの周年栽培が目立っている。その他としてグリーンリーフ・グリーンボール・なす・にんじん・にら・いんげん・こまつな・きゅうりほか4～5点がみられる。いずれにしても，主要葉物3品に多品種少量の蔬菜を配置している点で台地全般の作物編成状況と共通している。

こうした単品型産地から総合的周年型産地への転換は，1960年代中期以降の「指定産地」指定による栽培品目の増加と，産地仲買人の周年営業指向に対応した農家の多品目周年生産の結果であり，1990年代後半以降の中国人農業研修生の受け入れと労働力完全燃焼のための切れ目のない作物導入の結果であった。とりわけ外国人研修生の受け入れ状況は，諸川市場の集荷圏の場合，平均すると3～4戸に1名（諸川市場事務担当者）とみられ，八千代町の場合は農協関連の研修生230名，その他概算600名（農協馬場課長）を算し，市町村によっては少なからぬ数字に達することが考えられている。したがってこの問題が，農業労働力の高齢化対策として，一定の経営効果をもたらしたことは想定に難くない。

近年，両台地農業にみられる圧倒的基幹部門の葉物3品に多種少産型の蔬菜生産を加えた総合産地化の傾向は，ある意味では，遠隔輸送園芸型地域から近郊蔬菜園芸型地域への変質を示す現象である。もっとも，生産者の流通関与形態は，昭和20～30年代の園芸組合の設立ならびに共同出荷気運の一時的台頭を除き，依然，輸送園芸地域型であった。なお，近郊園芸型地域への変質の主因としては，利根川架橋と関連する交通体系の革新が推定され（猿島町史通史編），副次的要因には合理的輪作体系の部分的普及や商系資本の業者的性格の変質，具体的には単品出荷業者から総合品目詰め合わせ出荷型業者への変化も考えられるが，詳しくはすでに述べたとおりである。

第三節　産地市場の成立と産地仲買人

産地市場の成立と展開　近代以降，猿島・結城台地に蔬菜が新規導入されるのは大正期で，促成きゅうり・はくさい等の栽培が試みられた。しかしこの段階は試作期ともいうべき時期であって，ごく一部が商品として近隣の在

方町に販売されたにすぎず，東京市場への出荷はまったく行われなかった。昭和初期になると郡農会，種苗業者，篤農家等がそれぞれの立場から，蔬菜とりわけすいか・はくさいの栽培技術指導を積極的に推進し，台地蔬菜作の揺籃期ともいえる段階を迎えることになる（八千代町史通史編）。

　この頃「水戸の船橋　保という青果業者が，仲買した総和，八千代の野菜を東京に出荷するようになった。」（八千代町史通史編）とあり，これは恐らく記録に残された最も早い時期の，仲買業者による東京出荷の一例だったとみられる。他方，深まる恐慌に対して，農会指導による園芸出荷組合の結成が各地であいついだ。こうして近郊外縁蔬菜作農村における近代青果物流通の雛型─業者出荷と組合出荷─が出そろうことになる。

　出荷組合のうち八千代町安静地区の大間木園芸出荷組合では，下妻の運送店から４ｔ車をチャーターして東京出荷を始めたが，利根川の渡船事情が悪く大量輸送上の限界に直面して事業は難航した。これに対して，古河駅を拠点とする猿島産蔬菜の東北，北海道方面への業者出荷は，好評裡に行われた。この状況に刺激されて，1932（昭和７）年，古河駅に比較的近接する猿島郡農会でも，出荷組合を指導して東北・北海道方面から横浜まで貨物列車で促成きゅうり・なす・すいか・はくさい等を移出すべく準備を開始した（いばらき新聞1933）。

　昭和初期，郡・村農会の指導にもかかわらず台地農村の共同販売率は伸び悩み，猿島町の場合，共販率は対象作物の30％にすぎなかった。「５箇年計画ニ依リ米，麦総販売高ノ九割蔬菜ハ八割ニ達スル様督励セントス」（猿島町史資料編近現代）にみるように，農村恐慌期の経済更生運動は商品作物の導入，商品化率の徹底とともに共販体制の確立を重点項目の一部としてきたが，少なくとも蔬菜の共販体制に関する限り，産地市場ならびに産地仲買商人の成立に影響されて，十分の成果は挙げ得なかったようである。

　ちなみに，現地での旧市場関係者からの聴き取りによれば，戦前期成立の猿島町生子の産地市場は，その頃，すいか・メロン・はくさい等を神田市場に送っていたとされ，同町沓掛地区にも戦前戦後にかけて，すいかの季節市場が問屋によって開かれ，商品はすべて京浜地区に移出されていたという。

第Ⅲ章　猿島・結城台地の葉菜型産地形成と業者流通

岩井食品市場も戦前に成立した産地市場であるが、移出問屋によって経営されたか否かは不明である。いずれにせよ、すいか・はくさいは、振り荷組織の大型化に移行し難いこと、重量比価が低く、価格の市場間格差が生じ易いこと等の商品特性から、共販組織には馴染み難く、反面、差益商人には恰好の標的商品であった。こうした条件に近隣消費市場の狭隘性が加わって、一定量のすいか・はくさいが、未発達ながら産地市場流通を経て移出されたことは疑う余地もない。産地市場を変遷史的に考察した場合、まさにこの段階こそ産地市場史の黎明期として位置づけるに相応しい時期であった。

　猿島・結城台地農村における産地市場の確立期は、昭和20年代後半にすいかの接木技術とはくさいの練り床技術が導入され、作付体系の安定をみることになるが、この技術的基盤に昭和30年代後半の農産物需要の高度化、多様化が結合してもたらされた。この時期に成立をみた産地市場には、出自が明らかなものだけでも沓掛市場（1957）、諸川青果市場（1960）、八千代青果市場（1962）、生子青果市場（1963）等がある。

　産地市場の確立期に次ぐ発展期の出現は、1966（昭和41）年以降のはくさいを中心とする主要蔬菜の「指定産地」指定を契機にして進行した。この間、多くの園芸組合が結成され、これを窓口としてトラックによる委託輸送が広く行われた。しかし園芸組合の大部分は、昭和40年代前半に発足する農協出荷組織に吸収され、下部機関として今日に至っている。一方、青田師や問屋の買子たちは、蔬菜農家の生産量の増大、取扱量の増大につれ、仲買商人として産地市場の設立と充実を強く指向するようになっていった（八千代町史通史編）。

　産地市場と産地仲買人　猿島・結城台地には1993（平成5）年現在、地方卸売市場としての産地市場が7か所、同じく小売商を買参人に含む準産地市場が4か所、地方卸売市場以外の産地市場が1か所、それぞれ適当な間隔で分布していた。それでも流通近代化政策が推進される直前—1960年代中頃—に比較すると9市場が消滅している。消滅した産地市場は、猿島・結城台地では間中橋・八千代中央・谷貝・山田新町の4零細市場と、茨城南部の都市化地域に隣接する北相馬郡市の5市場であった。「指定産地」蔬菜を多数擁

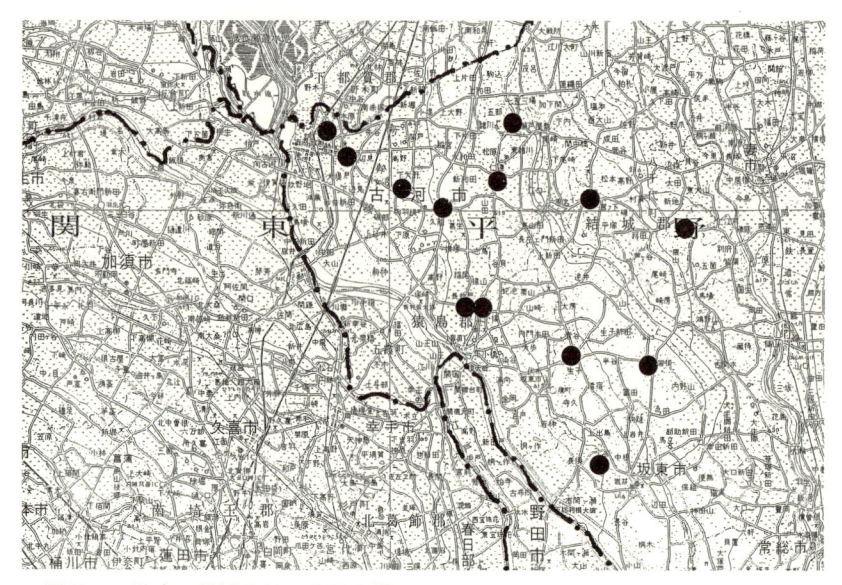

図Ⅲ.5 猿島・結城台地の産地市場 (2011)（茨城県西農林事務所資料により著者作成）

する猿島・結城台地の市場群は，産地市場潰しともいえる流通近代化政策の推進にもかかわらず，市場再編を進めながら，準産地市場まで含めると大勢は存続したことになる（図Ⅲ.5）。現存するこれらの市場で営業する仲買人の数は，茨城県園芸蚕糸課資料によると1992（平成4）年度現在，少なくとも延べ148名を超えていた。

市場関係者からの聴き取りによると，仲買人たちの購買力―荷引力―は極めて強く，古河青果市場の場合，買受人137名の買受総額とわずか4名の仲買人の荷引き力が拮抗している（表Ⅲ.2）。岩井中央青果市場の場合では，買受人総数の半分にも満たない仲買人たちの買付量が，出荷量の90～95％を占めるという。なお，表Ⅲ.3を見るまでもなく，仲買人の多い市場は年間取扱高も多く，また，糶（せり）時間については，産地市場的性格の明瞭な市場では夕市が，消費市場的性格の強いところでは朝市が開かれている。朝夕開市場は比較的仲買人の影響力が強い市場である。

ここで，農協との集荷競合の発生について簡単に触れておこう。産地の大型化，消費の大型化に対応する受け皿として，共選・共販体制の強化を図る

第Ⅲ章　猿島・結城台地の葉菜型産地形成と業者流通

表Ⅲ.2　古河青果市場の月別取扱額に占める仲買業者の比重（1993年）

年月	取扱金額	業者扱率(%)
5／4	613,429	59
5	628,690	57
6	627,291	65
7	747,420	56
8	432,208	43
9	354,636	37
10	397,459	49
11	268,635	51
12	335,902	43
6／1	300,322	44
2	363,154	52
3	367,745	49

単位：千円
古河青果市場資料より作成。

表Ⅲ.3　茨城県猿島・結城両台地における産地市場

市　場　名	所　在　地	取扱額(千万円)		セリ開始時間	買受人(仲買)	備考
		野菜	果実			
古河青果	古河市静町	576	151	7時30分	141(4)	＊
古河中央青果	猿島郡総和町	78	28	8時・17時	53(不明)	＊
総和青果	猿島郡総和町	50		17時	10(10)	
県西中央青果	猿島郡総和町	285	1	17時30分	21(21)	
諸川青果	猿島郡三和町	327	2	17時30分	28(28)	
生子青果	猿島郡猿島町	110	3	17時	15(15)	
長井戸青果	猿島郡境町	270		17時	28(28)	
境中央青果	猿島郡境町	25	4	7時30分	29(不明)	＊
岩井中央青果	岩井市鵠戸	340	21	7時・17時	35(14)	＊
八千代青果	結城郡八千代町	58	14	16時	19(19)	
千代川青果	結城郡千代川村	47	61	15時	9(9)	

＊：準産地市場　資料年度；1992年度現在
茨城県農林水産部園芸蚕糸課資料より作成。

べく，各地の農協は国の助成を得て，予冷庫をはじめ各種施設の充実を積極的に進めてきた。他方，産地市場では岩井中央青果市場の真空予冷施設，古河青果市場の低温売り場以外に，夏場の品質保持に積極的な市場はみられない。この違いこそ，産地市場・産地仲買人たちが農協との集荷競合に際し，

最も大きな圧力を感じる点のひとつとなっていった（新井鎮久1998）。

　農協と産地市場との競合の結果は，品目別の集荷割合だけでなく地域的にも傾向的把握は可能である。要約すると，今日（2011），主要蔬菜のキャベツ・はくさいの60％，ねぎ・レタスの50％を業者が抑え，さらに地域的には，猿島台地の北部と結城台地で業者流通がやや勝り，猿島台地の南部では系統が若干支配的であるという。作物別，地域別ともに業者流通がやや有力とみられている（坂東農業改良普及センター）。はくさい・キャベツ等の重量比価の低い商品は，輸送費負担が相対的に高く，至近距離での流通が主体となり，広域的な需給均衡がとられにくい。結果的に市場間価格差を生じて差益商人の参入をみることになる（小泉浩郎1969）。

　転送荷の受入れと集荷競合　産地市場の経営は，周辺農村からの出荷だけに依存しているわけではない。たとえば生子青果市場の場合，東京の中央卸売市場から転送荷を入れ，これを「紀伊国屋」に納めている。他市場の場合もそうであるが，行く先の予定されている転送荷は，当然，仲買人の糶にはかけない。さらに千代川青果市場のような零細市場では，近年，社長が卸売業者として東京の中央卸売市場から転送荷を入れ，この一部を仲買人の糶にかけ，一部を本人が仲買人として任意の消費市場に再転送している。千代川青果市場の事例は表Ⅲ.4に示すとおりである。市場取扱総量に占める転送荷の割合は，月によっては100％に達し，平均（1～6月）しても62％を占めている。大規模な仲買業者による東京中央卸売市場や特定産地からの転送荷の導入は，昨今，産地市場でも格別珍しい現象ではなくなっている。ただし上武蔬菜園芸地帯の産地市場群と猿島・結城台地蔬菜園芸地帯の中核的産地市場では，過去・現在とも転送荷の導入例はみられない。

　戦前期の猿島・結城台地農村では，養蚕以外には陸稲・大小麦に少々のすいかとはくさいが栽培されていたにすぎない。しかし近年は輪作体系もかなり整備され，はくさい・レタス・キャベツを中心に多様な蔬菜類が，普遍的に栽培されるようになってきた。それでも地域差が明瞭にあらわれ，夏枯れ期の8～9月になっても，台地西域に分布する生子・岩井・長井戸の各市場と猿島台地北部の諸川市場等では，ほうれんそう・ねぎが出荷され，ここで

表Ⅲ.4　猿島台地・千代川青果市場における転送荷の実態

	地場蔬菜	転送蔬菜	転送蔬菜占有率(%)
1月	834	403	33
2月	144	510	78
3月	0	789	100
4月	583	747	56
5月	165	464	42
6月	153	138	47

単位：トン
果瓜類を除く　1994年1～6月資料
茨城県県西地方総合事務所農林課資料より作成。

表Ⅲ.5　猿島・結城両台地産地市場の月別取扱量の推移(1992)

	古河	岩井中央	八千代	千代川	諸川	生子
1月	3,737	1,180	408	983	2,651	480
2月	3,736	1,085	231	0	2,441	357
3月	3,433	1,846	336	0	2,703	1,229
4月	4,400	3,102	694	0	3,132	2,062
5月	5,364	2,481	560	479	3,766	0
6月	5,142	2,214	627	1,311	2,911	1,064
7月	4,527	1,392	530	1,372	2,351	762
8月	2,334	892	185	0	791	315
9月	1,979	631	169	0	430	286
10月	3,602	2,190	471	374	1,741	1,046
11月	4,861	3,538	1,973	2,319	4,311	0
12月	5,147	2,831	1,312	3,204	4,743	935

単位：トン
茨城県県西地方総合事務所農林課資料より作成。

は市場も業者も休業することは少なくなった。

　そもそも台地全域で生産物が多様化し，産地市場と仲買人たちの営業が通年化をたどった結果，1980年代末頃までは12～4月・8～9月は休業期間であったが，1990年代前半には8～9月休業だけが一般化している。しかも一部の台地西域市場では通年営業をすでに確立している。台地西域における営業活動の通年化は，蔬菜流通業者にとって大きな魅力である。市場間の掛け持ち登録がごく少ないだけにこの経営・経済的意味は大きい。

　営業期間を左右する出荷量の年間推移を表Ⅲ.5からみると，月別出荷量

はかなり顕著な凹凸を示している。このことは出荷最盛期の主要品目が，いずれも重量蔬菜のために表面化した現象であって，これを出荷額に置き換えると，推移曲線はかなり修正されるものと考える。それにしても，月別分布の推移が，利根川中流域蔬菜園芸地帯に展開する諸市場のうちで，最も緩い曲線を描く群馬境中央市場と比較した場合，その格差は大きい。

　近年，各産地市場の集荷圏には若干の変動がみられる。変動は，農協ならびに同業産地市場との集荷競合の圧力によって生じたものである。このため各市場とも猿島・結城台地の生産農家に対して，収穫期が近づくと繰り返し出荷要請に出かける。最近では西端の岩井中央青果市場さえ東端の結城市域まで荷引き開拓に出向いている。その結果，出荷組合名簿で把握した同市場の集荷圏（出荷組合の分布域）は，地元岩井を中心に八千代，猿島，千代川の各市町村にまで点の状態ながら拡大している。いずれも地元市場を持つ町村への食い込みである。こうした集荷圏の錯綜はどの市場にも見られる現象である。結局，激しい集荷競合の展開は，産地高の市況や転送荷の受入れと相互に関係し合っているだけでなく，産地の発展とも深く関わっている問題である。

第四節　仲買人の分布・配荷圏とその属性

　仲買人の分布と配荷圏　仲買人の分布を岩井・生子両青果市場の場合（表Ⅲ.6・7）でみると，主体は地元市町村在住者によって占められているが，埼玉県深谷市，群馬県境町などの上武蔬菜園芸地帯からの買参や東京中央卸売市場関係者の買参もみられ，活発な引き合いを展開している。とくに生子青果市場で遠隔地買参人の活動が顕著である。さらに配荷圏つまり移出先は，近隣の中核都市から本州全域にまで及んでいるが，量販店と結合した仲買人が若干少なく，大勢は得意先消費地市場への「送り」である。上武蔬菜園芸地帯の配荷圏と比べると積雪地帯への「山出し」がごく少なく，加工ないし加工と移出を組み合わせた業者もほとんど見られない。その点，差益商人的性格を残した産地仲買商人たちといえる。

第Ⅲ章　猿島・結城台地の葉菜型産地形成と業者流通

表Ⅲ.6　岩井中央青果市場所属仲買業者の仕入額と移出先

業者名	住　所	仕入額(万円)	移　出　先	備　考
M青果	千葉県松戸市	2,237	宇都宮	
I商店	茨城県岩井市	72,221	長野・近畿諸府県	
Ik青果	埼玉県八潮市	22,738	越谷・京浜	
H食品	猿島郡境町	16,457	山梨	
K商店	栃木県宇都宮市	0		買付休止中
Mt青果	埼玉県吉川町	315		移出先不詳
T青果	茨城県岩井市	47,345	多摩・西東京	
Ms商店	東京都大田区	7,058	京浜・ヨーカ堂	加工
Ms青果	茨城県岩井市	17,801	多摩	
Sy青果	茨城県つくば市	15,051	水戸・柏・群馬	
Ts青果	茨城県岩井市	33,942	新宿	
Ky青果	千葉県柏市	3,881	柏	
It商店	千葉県柏市	2,195	柏	
I流通	茨城県岩井市	95,814	京浜・東北・関西	

仕入年度：1993年度
茨城県県西地方総合事務所農林課資料及び現地調査により作成。

表Ⅲ.7　生子青果市場所属仲買業者の営業規模と移出先

業者番号	仲買人住所	年間営業規模	移　出　先　（納品先）
1	千葉県野田市	0.7億円	京浜（市場）静岡（八百半）
2	千葉県野田市	不詳	横浜（ヨーカ堂）
3	千葉県流山市	3億円	熊谷・上尾（市場）
4	茨城県岩井市	1.2億円	市川・成田（市場仲卸）
5	茨城県岩井市	不詳	長野（市場）
6	茨城県猿島町	7億円	中国・東北地方（市場）
7	茨城県猿島町	3.5億円	土浦・水海道市場（仲卸一本人）
8	茨城県岩井市	6億円	多摩青果市場（西武デパート）
9	茨城県岩井市	不詳	相模原（市場）
10	茨城県猿島町	9.5億円	徳山（市場経由スーパー）旭川・新潟（スーパー）
11	埼玉県深谷市	不詳	富山（市場）
12	群馬県境町	42億円	全国市場
13	東京都	80億円	大田市場（仲卸一本人）場内食堂で消費する野菜の90%を掌握
14	茨城県岩井市	1.5億円	相模原（市場）

生子青果市場資料及び市場社長からの聞取りによる
1993年度現在資料

次に仲買人たちの業者的性格を明らかにするために，彼らを類型化すると，1）各市場に所属する仲買人（移出業者），2）市場に依存しない青田買い業者（移出業者）とに大別される。産地市場に買参する仲買人は，近年，通年型営業を原則とし，取扱い品目も多岐にわたるが，農家からの直買いに依存する青田買い業者は，はくさいのみを扱う季節営業である。営業規模は両者とも大小まちまちであるが，一般に青田買い業者の営業規模は小さく，中〜大規模農家が自家産はくさいを中心に，これに近隣農家からの直買いはくさいを加えた程度の営業が通常である。業者数は若干流動的だが，地域全体で10名前後といわれている。専業的に移出業務を行う業者を玄人，後者の青田買い業者は素人と呼び分けられることもある。以下，両類型の代表的業者について，聴き取り結果を中心に考察する。

　産地仲買人（S青果）の事例　S青果は1950年代後半に移出業務を開業し，現在は2代目が営業している。年商額15億円は，地元業者中の最大手の一人である。従業員は常雇の男子2名に夫婦を加えた構成である。5年前まではパート従業員30名前後を入れて，はくさいの青田買いを並行させていたが，現在は労働力不足から中止している。商品の65％は近隣の県西中央青果市場から仕入れ，その他は淀橋，豊島，北足立の各中央卸売市場から転送で入れている。ただし地場物の減少期に代替・補充用に入れているわけではない。転送荷の仕入れは糶人と電話交渉で決めるが，仕入れ価格は前もって決める場合と，後で決める場合とがある。

　主力商品ははくさい・レタス・だいこんで，移出先は北海道（70％）を中心に東北，長野，京浜，大阪等に分荷される。輸送は主に酪農製品・魚介類・蔬菜等の復便を利用するが，レタス・ブロッコリーは羽田から空輸する。近年，移出品目や移出方法に特段の変化はみられないが，農協の進出，同業者との競争激化に伴う収益性の低下を，取扱量の増大と営業期間の延長でカバーしようとする傾向が目につく。

　青田師（I青果）の事例　1970年代初頭に開業したI青果は，所有耕地の畑2haと借地畑1haのすべてにモノカルチュアー方式ではくさいを作付けする農家である。夫婦2名だけで年間6〜7億円を売り上げるI青果は，青田

師業界では別格の大手業者である。昨年の年間取扱量は約1,000 t，市場仕入れ分20％を差し引いても，10 a 当たり収量 6 t として，およそ12ha相当の青田買いをしたことになる。青田買いのための労働力は10月から 4 月までの間，切り子として常時15人を必要とした。これだけの労働力を確保することは大変な努力が必要であった。以前は青田師専門の業者も少なくなかったが，昨今，労働力不足が切り子にまで及んだ結果，多くの業者が経営難に追い込まれ，Ｉ青果のような知人，親戚の動員力を持った業者がわずかに生き残った。

　Ｉ青果では，はくさい取扱量の70％を青田買いし，20％は近隣の県西中央市場から買い入れている。詰め合わせ用のキャベツ・レタス・ねぎ・なす等は，前記市場および諸川・長井戸両市場から買い付け業者の手を経て買い入れる。移出先は盛岡・青森を中心に北海道から大阪にまで及んでいる。

　Ｉ青果の商品は，「三和蔬菜出荷組合」のブランド名ですべて出荷される。青田売り農家とＩ成果との関係はかなり固定的で，「お得意さん」の関係を保持している。青田売り農家つまり出荷組合員農家は三和町，結城市，小山市，野木町，八千代町，下館市等にわたって約70戸ほどが分布している。彼らの出荷方法は持ち込み・庭先渡し・圃場渡し等さまざまであるが，主流は庭先渡しである。

　Ｉ青果以外の一般の青田師は，中～大規模の農家が多く，借地を含む自家栽培のはくさいに20％程度の青田買いのはくさいを組み合わせて，消費市場に出荷する。いわゆる秋季～冬季限定の商人である。近年，労働力不足の進行と農家の情報入手が進んだ結果，大勢は圃場売りから庭先売りに変わった。当然，この変化は青田師にとって利幅の低下を意味し，反面，取扱量の増加と収益性の安定化をもたらすことになった。これは青田師本来の差益商人的性格が希薄となり，手数料商人化したことにつながる。このため農協の集荷力に押され，かつ青田師本来の魅力を失った業者たちの商戦離脱が進み，昨今では，往時の 3 分の 2 にまで減少してしまった。

第五節　産地市場と農協の集荷競合

　猿島・結城両台地農村では，1960年前後に開業した産地市場群と1960年代後半に蔬菜市場に進出した農協とが，はくさい・キャベツ・レタスをはじめとする主要蔬菜の集荷競争を激しく展開している。一般の産地では農協と県経済連が独占的な力を発揮し，蔬菜の集出荷を牛耳っているが，ここでは若干，状況が異なっている。たとえば，八千代町農協では全出荷物を県経済連の一元出荷に乗せているが，三和町農協では，一部の荷物を県経済連の了解の下に馴染みの市場へ単独配荷している。また猿島町農協では，一部品目だけを県経済連の振り分けに任せ，他の大部分は単独配荷している。いずれも業者流通を意識した農協の配慮と蔬菜作農民たちへの気配りを反映したものとみてよい。

　図Ⅲ.6に示す各市場の転送荷を含む集荷実績をみると，年間取扱量は平均1万t，2万t，3万tがらみのいずれかである。一方，図Ⅲ.7は台地農村所在農協の平均的実績を挙げている八千代町農協と，実績優良農協とされる岩井市農協の年間取扱量を図示したものである。前者の年間取扱量は1

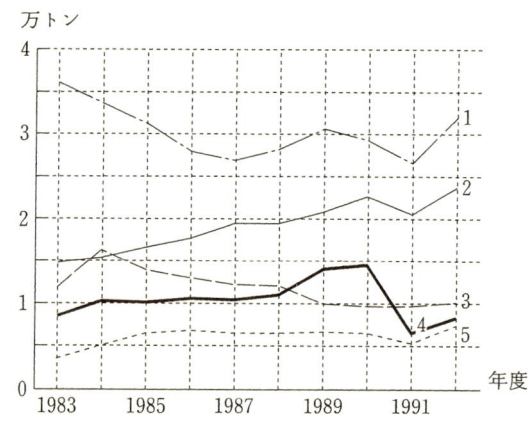

図Ⅲ.6　猿島・結城両台地青果市場の年度別取扱量の推移
1．諸川青果市場　　2．岩井中央青果市場　　3．千代川青果市場
4．生子青果市場　　5．八千代青果市場
茨城県県西地方総合事務所農林課資料より作成。

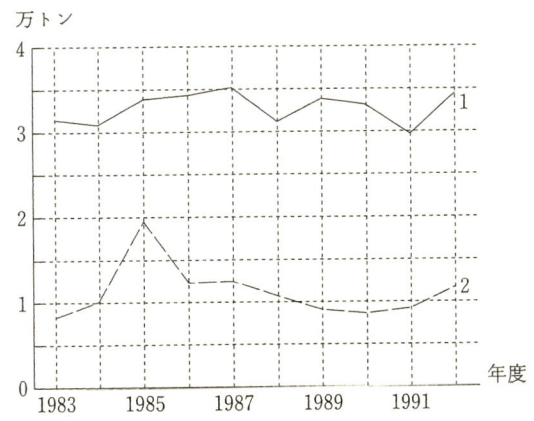

第Ⅲ章　猿島・結城台地の葉菜型産地形成と業者流通

図Ⅲ.7　岩井市・八千代町両農協における年度別青果物取扱量の推移
1．岩井市農協　　2．八千代町農協
岩井市・八千代町両農協資料より作成．

万t台，後者は3万t台で推移する。概括的に言って，左記のように単位農協と単位市場の集荷力はきわめてよく対応する。しかも産地市場と農協の集荷量の経年変化は，ほぼ似たような数値の下に横這いで移行する。以上のことから，商系・農協系両集荷機関ともこの10年間，顕著な変化がなかったこと，換言すれば，両者の間の平衡関係の成立を指摘することができる。

　さらに茨城むつみ農協（猿島，境，三和，総和，五霞，古河）の共販率をみると表Ⅲ.8のようになる。近年，大同合併したこの農協には，調査対象7市町村中の4町が含まれるので，調査対象地域にかなり近似した実態を表しているとみてよい。これによると，全般的には共販率25～50％の商品が多く，過半数を占めるのはトマト・レタス・ちんげんさいの3点のみである。平均共販率も36％に留まっている。猿島・結城台地農家の生産物販売手段のうち，任意組合出荷と東京市場への個人出荷はきわめて低く，その多くは系統出荷もしくは業者出荷に依存していることから，結果的に産地市場出荷が過半数を占めることになったと推定できる。こうした状況は今日（2011）でも大局的に変更はなく，都市化や基幹労働力の老齢化で，地域農業の生産力が若干低下した分だけ，農協・産地市場の取扱量もパラレルに低下した。当然，両者の市場支配率の変動も格別みられないようである。

67

表Ⅲ.8 茨城むつみ農協における主要蔬菜の共販率

作 物	作付面積(ha)	販売数量(t)	農協販売数量(t)	共販率(%)
だいこん	122	3,150	932	30
はくさい	1,040	49,478	23,784	48
キャベツ	924	33,432	5,021	15
ほうれんそう	105	1,119	499	45
ねぎ	110	2,028	957	42
なす	111	6,715	1,093	16
トマト	56	4,429	2,942	66
きゅうり	65	2,737	619	23
かぼちゃ	287	6,215	1,532	25
とうもろこし	495	3,931	950	24
レタス	1,145	18,237	9,736	53
カリフラワー	70	1,139	556	49
ブロッコリー	77	582	250	43
セルリー	7	466	196	42
ちんげんさい	27	545	446	82
メロン	103	2,244	763	34
その他	337	2,747	107	4
平均共販率				36

主要蔬菜の選別基準：農協販売金額5千万円以上
茨城むつみ農協合併計画書より作成。

　ここで，産地市場の優位性に関する地元農家の見解を整理すると以下のようになる。1）系統出荷のマージン（14%）が産地市場出荷（8%）より割高であること，2）産地市場は即金支払いであること，3）農協の厳格な規格検査に対する反発があること，4）プール計算に対する精農家の反発があること等が挙げられる。さらに，猿島・結城台地の産地市場では，かつて，所属する大規模仲買業者が，安値相場の際に買い支えをするという慣行が若干みられた。このことも地元農家が業者流通を好意的に評価する遠因とみることも可能である。
　産地市場関係者のこうした優位性，積極策に対して，一部農協では国庫助成や構造改善事業を導入して集荷センターの造成と真空予冷施設の整備を進め，さらに共選・共販体制の強化をもって産地市場に対抗してきた。こうした農協側の動向は，市場関係者にとってかなり大きな圧力となっているが，

第Ⅲ章　猿島・結城台地の葉菜型産地形成と業者流通

今のところ両者の拮抗関係を大きく変えるまでには至っていない。たとえば，三和町・八千代町両農協の場合，予冷施設を持ってはいるが稼働期間に制約があり，バランスシートを変えるほどの強みとはなっていない。なお，産地市場対農協の集荷競合では，一般の大型産地の場合と異なり，農協の集荷力は産地市場の転送荷問題を含めて考えても50％を割り込んでいる。理由は前節で述べたとおりであるが，とくに近年では，産地市場高の市況ならびに小規模産地市場における転送荷の受入れを，独特の市場存続要因として指摘することができるだろう。

文献および資料
新井鎮久（1998）：「茨城県猿島・結城台地における産地市場・仲買業者とその業者的性格」専修人文論集　第62号.
いばらき新聞：昭和8年5月11日号
小野寺　淳（1991）：「猿島町における野菜生産の特色」郷土研究さしま　第4号.
関東農政局統計情報部（1980）：『関東における野菜産地の現状と方向』.
猿島町史編纂委員会（1993）：『猿島町史　資料編近現代』.
猿島町史編纂委員会（1998）：『猿島町史　通史編』.
日本地誌研究所（1968）：『日本地誌　第5巻』二宮書店.
小泉浩郎（1969）：「流通機構の変化と市場対応」（農林省農業技術研究所編『産地形成と流通』）.
八千代町史編纂委員会（1987）：『八千代町史　通史編』.

第Ⅳ章

邑楽台地・板倉低地帯の果菜園芸と産地市場の不振

第一節　果菜園芸産地の展開と産地市場の動向

　館林・板倉地域のうち主として洪積台地（畑地帯）における青果の商品栽培の歴史は，江戸時代以前に遡ることができる。『館林市誌（歴史編）』によれば，1337（延元2）年，館林市赤羽地区（旧松原村・羽附村・赤生田村）で発足した領主庇護下の青果特権栽培は，町方商人との確執を繰り返しながら，江戸期寛文年間の最盛期を迎えることになる。この頃，農民たちに許可された振り売り範囲は，前掲『館林市誌（歴史編）』に「東は間々田・古河辺迄，南は加須・騎西・羽生・行田・熊谷辺迄，西は小泉・尾島・太田・木崎・境辺迄，北は佐野・葛生・田沼・足利・桐生辺迄，馬荷・徒荷共に勝手次第持参，売捌き，御年貢上納手当を致すべき旨仰せ渡され候」とあるように，25km四方に及ぶ広範なものであった。主な振り売り青果は，もも・うり・すいか・なす・きゅうり等であった。しかし明治期になると，藩権力をよりどころにしていた旧3か村側は，販売体制の急速な崩壊を招くと同時に，産地としての支持基盤を失い衰退していった。

　大正期に入ると，洪積台地の畑地帯に先駆けて，赤羽地区ではきゅうりの露地と半促成栽培技術が発達し，さらにチーフー系はくさいの栽培が普及していく。この頃の畑作は，冬作の小麦・大麦の畝間にきゅうり・かぼちゃ・トマトを植え付け，麦類の収穫後に夏作としてこれを収穫する。秋作には結球はくさいを栽培して再び冬作の麦類に戻る。いわゆる1年3毛作が多くみられ，収穫された蔬菜類は農家の手で館林市街に挽き売りされていった（日本地誌第6巻）。

　近代における赤羽地区での果菜＋はくさい栽培の成立は，江戸期における商業的農業の再生を意味する。それは農村恐慌期を迎え，多くの農村が換金

作物の導入に試行錯誤する以前に，赤羽地区では一足早い商業的農業の導入を実現したことである。赤羽地区における先進的な状況は，邑楽台地先端部の板倉町伊奈良地区でもみられた。栽培作物は大正期末から昭和初期にかけて導入されたきゅうり・なす・かぼちゃで，1937（昭和12）年の練床栽培技術の確立以降急速に普及する後作のはくさいと結合して，当時としては革新的な作付体系（経営）を地域農家にもたらすことになる。大都市近郊農村を除く多くの農村が，この時期—農村恐慌期—商品作物の導入を模索するか，もしくは穀桑型農産物の価格暴落分を収量の増大で補填すべく，努力を傾注する日々を繰り返していた。邑楽台地・板倉低地帯でも，赤羽・伊奈良地区にみるような商品作物の導入と洪積台地の開墾，低湿地の埋め立て，耕地整理等が積極的に推進された（板倉町史通史下巻．日本地誌第6巻）（図Ⅳ.1）。

　第二次大戦後の蔬菜産地の発展は，統制の解除と農業改良普及事業の発足を契機にして，伊奈良地区を中心になす・きゅうり作りから始まった。しかし蔬菜作りが地域的な広がりをみせるまでの間，言い換えれば産地形成期以前の洪積台地・自然堤防上の畑地では，土地利用の趨勢は，前作の陸田水稲

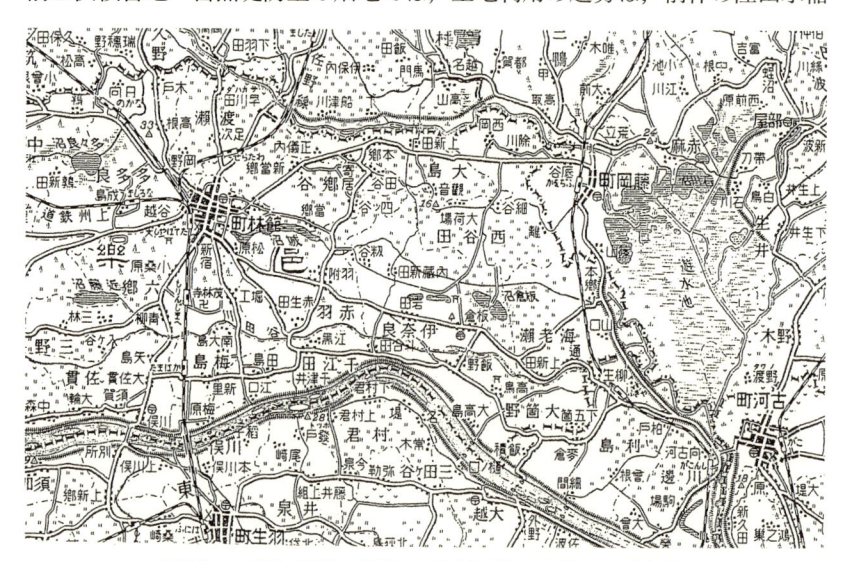

図Ⅳ.1　昭和初期の館林・板倉地域の地形と土地利用
（20万分の1地勢図．宇都宮図幅．昭和10年発行）

第Ⅳ章　邑楽台地・板倉低地帯の果菜園芸と産地市場の不振

栽培と後作のはくさい栽培という作型が一般的であった。復活当初のなす栽培は露地ものであったが，1953（昭和28）年にビニールフイルムを利用したトンネル栽培が導入され，生産の基礎が固まった。同じくきゅうり栽培は藁框（わらかまち）による半促成栽培からビニールトンネルに移行し，伊奈良地区を中心に普及していく。いずれも5月以降は露地栽培となるため風害および病害を受けやすく，また気温変化による収量の変動が大きかった（板倉町史通史下巻）。

　1960（昭和35）年，鉄骨ビニールハウス栽培が導入され，安定増収の途が開けた。ハウス栽培は当初無加温であったが，霜害を回避できたことから急速に各地（籾谷・岩田・板倉・高鳥・北）に普及し，出荷組合の結成をみるまでになった。1966（昭和41）年に板倉町農協野菜出荷部が，また1974（昭和49）年に野菜流通センターがそれぞれ設立され，ここに一元集荷体制の確立と発足を迎えることになる（板倉町史通史下巻）。同年，館林農協でも野菜流通センターの設立と一元集荷体制の確立をみるにいたる。加えて，まもなく両農協とも予冷庫の設置を完了する。こうしてきゅうりの全国的産地邑楽台地と板倉低地では，流通機能の充実を伴う経済組織の確立と近代的産地の誕生に漕ぎつけることになるわけである。

　藁框による促成栽培の普及以降，きゅうりのハウス栽培は，邑楽台地の赤羽地区から周辺地区へと浸透していった。近年，邑楽台地と板倉低地のきゅうり栽培は「春きゅうり（板倉型）＋夏秋きゅうり」・「越冬きゅうり（館林型―赤羽きゅうり・渡良瀬きゅうり）＋夏きゅうり」にみるとおり年2作（館林では2003年現在年4作となる）となり，結果的に周年栽培の濃密産地となった。板倉町伊奈良地区では，陸田地帯のハウス施設化率は高いが，全体的には水田地帯にハウスの過半数が分布している。一方，館林市の赤羽地区を中心とする陸田地帯には，ハウス栽培の過半数が展開する。最近，洪積台地，沖積低地を問わず，農業労働力の流出や連作障害の発生で，生産力の低下傾向が問題化している。このことは，既述のように利根川中流域および猿島・結城台地の両蔬菜園芸地帯に共通する今日的課題となっている。

　戦前，なす栽培は赤羽地区を中心に盛んに行われていたが，戦後の1950年

代から邑楽台地の北部にあたる渡良瀬地区でも，広く栽培されるようになった。しかし連作障害が生じやすく，他地区の追随もあって，産地は三野谷地区をはじめ広く拡散し，特定の産地集積は認めがたい状況であった（日本地誌第6巻）。なお，1950年代後半に板倉低地帯の海老瀬地区に水田裏作として導入されたさやえんどうは，1960年代初頭から普及が加速され，今日では施設園芸物と並んで低地帯の基幹作物の一部となっている（板倉町史通史下巻）。

　ここで商品作物栽培の発生・発展に際して，その当初段階からこれにかかわってきた仲買人，移出問屋（仲買人の時期的・地域的別称），産地市場等一連の産地流通業者の動向について注目してみよう。農村恐慌期，邑楽台地を中心とした畑作農村では，果菜生産と前近代的な流通が成立していた。産地市場関係者からの聴き取りによると，この頃，館林・古河にはすでに蔬菜移出問屋が存在し，農家の持ち込み蔬菜の買い取り・庭先買い・青田買い等多様な方法で集荷していた。

　板倉中央青果市場川野辺金吾専務の回想談によると以下のとおりである。「恐慌期後半，板倉町板倉に「勝手市場」が設立され，移出問屋・八百正によって運営された。問屋仕切りで5年ほど続いた。取扱品目はすいか・うり・かぼちゃ等の果菜類で主に足尾に仕向けられた。いわゆる産地市場の走りであった。一方，館林にも3か所勝手市場が成立していた。市場買参人は主に青果小売商で，一部に移出問屋も交えていた。市場経営者は，場所代として買参人と出荷農家から若干の手数料を徴収していた。市場の性格は，前者板倉町の場合が産地市場的であり，後者は消費地市場に近いものであった。」

　戦後まもなく，青果物統制の解除と同時に伝統的産地から順次蔬菜生産は復活し，これと連動して移出問屋の活動も再開された。1950年代の蔬菜栽培農家の販売行動は，館林の消費市場への出荷，あるいは茨城県古河青果市場への出荷，もしくは移出問屋への直売のいずれかであった。移出問屋への直売は，庭先売り・青田売り以外に館林の消費市場への搬出途上で問屋にカットされることも少なくなかった。問屋の移出先は，埼玉県北部蔬菜産地の「山出し」仲買人と同じく，東北・北海道が一般的であり，移出農産物はき

第Ⅳ章　邑楽台地・板倉低地帯の果菜園芸と産地市場の不振

ゅうり・なす・いんげん・はくさい・キャベツ等であった。

　1957（昭和32）年，生産者側にとっては出荷労働の軽減と不利な問屋仕切りを改めるために，また移出問屋に対しては効率的かつ安定的荷集めを実現するために，板倉町内に産地糶（せり）市場開設の機運が醸成されていった。以下，市場関係者の記憶をもとに整理してみよう。市場開設は県議会議員岩上氏主導の下に出荷協同組合つくりから始められた。1962年4月，曲折を経て板倉生産商業協同組合がようやく開設された。生産者たちの熱い期待にもかかわらず，問屋の不満が大きく，まもなく協同組合は倒産の憂き目をみることになる。1962（昭和37）年7月，協同組合の土地，施設一式を買い受けて現在の板倉中央青果市場が設立された。この頃，板倉低地帯には耕地整理，池沼埋立，水質汚染等で魚問屋を廃業し，蔬菜移出問屋に転身する俄業者（にわかぎょうしゃ）が多く，同業者総数は49名を算したという。ただしこの数字には，移出問屋の外に問屋の買い付けを担当する仲買人も含むことが想定される。その後，1965（昭和40）年5月に館林生産市場が，続いて同年7月に丸邑中央青果市場が館林市内にそれぞれ開設され，3産地市場体制の基礎が形つくられるこ

写真Ⅳ.1　排水溝を廻らす板倉町伊奈良地区水田地帯のきゅうりハウス（2012.10）

写真Ⅳ.2　排水溝の見られない館林市赤羽地区陸田地帯のきゅうりハウス
(2012.10)

とになった。時まさに洪積台地と沖積低地の農村に施設栽培が普及し，板倉農協に野菜出荷部が設けられる前年のことであった（写真Ⅳ.1・2）。

第二節　産地市場の集荷努力と産地仲買人の業者的性格

農協対産地市場の集荷競合　1985（昭和60）年度以降10年間の板倉・館林両農協の集荷状況は，前者が年平均21,000 t でほぼ横這い，後者が同じく37,000 t で微増となっている。これに対して産地市場では，1983（昭和58）年度以降10年間の3産地市場の年平均集荷量は3,500 t で，対農協比は6％を占めるにすぎなかった。1993（平成5）年度における各集荷機関の概算売上高も，館林農協61億円，板倉農協50億円に対して，板倉中央青果市場10億円，丸邑中央青果市場3億円，館林生産市場2億円となっている。集荷力の弱体化傾向も著しく，1985年度対1992年度比でみると，農協の6％増に対して産地市場は26％の落ち込みであった（表Ⅳ.1）。

第Ⅳ章　邑楽台地・板倉低地帯の果菜園芸と産地市場の不振

表Ⅳ.1　館林・板倉地域における産地市場の集荷状況の推移

年度	丸邑中央青果市場	館林生産市場	板倉中央青果市場
1983	3,000	2,572	7,180
1984	2,380	2,484	5,857
1985	2,800	2,371	5,761
1986	2,240	2,065	8,288
1987	2,322	1,863	9,000
1988	2,016	1,726	9,256
1989	1,981	1,415	4,358
1990	1,386	1,402	4,873
1991	1,524	1,387	5,620
1992	1,316	1,165	5,644

注：単位はトン
資料：群馬県農政部流通園芸課資料による。

　邑楽台地・板倉低地蔬菜園芸地帯の基幹作物きゅうりについて，全出荷蔬菜に占める割合（重量比）をみると，板倉農協の場合，1985（昭和60）年以降の10年間に年平均75％で推移し，変動幅はぶれても1.5％以内である。きゅうりの特産地としての地域性を考慮すると，館林農協の数値がこれを下回るとは考えられない。ただし産地市場が75％以上を確保しているかという点については，きゅうりの広域配荷性を考えたとき疑問が残る。

　産地の性格―特産地もしくは総合的産地―を考える際，月別出荷量の推移が一つの目安となる。少なくとも板倉・館林両農協の数値は，きゅうりの年2作を反映して夏冬2回の品薄期が出現する板倉と，年4作を反映して出荷量が通年安定している館林の実情をそれぞれ示している。板倉中央青果市場の事例は，冬季，東京中央卸売市場からの転送荷の受入れがあって，数値が若干の乱れを生じ判定が難しい（表Ⅳ.2）。ともあれ組織力・資金力の弱さに主力商品の広域配荷性の問題が加味されて，産地市場は困難な商戦を強いられている。

　産地市場の経営努力　1960年代中期，地域ぐるみの施設園芸の普及に呼応して，2農協（委託）と3産地市場（仕切り）の間に近代的対前期的ともいえる流通組織上の対立およびこれに伴う集荷競合が発生した。両者の競合関係において若干の遅れをとった農協側たとえば館林農協の場合，蔬菜の取り扱

表Ⅳ.2　館林・板倉地域における月別蔬菜出荷量の推移

	板倉中央青果市場	板倉町農協	館林市農協
1月	291	333	2,044
2月	244	1,894	2,841
3月	445	2,286	3,523
4月	1,048	3,067	4,504
5月	1,070	3,517	5,035
6月	542	2,196	3,780
7月	378	928	2,717
8月	147	606	2,118
9月	411	1,933	2,134
10月	638	1,837	3,062
11月	1,175	1,411	3,271
12月	691	530	1,755

注：単位はトン
資料：各農協・市場資料による。

いを始めた当初段階では，産地市場に対抗して「仕切り」を導入し，茨城・栃木方面まで集荷の手を伸ばした。これに対して産地市場側も経験と得意先を活用して善戦し，板倉中央青果市場の場合，開業の初期には年商20億円を売り上げている。その後，両者の集荷競合は集荷組織の編成から施設設置（予冷庫）にまで及んだが，結局は資本と組織力の両面に優れた農協が，施設産品の大半を制し今日に至っている。この間の農協側の施設攻勢は，館林農協が1971年に，また板倉農協が1974年にそれぞれ集配センターを設立し，生産の増大に対応する体制を一層強化して，蔬菜流通市場支配を不動のものにした。しかし産地市場と農協の間の対立・競合関係がこれで終結したわけではない。

　地元農家の掌握に遅れをとった産地市場は，周辺市町村を対象に集荷圏拡大の働きかけを進めてきた。板倉中央青果市場の場合，その集荷範囲は板倉・明和・北川辺から茨城県西部の猿島・結城台地の農村にまで及んだ。近年（2011），数年前から群馬の藪塚本町からキャベツの入荷（12月）が続き，さらに結城台地の八千代，千代川から長なす（4〜9月）が，また茨城県西部台地からはくさい（2〜4月）が入荷する。集荷方法でも思い切った手段

第Ⅳ章　邑楽台地・板倉低地帯の果菜園芸と産地市場の不振

―「庭先仕切り」や「運搬委託」―を採用した。1987年頃に始まった市場主導の「庭先仕切り」とは，出荷商品を農家の庭先で糶人，仲買人，農家の三者立ち合いで処理するものである。その際，支払いは仲買人が即金で行う。口銭はどちらからも徴収しない。したがって市場には一切収入はない。それでも産地市場側は，出荷の呼び水になることを期待して「庭先仕切り」を継続している。庭先取扱量は市場取扱量のおよそ10％程度で，仕切り品目も多様である。労働力が相対的に不足気味の概して大規模農家がこれに応じている。丸邑中央青果市場でも期間を限って「庭先仕切り」を採用しているが，両市場とも効果のほどはみえてこないのが現状である。「運搬委託」とは，市場の自動車で農家まで積み取りに行き，持ち帰って糶にかけるまでの委託である。大口荷の多い茨城県西部まではくさいの集荷に行くことも多い。この方式を利用するのも「庭先仕切り」の場合と同様の大規模作付農家層である。出荷労働の軽減という意味で，農家の年間経営計画―経営規模の維持―に与える効果は小さくはない。

　板倉中央青果市場の場合，年商10億円（1993年）の30％を占める「転送荷」受入れも，産地市場・仲買人の集荷努力―対農協の経営努力―という点で本質的に共通している。転送荷の受け入れ方は，産地市場が東京中央卸売市場から仕入れて仲買人に糶（せり）売りするケースと，仲買人が中央卸売市場から直接仕入れるケースのふたとおりがある。板倉中央青果市場の転送入荷蔬菜は，レタス（和歌山）・だいこん・キャベツ（三浦）が主体で，入荷は1〜3月の品薄期に多い。1993年度の場合，東京中央卸売市場からの転送荷は概算3億円（市場取扱総量の30％）に達していた。仕入れ価格は指値で決まる。まさに中央卸売市場の建値市場化と転送荷体系の確立による全国市場価格の平準化は，産地市場まで巻き込んで進行していたといえる。この現象は茨城県西部の産地市場群にもみられたが，上武蔬菜園芸地帯の産地市場群ではみられなかった。ただし，元専務山野辺金吾氏によると，板倉中央青果市場では，近年（2011），東京中央卸売市場からの転送荷は入れないで，代わりに松戸，岩井等で荷揃えをするという。

　戦前・戦後期，すいか・うり・かぼちゃ・はくさい等の特産物を特定期間

だけ移出営業していた仲買商人たちは，今日，地元産地市場での集荷品目の増加に加えて，品薄期には他産地まで進出して集出荷し，さらに転送荷でしのぐ等の努力を重ねて，営業の通年化を試みてきた。この状況も茨城県西部の産地仲買商人たちの動向と共通するものである。結局，産地市場の集荷圏が総合産地化している群馬境中央市場と異なり，施設物果菜に特化した邑楽台地・板倉低地帯や葉物3品に特化した猿島・結城台地における産地市場群の転送荷依存は，産地市場としては本来考えられない状況であるが，仲買人（移出商）にとっては荷揃えのための必要不可欠な措置であった。なお，埼玉県北部蔬菜産地に展開する仲買人たちは，品薄期の荷揃え問題を群馬境中央市場へ買参することで解決している。

産地仲買商人の営業規模と仕向け先　板倉中央青果市場に買参する仲買人の分布傾向には，いくつかの特徴がみられる。そのひとつは業者の地元集中性が目立つことである。唯一の例外は，群馬県の最大手業者「東群青果」が参入している点である。

1993（平成5）年度の業者別年間概算取扱高は，群馬県境町の東群青果の400万円を除けば，いずれも5,000万円以上の中～大規模業者といえる。東群青果の場合にしても年間の営業規模は40億円を超え，たまたま板倉中央青果市場の場合は，過年度の激しい買い付けに対して，地元仲買業者や市場側からクレームがついたために買い控えた結果である。さらに取扱高5,000万円規模の登録番号9・17業者の場合も，茨城県西部をはじめとする近隣市場での買い付けを併せ行っていることから，年間概算取扱高は板倉中央青果市場での買い付け額を上回ることが確実である。以上の事実と登録番号の欠番状況からみて，1960年代に簇生した仲買人の多くは，分解と淘汰を経て今日に至ったものと考えられる。

板倉中央青果市場への登録仲買人の営業概要については，表Ⅳ.3に示すとおりである。主要移出先は北海道・東北・京浜の各市場である。左記地域への移出は，水産物や木工製品の上京搬送車の復路便を活用する。もちろん自家用トラックや近在の輸送業者のトラックを利用することもある。このほか一部には，量販店に加工製品を移出し，付加価値を得ている業者もみられ

表Ⅳ.3　板倉中央青果市場登録仲買人の営業概要(1993年度)

登録番号	所在地	概算取扱額(万円)	主要仕向先	他市場登録状況
1	板倉町	37,000	北海道全域	
3	板倉町	10,000	京浜・関西・北海道	
4	板倉町	僅少	不良品廃棄処分	
5	板倉町	9,000	量販店(全量加工)	
6	群馬境町	400	不明	群馬中央・上武・中瀬・猿島
7	板倉町	20,000	京浜・北海道	
9	明和村	5,000	京浜・東北	茨城県西
15	館林市	6,000	量販店(一部加工)	
17	館林市	5,000	東北・北海道	茨城県西・丸邑・古河他

資料:板倉中央青果市場資料および同市場社長からの聞き取りによる。

る。大規模量販店への加工出荷は，本来，差益商人的性格が濃厚だった産地仲買人に，手数料商人的性格が付加されつつあることを物語っている。こうした移出先，輸送手段，業者的性格の変化は，利根川中流域蔬菜園芸地帯における他の産地仲買人の動向ともほぼ一致している。

第三節　主力商品きゅうりと産地市場の不振

　利根川中流域蔬菜園芸地帯に成立した産地市場の多くが，特定品目を除いて地元農協の集荷力と対等に，市場によってはこれを上回る勢いで推移している。産地市場が資本や組織面に優れた農協をしのいで，有利に競争を展開し得た理由についてはすでに述べた。こうした状況の中で，邑楽台地・板倉低地帯の3産地市場だけが，買参人の著しい分解・淘汰と集荷力の退潮傾向を示している。実態とその要因については「第二節」中，「農協対産地市場の集荷競合，産地市場の経営努力，営業規模と仕向先き」の項で一応触れてきたが，後者についてより詳細に述べると以下のとおりである。

　邑楽台地・板倉低地蔬菜園芸地帯の主力商品として卓越した地位を占めるのが，きゅうりを中心とする施設園芸物である。施設園芸に特化した産地市場は，多品目詰め合わせ出荷を必要とする産地仲買人にとって，荷集めに問

題を抱えた不完全市場という側面を持っている。産地規模が相対的に小さく，作物編成上にも限界があった。きゅうりは産地間のリレー出荷が確立した今日でも，重量比価・年間価格差ともに依然大きい。とりわけ大都市の中央卸売市場では，価格の高い冬期間の需要が多く，このことが出荷量の少ない業者出荷を抑さえて，出荷単位の大きい系統出荷をより有利に展開させる一因となっている。

また重量比価の大きいきゅうりは，輸送費負担が相対的に小さいことから広域流通が可能であり，その結果，価格の広域的平準化を実現している。中央卸売市場の建値市場化と集散市場体系の確立に伴う広域的価格の平準化—青果物流通の近代化政策の所産—も，投げ師的性格の残る邑楽台地・板倉低地蔬菜園芸地帯の産地仲買人にとって，必ずしも魅力的状況ではなかった。それでもほぼ周年化したきゅうりの市場出荷は，仲買人にとって安定した主力商品として位置づけられているのが現状である。

さらに仲買人の分解・淘汰や集荷量の退潮傾向の補足的理由として考えられるのが，果菜産地としての成立の時期と主力作物の交替である。邑楽台地では果菜産地成立の時期を戦前期それも農村恐慌期前後に指定することができる。一方，流通機構の成熟期以前に，他産地に先駆けて成立した蔬菜どころ・邑楽台地農村では，収穫物の処理は近在都市に挽き売りするか，または移出問屋・勝手市場に売却することであった。すでに産地仲買人の輩出基盤が歴史的に醸成されていたことが理解できる。

加えて，1937（昭和12）年の練り床栽培技術の開発や戦後30年代中期以降の陸田水稲作の後作として，はくさい栽培が急速に発展した。結果的に投機的性格の強いはくさい生産の増大が，産地市場の開設と仲買人の輩出に輪をかけたことは推察に難くない。しかし昭和40年代初頭を境に，邑楽台地のはくさいは，蔬菜販売額中第1位の座をきゅうりに譲り，以後，両者の差を年々広げることになる。投機的性格の強いはくさいから広域的に価格の平準化したきゅうりへの交替が，産地市場と仲買人の営業を困難にし，衰退と淘汰に大きく影響したことは明らかである。今年（2011）に入ってついに産地市場1社が撤退をした。板倉中央青果市場の場合も最盛期の1970年代に比較

すると，近年の売り上額は30～40％減になっているという（前記川野辺金吾氏）。なお，1960年代初期に魚問屋から転職した業者たちの挫折も，仲買人の淘汰を促進した一因に加えることができるものと考える。

文献および資料
板倉町史編纂委員会（1985）:『板倉町史　通史下巻』.
館林市史編集委員会（1969）:『館林市史　歴史編』.
日本地誌研究所（1963）:『日本地誌　第6巻』二宮書店.

第 V 章

埼玉県北部蔬菜園芸地域の主産地形成と産地市場・産地仲買人

第一節　萌芽期の北部蔬菜園芸地域と産地の性格

1．農村恐慌期以前の農業・農村

　明治初期の埼玉県北部の利根川右岸農村では，蚕種の生産と葉藍の栽培とが盛んに行われていた。以下，『八基村誌』によると，1870年代後半の蚕種の生産量は，年産5千枚，金額にして1万円に達し，また葉藍の栽培も八基村の畑地総面積の20％強に相当する100haに作付けられ，村経済に大きく貢献していた。当然，寄居扇状地の洪積台地農村に比較すると，農民は早くから商品経済と接触していたことになる。しかし1880（明治12）年頃から蚕種の輸出は衰退に向かい，同じく1896（明治28）年頃から葉藍の栽培もインド藍とドイツの化学染料の影響を受けて急激な減少を来し，数年後にはいずれも皆無に近い状態となった。

　早くから利根川右岸農村を商品経済に巻き込んだ蚕種製造と葉藍栽培に代わって，養蚕と大麦・小麦の栽培が盛んとなる。これに伴い，かつての藍作に要した反当40人の夏季労働力は，春蚕の拡張と秋蚕の導入に利用され，労働力の効率的な燃焼の場を見出すことになる。しかし藍玉づくりに要した一床80人の冬季労働力は，これを麦作に投入するだけではごく部分的にしか燃焼することができなかった（八基村誌）。

　かくして，冬季の男子余剰労働力は冬蔬菜の栽培と近隣都市への挽き売りに向けられ，女子の余剰労働力はまもなく普及しはじめる半機足（バッタン）による伊勢崎銘仙の賃機織に向けられることになった。その結果，養蚕と競合することの少ないねぎ・やまといも・ごぼう・晩秋きゅうりを中心に，蔬菜栽培が次第に増加していった（深谷市史追補編）。利根川右岸農村における蔬菜栽培は，その後もこまつな・あおいも等品目的な増加と商品化率の増大

―たとえば耕種農産物に占める蔬菜販売額の比率は，1877（明治9）年が6％，1923（大正11）年が14％，1924年が24％―とを推し進めながら，農村恐慌期へと移行することになる。

　一方，『武蔵国郡村誌』によると，荒川・神流川両扇状地の洪積台地農村では，明治初期から，米麦・大小豆・雑穀等の普通畑作に養蚕を副業的に取り入れたいわゆる穀桑型の経営が行われ，地区によって木綿（七本木村），だいこん・さといも・かんしょ・茶（上野台村），茶（岡部村），あまうり・かぼちゃ・すいか・（岡村），だいこん・にんじん・ごぼう・ごま・なす（榛沢村）等が自給的に栽培されていた。

　穀桑型経営は明治中期まで続くが，その後，政府の蚕糸業政策の展開に伴う養蚕の発展によって，両者の商品生産上の比重は逆転し，以来，洪積台地上の農村では養蚕を本業とし，米麦等の普通畑作をこれに付随させる経営に変化した。養蚕を中核とする洪積台地農村の安定した経営も，やがて日露戦争後の慢性的不況期を迎えることになる。『花園村誌』によれば，冬作のできない洪積台地農村では，不況はことのほか深刻な状況を農民にもたらしたという。

　こうした状況に対応すべく，明治末期から大正期にかけて各地に苗木・植木・球根等の栽培が試みられるようになり，さらに寄居，深谷，本庄等に近接する農村ではだいこん・さといも・きゅうり・なす等の夏作型の蔬菜類が栽培されるようになる（山口平八1937．熊谷市史）。ただし，これら園芸作物の本格的な普及は，昭和初頭の農村恐慌期まで待たなければならなかった。

2．恐慌期における蔬菜産地の成立と産地の性格

　農村恐慌下の埼玉県北部養蚕地帯では，繭価の暴落を補塡すべく蔬菜・果樹・養鶏等の商品作目の比重が急速に増大した。その結果，利根川右岸農村と洪積台地農村では，土壌の理化学的特性―たとえば，前者では風食の恐れがなく，生産性もⅡ等級であるが，後者では風食を受けやすく，生産性もⅢ等級「正当な収量を上げるうえでかなり大きな制限因子があり，土壌悪化の危険性もかなり大きい土地」の土壌が多いこと（埼玉県立農業試験場1963）等―

第Ⅴ章　埼玉県北部蔬菜園芸地域の主産地形成と産地市場・産地仲買人

を反映して，季節的に性格の異なる蔬菜産地が成立した。さらに養蚕と他の商品作目との結合形態，とくに労力配分や土地利用等の経営的側面にも明瞭な相違が生じた。以下，両蔬菜産地の性格を概括すると次のようになる。

　洪積台地上の農村では，平地林開墾による規模拡大を背景にして，根菜等の夏～秋蔬菜をはじめ芋類や輸出用ゆり根の栽培が次第に経営的比重を高め（表Ⅴ.1），「農家経済ノ大半若シクハ三分ノ一之ニ頼ルモノ多ク繭価著シク低落シ不況甚シキ折柄一層之カ栽培ヲ盛ンニシ（後略）」（埼玉県文書館2531-81），あるいは「近時我カ国経済組織ノ変遷ニヨリ副業モ農業経営中ノ一要素トシテ果樹蔬菜ヲ栽培スルモノ養鶏ヲナスモノ漸ク旺盛トナリ就中西瓜ノ如キ本村内農家ニシテ栽培セサルモノナキ程ニシテ副業ヲ主業化セルモノ多々アルカ如ク見受ラル」（埼玉県文書館2533-35）とあるように，ついに同一作期の養蚕との間に競合関係を生じ，ときにこれを圧して，基幹部門化の様相すらみられるにいたった。

　これに対して，利根川右岸農村では桑園間作（畝間，株間を7尺×3尺とし根株仕立てとする）を主体とする冬～春蔬菜型産地の成立をみることになる。桑園間作型の蔬菜栽培は，基幹部門としての表作の養蚕に裏作の蔬菜を副次的に配置し，土地利用の高度化と労力配分の合理化をとおして（図Ⅴ.1），両者の間に経営上の補完関係を成立させていった。しかも養蚕＋蔬菜の経営類型

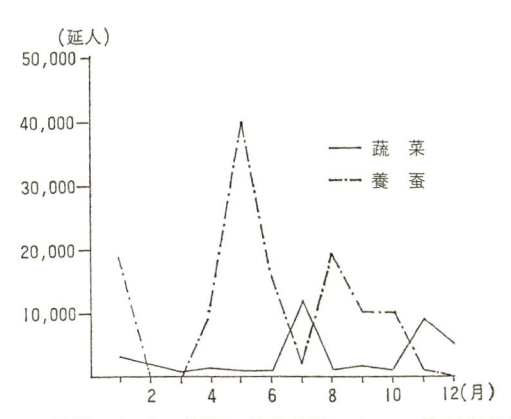

図Ⅴ.1　八基村における養蚕と蔬菜栽培のための月別労働投下量
（八基村勢調査会（1929）：『八基村勢調査書』により作成）

表V.1 1931(昭和6)年度の藤沢村・旭村農産物生産量・価額

	藤沢村		旭村	
	生産数量	価額(%)	生産数量	価額(%)
	(貫)	(円)	(貫)	(円)
里芋	69,000	13,800(12)	9,300	1,395(4)
大根	550,000	5,500(5)	40,600	1,218(3)
漬菜	7,600	304	21,500	1,075(3)
にんじん	16,800	1,680	3,250	260
ごぼう	18,900	2,268(2)	9,300	736
葱	10,000	400	9,800	392
なす	45,500	6,825(6)	9,600	962(2)
きゅうり	20,000	4,000(4)	4,030	605
しろうり	1,200	140	8,400	1,680(4)
かぼちゃ	3,000	300	10,400	1,768(5)
すいか	600	120	48,640	11,187(29)
まくわうり			290	1,160(3)
甘藷	255,000	15,300(13)	19,320	1,546(4)
馬鈴薯	400,000	32,000(28)	35,560	1,778(5)
トマト			1,920	153
いんげん	(石) 32	480		
ごま	(石) 52	1,300		
大豆	260	3,770(3)	(石) 54	594
小豆	250	5,075(4)	(石) 20	240
梨			18,900	6,615(17)
柿			7,080	1,699(4)
桃			1,230	861
梅			(石) 32	224
花百合	(個) 320,000	19,200(17)	47,600	2,380(6)
合計		114,298(100)		38,526(100)

埼玉県立文書館資料　文書番号　昭2588-18, 2588-21により作成。

と葉菜主体の作物編成とは，洪積台地農村のように地域的，階層的に分化した経営類型ならびに作物選択と異なり，多分に単純化されそれゆえにまた特産地化されたものであった（新井鎮久1982）。桑園間作による冬～春型蔬菜栽培地域は，深谷市中瀬地区を中心に新会，八基各地区に本庄市藤田地区を含

めた範囲で広く行われた。主な作物は養蚕経営と競合することの少ないねぎ・やまといも・こまつな・晩秋きゅうり等であった（本庄市史通史編．深谷市史追補編．新井鎮久2010）。

　経営規模を拡げたくても未墾地が存在せず，したがって経営の拡大を内面的充実に向けざるをえなかった利根川右岸農村にとって，桑園間作による通年型土地利用体系の実現は，その後の村農業の経営的性格を規定する重要な要素となった。とくに通年型土地利用の普及は地力維持とからんで，それまでの大豆粕や魚肥のほかに配合肥料の増投をもたらし，「本村ノ農業生産費中最モ重要ナルハ可及的購入肥料ヲ減シテ自給肥料ヲ増加スルコトデアル（中略）畑作ヲ主トスル農業経営ニ於イテハ有機質ノ豊富ナル自給肥料ヲ基本トスヘキデアルガ本村ハ其ノ反対ノ方向ニ進ンデイル」（八基村勢調査会1932），とあるとおり，当時としてはかなり資本集約的な多肥農業を地域の性格の一部に加えることになった。

3．統制経済期の「青果物振り売り」と蔬菜生産

　農村恐慌離脱後の東京近郊～近郊外縁部農村では，多くの振り売り業者が地元産地市場や近在の農家から仕入れた蔬菜類を，近隣の中小都市をはじめ隣接県の群馬，栃木，東京市内に搬出・販売していた。その後，戦時経済統制の強化にともない彼らにも統制の手が及んでいった。しかしながら，1941（昭和16）年施行の「青果物配給統制規則」による集配荷体系の一元化にもかかわらず，振り売り業者たちは公的にその存在と役割とが認められ，一元集配荷体制を補完するものとして位置づけられることになった。

　すなわち，埼玉県は従来から近隣市町村や東京市内で振り売りを営んできた業者については，諸般の事情を考慮して，上記統制規則第七条第一項に基づき，仕入れ市場と販売地域を限定すること，販売数量は1日20貫匁を超えないこと，家庭用以外には販売しないこと，一か所に定着して立売り類似の行為をしないこと等の営業条件を付けて継続を許可した。このように統制経済の初期段階では，統制による締め付けは緩く，蔬菜産地では生産と流通が従来と大きく変わることなく継続されていった。

諸般の事情については，以下に取り上げた1942（昭和17）年4月開催の「農林省振売ニ関スル打合会」（埼玉県文書館昭5920）での振り売り許可方針が明白に示している。「振売ニ付テハ青果物配給統制上全廃スルヲ理想トスルモ現状ニ於テハ絶対ニ廃止スルコト不可能ナルベキニ依リ可及的左ノ方針ニ依リ許可セラレタキコト　一．可及的人員ヲ制限スルコト　二．家族人員並振売業者ノ年齢等ヲ考慮シ生活上必要ナル者ニ付許可スルコト　三．農家ノ振売ニ付テハ耕作反別等モ考慮スルコト」。

　結局，生鮮食料品統制の難しさから，関係府県はもとより監督官庁（農林省．警視庁）まで，発足2年目にして必要最小限の振り売りを正式に認めたことになる。その後，1942（昭和17）年12月，埼玉県は経済統制の強化を目指した農林省の通達に基づき，経済部長名をもって許可方針の強化を打ち出した。これによると年齢，日販売数量には変更はないが，「総耕作面積僅少ニシテ振売リニ依リ家計ノ大部分ヲ支ウル者ニ限リ許可スルコト」「一世帯一人ニ限リ許可スルコト」「市町村長及所轄警察署長ノ副申アルモノニ限リ許可スルコト」「販売区域　東京市内又ハ埼玉県内」。以上のように，農業依存度の低い零細農家の世帯主が，振り売り業者としての継続を許可されたこと，警察行政の厳しい監督下に置いたこと，生産県の群馬，栃木両県への振り売りを制限したこと等，一歩踏み込んだ行政指導が打ち出されることになった。それでもこの段階での青果物統制の内容は，零細副業農民による桑園間作規模の生産・流通との乖離(かいり)が少なく，産地の状況には大きな変化は見られなかった。

　統制経済期の埼玉県の振り売り業者の分布は，県北部の大里郡中瀬村，八基村およびその近隣村を地域的単位とするグループ，県中央部の北埼玉郡共和，広田，田ヶ谷，太井の村々，さらに県南東部の北足立，南埼玉，北葛飾3郡の東京市隣接地帯のグループとに分類できる（図V.2）。いずれの地域的グループも，食品卸売市場規則（1941.3）施行に伴う市場再編以前のいわゆる産地市場を社会的発生基盤として成立したものであり，同時にまた県北部の利根川自然堤防帯，県中央部の元荒川自然堤防帯と後背低地，県南東部の中川水系自然堤防帯をそれぞれ自然的成立基盤とする点で共通していた（新

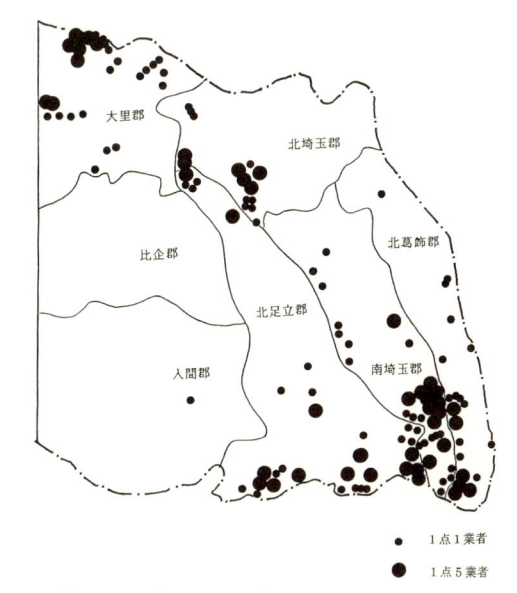

第Ⅴ章　埼玉県北部蔬菜園芸地域の主産地形成と産地市場・産地仲買人

図Ⅴ.2　青果物配給統制規則施行当時の振り売り業者の分布
埼玉県立文書館資料　昭5919「経伺　浦和市大牧665宮崎幸之進外100名ヨリ申請青果物振売ノ件」・同「青果物振売実績調査」・同「青果物振売許可ニ関スル件」，昭5920「青果物振売許可ニ関スル件」・同「青果物振売許可申請書」より作成。

井鎭久1995）。

　3地域グループのうち，ここでは利根川右岸低地帯における振り売り業者の実態について，仕入れ先，販売先，業者属性等の面から検討する。この地域の振り売り業者は，表Ⅴ.2に示すように中瀬村，八基村に集中し，地元産地市場を中心に農会，出荷組合，農事実行組合，農家（直買い）等を加えた多様な仕入れ先を併用していた。荷扱い品の多くは，軍需工場の立地する栃木県足利，群馬県太田，伊勢崎，桐生，尾島，小泉，境等の諸都市に搬出されて，軍需工場の宿舎・食堂の賄い方，一般家庭に振り売りされ，一部は消費市場に転送されていった。

　振り売り業者の一部には，仕向け先の桐生などからバナナを，また沿道の笠懸村から桃を仕入れて地元村内で振り売りする，より商人的性格の濃厚な二重営業者もみられた。なお，扱い荷は地元特産のほうれんそう・こまつ

表V.2 埼玉県北部振り売り業者の営業内容

居住地	取扱品目	仕入先	販売先	自家産率	取扱量(貫)
大里郡中瀬村	葉・根・果菜 果実	中瀬・深谷北部市場	深谷町	/	9,050
中瀬村	葉・根・果菜 果実	中瀬・深谷北部市場・深谷市場	深谷町 店舗販売	/	11,950
中瀬村	葉・根・果菜 果実	中瀬・深谷北部市場	本庄町	5割	3,550
中瀬村	葉・根・果菜	中瀬市場	桐生市	3割	2,650
中瀬村	葉・根・果菜	八基市場	太田市場 一部小売り	4割	2,800
中瀬村	葉・根・果菜 果実	村内 隣村 農会 桐生市	太田・境・桐生市場 村内	若干	12,500
中瀬村	葉・根・果菜	農会 生産市場	群馬・埼玉・栃木県	3割	42,600
中瀬村	葉・根・果菜	八基市場	境町 伊勢崎市	若干	3,125
中瀬村	葉・根・果菜	八基市場	伊勢崎市	2割	3,403
中瀬村	葉・根・果菜	深谷市場	深谷町	4割	4,750
中瀬村	葉・根・果菜	村内 市場	太田・深谷町	3割	4,450
中瀬村	葉・根菜	農会 出荷組合	太田町 伊勢崎市	4割	3,250
中瀬村	葉・根・果菜	出荷組合 境・深谷市場	太田・境・深谷町	5割	1,800
中瀬村	葉・根・果菜	農会 出荷組合 実行組合 残品処理場	尾島・太田町	5割	1,250
中瀬村	葉・根・果菜	中瀬市場	佐波・新田郡	3割	6,200
中瀬村	葉・根・果菜	中瀬・八基市場	群馬・栃木県	1割	30,250
中瀬村	葉・根・果菜	中瀬農会	熊谷市	1割	11,000
中瀬村	葉・根菜	中瀬農会	桐生市	1割	11,000

1941年11月申告，営業内容は前年度実績。
埼玉県立文書館資料 昭5919「青果物販売実績調査」より作成。

な・ねぎを主体に，その他としてだいこん・やまといも・にんじん・ごぼう・きゅうり等の土物や果菜が含まれていた。

　振り売り業者の属性を荷扱い総量に占める自家産品の割合から考察すると，年間取扱高の小さい業者と自家産品の占める割合の大きい業者との相関関係が高く，加えて彼等の耕地規模が一般に零細であることから，この階層では振り売りが農家経済に一定の役割を果たしていたことが考えられる。

　また，サンプリング（願書の綴り順に抽出）した18業者中に年間荷扱い量が1万貫匁を超える業者が6名，4千貫匁以下の業者が8名含まれるという事実から，振り売り業者間の階層分化がかなり顕著に形成されていたといえる。換言すれば，零細農家の兼業的振り売りと，自家産品を含まないいわゆるごく零細な専業的振り売りへの分化である。前者の営業規模は小さく後者のそれは格段に大きい。しかも一部に市場出荷が見られることから，移出業者的性格を併せ持つ業者の存在も指摘できる。零細な蔬菜振り売り業者の発生要因については，1）大正年間の利根川大改修にともなう零細農家層の析出，

2）肥沃な利根川低地帯での桑園冬季蔬菜間作の成立の2点を指摘できる。

統制経済の導入に伴う市場再編成が，食品卸売市場規則の制定（1941.3）を機に一挙に進行する。その結果，簇生乱立状態の産地市場と複数並立消費市場の整理が強行され，その消滅と引き換えに1消費地1市場制に基づく40市場が成立する。このため，農村部に居住する振り売り業者たちは，指定市場への買出しが遠距離化し，業務に支障をきたすことになる。業務遂行上の支障は，営業規模と行動範囲の制限を伴う許認可制の導入とあいまって，一部の振り売り業者とくに女性業者と多くの移出業者の転廃業を余儀なくさせたとみられる。利根川右岸低地帯の業者については，女性業者の該当はなかったが，移出業者の受けた影響は大きく直接的であった。

結局，農林省の青果物配給統制規則に基づく埼玉県の振り売り業者規制は，「貴府県内ノ実状ニ即シ可然御取計相成度」（埼玉県文書館5920）という農林省の姿勢にもかかわらず，蔬菜生産県としての性格を反映してかなり厳しいものとなっていた。とりわけ，県当局の許可を要しない小規模営業の場合，農林省令は1日8貫匁を上限にしていたが，埼玉県はこれをさらに低く抑えて1日当たり5貫匁とし，副業的な振り売りの成立を実質的に封じてしまった。利根川右岸低地帯の振り売り業者の一部には，県当局の厳しい取締規則に対して，規制の緩い群馬県に寄留して営業活動を行うものも散見された。もっとも，中瀬・八基地区の老振り売り業者の懐古談によると，県当局の厳しい取締規則に反して，実際の規制管理は杜撰な面があり，また業者の曖昧な申告も結構まかり通ったという。

第二節　昭和初期の北部蔬菜園芸地域の発展と業者流通

1．産地市場の成立と特色

昭和初期の埼玉県北部農村では，北を利根川，南を高崎線に画された地域に，合計13の産地市場が次々に開設され，集荷活動を展開していた。なかでも利根川右岸の中瀬，八基，新会の各村や，洪積台地と沖積低地の接点に当たる岡部村での市場立地は集中的であった（図Ⅴ.3）。これらの蔬菜産地市場

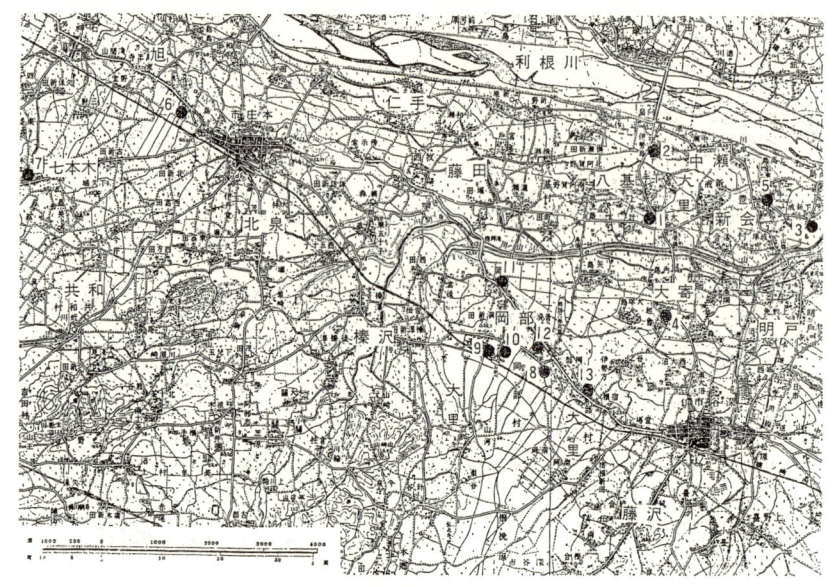

図Ⅴ.3 昭和初期の埼玉県北部農村における産地市場の分布
(図中の番号は表Ⅴ.3に対応する)

のうち利根川右岸の沖積低地農村と荒川・神流川両扇状地の洪積台地農村に立地する市場では，いくつかの点で際立った相違点を示していた（表Ⅴ.3）。

第1の相違点は市場組織にみることができる。前者の利根川右岸農村では1929（昭和4）年「市場規則」制定当時，すでに業者を加えた出荷組合組織の市場が成立していたが，後者の洪積台地農村では，当時は市場の多くがまだ個人経営であった。その後，「1市町村1市場」の基本方針に基づく埼玉県の行政指導を契機に，ようやく組合組織市場への再編成が実現した。両農村地域とも，県内の消費市場に普遍的にみられた株式組織市場は，八基蔬菜市場が1931（昭和6）年に株式に改組された以外は皆無であった。出資金2千円前後の組合市場にしても，さらにこれを下回る個人市場にしても，いずれも産地市場の零細性を示すものとして注目すべき点である。

両農村地域の市場組織の違いは，結果的に相異なる機能と性格とを地域農村に対して持つことになる。たとえば，生産者の出荷手数料をみると，利根川右岸農村市場では各市場とも5％であるが，洪積台地農村市場では乱立・

第V章　埼玉県北部蔬菜園芸地域の主産地形成と産地市場・産地仲買人

表V.3　昭和初期の埼玉県北部農村における産地市場

No.	青果市場名および所在地(組合区域)	組織	出資金(口数)	開設・継続許可	市日・時刻	手数料(買歩金)	備　考
1	八基蔬菜市場 八基村大字下手計273-8	個人	円 500	昭和5年 3月4日付 開設許可	11/1～4/30 偶数日 9～12時	% 5 (0.5)	八基生産販売組合市場(昭和2年設立同3年閉鎖)の施設を借用して開市。昭和6年株式組織に変更。開設者は畑1町6反5畝を有する青果商。 最寄り中瀬・大寄両市場へ15町。 年間取扱見込額3,000円。
2	中瀬生産販売組合市場(中瀬生産組合市場) 中瀬村大字伊勢島1317(中瀬・八基・新会・大寄)	組合	2,240 (448)	昭和6年 1月31日付 継続許可 昭和10年7月15日付開設許可(実際は継続)	1/1～12/31 奇数日 9～12時	5 (1) 優良出荷者に農具を交付	代金授受は両者で相対処理。仲買人約30人(専属仲買人22名)。 昭和6年度取扱額21,233円。 自己の生産物以外の販売を禁止。 最寄り八基市場へ10町。 創立大正13年、解散昭和16年。
3	新会生産市場 新会村大字新戒185(新会・明戸・大寄)	〃	1,500 (150)	昭和6年 12月7日付 開設許可	6/1～9/3 4日置 10/1～5/3 1日置	5	市場運営の中心は新戒地区民。 年間取扱見込額18,200円。 自己の生産物以外の販売を禁止。 最寄り中瀬市場へ1里。
4	大寄生産振興組合市場 大寄村大字起会114-1(大寄)	〃	1,500 (300)	昭和4年 9月9日付 開設許可	6/1～12/31 偶数日 9～12時	5 (1)	年間取扱見込額15,000円。 自己の生産物以外の販売を禁止。 最寄り岡部・深谷両市場へ30町。
5	大寄・新戒共立生産市場 新会村大字新戒1510-1(新会・大寄)	〃	1,700 (250)	昭和12年 3月8日付 開設許可	奇数日 9～13時 但 4/1～9/30 8～12時	5 (2)	大寄生産振興組合は2月1日付の廃止認可申請書提出。 年間取扱見込額24,000円。 最寄り新会生産市場へ30町余。
6	旭青果市場 旭村大字小島1651(旭)	〃	2,000 (400)	昭和7年 9月13日付 開設許可	祝祭日を除く毎日 9～12時	8 (3)	隣接丸三市場と設立過程で対立。 年間取扱見込額25,000円。 最寄り本庄町丸三市場へ約20町。
7	七本木青果市場 七本木村大字七本3192	〃	2,000 (400)	昭和6年 8月5日付 開設許可		10 (3)	2市場開設の動向を統一して設立。 年間取扱見込額25,000円(内訳は果樹類10,000円、蔬菜類8,000円、ほか)。 最寄り本庄町丸三市場へ1里。
8	岡部村青果市場 岡部村大字普済寺1103(岡部・榛沢・本郷)	〃	2,000 (400)	昭和6年 6月17日付 開設許可		8	発起人は岡部(普済寺)、榛沢、本郷の3ヵ村。4市場統合の結果成立、3村共立。 年間取扱見込額33,000円。 最寄り深谷市場へ1里25町。

No.	青果市場名および所在地(組合区域)	組織	出資金(口数)	開設・継続許可	市日・時刻	手数料(買歩金)	備 考
9	西武蔬菜市場 岡部村大字岡字新田2551 (岡部・榛沢・本郷)	〃		昭和6年6月26日付開設許可		10 (3)	4市場統合の結果成立, 3村共立。年間取扱見込額33,000円。最寄り深谷市場へ1里25町。
10	岡新田青果物市場 岡部村大字岡字新田2620	個人	1,400	昭和4年7月19日付開設許可	5/1～8/31 7～15時 9/1～12/31 2日置, 8～12時	6 (2％以内)	昭和4年9月現在, 統合対象市場。資本金, 市場位置変更(4年11月11日)。
11	岡部村第一市場 岡部村大字岡字下宿	〃	400	昭和4年7月19日付開設許可	7/1～9/10 月, 水, 金 8～14時	5 (2％以内)	昭和4年9月現在, 統合対象市場。年間取扱見込額3,500円。明治43年6月創立。
12	普済寺青果市場 岡部村大字普済寺1017	〃	1,000	昭和4年7月19日付開設許可	5/1～8/31 隔日, 7～15時 9/1～12/31 2日置, 9～13時	6 (2％以内)	昭和4年9月現在, 統合対象市場。年間取扱見込額10,000円, 会社組織への変更願提出(4年9月26日)。明治36年5月創立。
13	岡部青果市場 岡部村大字岡部6	〃	2,000	昭和4年11月19日付開設許可	5/1～8/31 隔日, 7～15時 9/1～1/31 2日置, 9～13時	7 (2％以内)	昭和4年9月現在, 統合対象市場。年間取扱見込額10,000円。大正9年6月創立。

埼玉県立文書館資料　文書番号　昭2269-8, 2270-22, 2408-12, 2531-71, 2531-76, 2532-13, 2533-35, 2533-45, 2588-21, 3235-24, 3569-17により作成。

過当競争のなかにあってさえ6～7％を徴収していた。洪積台地農村市場における相対的な高率出荷手数料問題は, その後, 乱立市場が整理統合され, 組合市場に再編成されてからも尾をひき, 8～10％という都市の消費市場並みの手数料を課されることになる。こうした傾向は仲買人に対する買歩奨励金についてもみられ, 前者の平均1％の歩戻しに対し, 後者は2～3％となっていた。いずれにせよ, 洪積台地農村市場での相対的に高い出荷手数料が, それだけ蔬菜作農民の手取り分を取り崩し, また仲買人への高率買歩金の支出が市場経営における純益金を減少させ, 出資農民への配当率を低めることは確かである。行動半径が狭く市場選択の余地のすくない農民たちは, それでも出荷を続け, 買歩奨励金問題は高率ゆえに東京の出仲買人をひきつけ, 活発な引き合いを通して市場経営の安定に貢献していった。

　これまで述べたように, 洪積台地農村市場に比較すると利根川右岸農村市場は, 生産者本位の組織と機能をやや明瞭に示している。この性格は「自己

第V章 埼玉県北部蔬菜園芸地域の主産地形成と産地市場・産地仲買人

(農民)の生産物以外の物を販売することを厳重に禁止する」ことで仲買人の暗躍を封じ,生産者の立場を保護しようとする産地市場の維持策(中瀬生産組合市場・大寄生産振興組合市場・新会生産市場)や,優良出荷者に農具を交付する市場の生産奨励策(中瀬生産組合市場)にも如実に現れている。

第2の相違点は,開市期間に対照的な違いがみられることである。これは利根川沿岸の沖積土壌と台地の洪積土壌との理化学的性質の差に基づいて,利根川右岸の冬〜春蔬菜地域,洪積台地の夏〜秋蔬菜地域という異なる性格の農業地域が形成されたことに由来する。この異質の農業地域性を反映して,開市時期は夏と冬の対照的な季節に設定される。すなわち,桑園間作を主体にして冬〜春蔬菜栽培が盛んな前者の市場では,夏場は休業するか,または開市日間隔を広く取り,糶(せり)時間も短縮させている。一方,地力の低い軽鬆土(けいしょうど)のために風食と霜柱に災いされ,冬蔬菜の生育条件を欠く後者の市場では,冬場は全く休業し,開市は夏場だけの純然たる季節市場か,または前者と同じく市日間隔を広げ,糶時間も短縮して秋まで営業期間を延長するかのいずれかであった。

両農村地域におけるこのような差異のうち,利根川右岸農村にみられる産地市場の組織と性格は,明治初期の蚕種業と藍栽培の発展ならびに中後期以降の養蚕の発達に伴う商品経済との接触によって培われた農民の経済合理性が,不況期の対応策としていち早く選択させたものであり,そこには農民の蔬菜作への依存度と期待の大きさを窺い知ることができる。もちろん,明治末期から大正期にかけての利根川改修にかかわる耕地喪失(表V.4)や学界(名古屋帝大総長)実業界(官営富岡製糸工場長および渋沢栄一)に人材を輩出させた風土が合理的・経済的意識を育てる一因となり,組合市場の早期設立に至ったことも見落とせない点であろう。

後者の洪積台地農村が行政指導によって,乱立市場の統合と組合組織への再編成を実現したことは,先に指摘したとおりである。洪積台地農村が地域社会の発展を一義的に追及する組合組織市場つくりにおいて,利根川右岸農村に一歩の遅れをとったのは,不況対策の一部を台地上に残存していた平地林の開拓―たとえば,1930年以降の10年間に本郷,榛沢,藤沢,岡部の4か

表Ⅴ.4　1888(明治21)年・1935(昭和10)年の新会・中瀬・八基村の農地と農家

		水田	畑	山林	計	平均土地所有規模	農家戸数			兼業農家率
							本業	兼業	計	
一八八八年	新会村	(町)0	(町)403.6	(町)0.6	(町)404.2					
	中瀬村	0	234.0	0.1	234.1					
	八基村	25.8	444.8	2.4	473.0					
一九三五年	新合村	5.2	304.2	0.3	309.7	(反)6.9	(戸)355	(戸)95	(戸)450	(%)21
	中瀬村	0	113.8	0	113.8	3.3	133	213	346	62
	八基村	42.6	430.0	6.6	479.2	8.2	468	117	585	20

実際の平均土地所有規模は出・入耕作を相殺したものである。
埼玉県(1981)：『新編埼玉県史　別編5』付録，深谷市史編纂委員会(1980)により作成。

村の開墾面積は推定463haに達する―による規模拡大に求め得たこと，1935年当時，台地農村で44.1haの栽培面積を持つ百合根が比較的高い換金性を有していたことなどによるものであった。

　昭和初期，埼玉県北部農村における蔬菜生産の急速な拡大は，同時に蔬菜市場の乱立・簇生問題を伴って進行した。これに対して埼玉県では，1929(昭和4)年，「市場規則」を制定し，産地市場問題の近代化政策を推進することになった。その概要については，すでに「近世・近代における近郊農業の展開」(古今書院)で詳述した。ここでは市場組織の視点に限定して市場間の紛争問題に触れておく。

　市場統合を契機に表面化した産地市場間競合や，産地市場の新設をめぐって発生した蔬菜作農民対消費地市場の紛争には，いずれも個人または株式という市場経営組織上の共通点がからんでいる。これに対して，対立・紛争にまで発展しないうちに一本化した七本木村の組合市場の併設問題や，大寄村の大寄生産振興組合市場から大寄新戒共立生産市場への速やかな再編過程には，組合組織市場の持つ農民的な性格が少なからず影響しているようである。とくに後者の場合は，市場支配地域の禅譲ともいうべき再編成であった。

2．産地仲買人の発生と経営的性格・行動空間

　仲買商人の発生と分布　埼玉県北部の利根川右岸農村では1890年代に藍作

第Ⅴ章　埼玉県北部蔬菜園芸地域の主産地形成と産地市場・産地仲買人

が衰退し，代わって養蚕が盛んになったが，同時に蔬菜についても生産増加と市場拡大への努力が払われるようになる。とくに漸増する生産物の販売には，生産農家の近隣都市への挽き売り，遠隔都市市場への荷車・リアカー出荷などの個別的努力をはじめ，共同出荷や農会指導による組合組織市場の設立などの多様な方策が試みられた（深谷市史1980）。

こうした生産者的な市場対応の間を縫うようにして，一部農民による仕入れを前提にした近隣都市への挽き売りや東京・信越方面への移出が行われるようになる。後になって「振り売り人」や「投げ師（移出商）」と呼ばれる，いわゆる産地仲買人の発生である。彼等は，蔬菜産地形成の揺籃期に同時発生的にその足跡を各地に印していった。利根川右岸農村における仲買業者集団の発生は，少なくとも明治末期における種やまといもを扱う業者の成立を以て，嚆矢とすることには異論はないだろう（八基村誌1962）。大正初期には近隣都市に向けてねぎを出荷する業者が生まれ，同末期には水入り１升瓶を蔬菜と抱き合わせ，米俵で包装して旅荷を仕立てる移出業者も見られた（上武生産市場社長　鶴田静雄氏）。

八基村勢調査会（1932）によると，青果商を本業とするものは1923（大正12）年の３名から1929年には８名に急増しており，冬場の農間副業的な業者まで含めるとかなりの数に達することが推定される。また中瀬村では1931（昭和６）年に中瀬生産販売組合市場の仲買人約30人のうち22人が専属仲買人であったこと，村の平均耕作反別が八基村の半分にも満たなかったことなどから，八基村以上に多くの業者発生をみていたことは推察するに難くない。

その後も農村不況期から第二次世界大戦勃発当時にかけ，繭価の暴落を補塡すべく導入された桑園間作蔬菜の増加とともに，産地市場を中心に行動する仲買人の増加が続き，東京隣接市町村，中川下流域の諸町村と並ぶ仲買人の集積地域となっていった（新井鎮久2010）。このうち農村恐慌離脱後も近隣都市・市場で行動した小規模仲買人たちは，統制経済期以降振り売り人と公称され，行政的な規制を受けながら辛うじて存続することになる。利根川右岸農村の産地市場仲買人が記録上の最多数値を示すのは，経済統制の始動期

1941 (昭和16) 年であった。この年,八基・中瀬両村の振り売り人は37人に及び,さらに同時期に深谷駅を拠点にした約20人の移出商の約半数は利根川右岸農村の農民たちであった。

　利根川右岸農村における産地仲買人の大量発生は,所有耕地規模の零細性によるところが大きい。耕地所有の零細性は,1910 (明治43) 年の大洪水を契機にして展開する利根川治水工事によってもたらされた。とくに中瀬村が受けた治水工事の影響は甚大で,村域の半分近くを河川敷に編入され,表V.4に示すように1935 (昭和10) 年の１農家当たりの平均耕地所有規模は33ａに減少している。利根川治水工事の影響はこれに留まらず,耕地を失った沿岸農民が,南接する八基・新会両村に入り耕作したために,これらの村々の耕地所有規模も次第に零細化をたどることになった。その結果,農村恐慌期の関係各村では,零細耕地所有を反映して兼業農家層が異常に厚く形成され,中瀬村では60％を超える兼業農家率となっていた（表V.4参照）。

　兼業農家問題を副業農家統計の側面からとらえ直すと,1934 (昭和９) 年の副業農家率は,埼玉県主要蔬菜どころのうち,中川下流域農村 (谷塚,八郷,彦成,三輪野江,潮止,八幡) の７町村平均が10％,武蔵野台地北部農村 (大和田,片山,白子,新倉) の４町村平均が17％,県北部の洪積台地農村 (岡部,藤沢,本郷,榛沢) の４村平均が７％となり,これに対する利根川右岸農村 (藤田,八基,中瀬,新会,明戸) の５村平均は,農業労働力流出の機会が少なくない東京近郊農村を超えて,実に24％に達していた（埼玉県統計課1936）。副業農家の多くが仲買人（後の振り売り人）であることは説明するまでもない。

　利根川右岸農村の零細農民が農村恐慌下に生きていくためには,東京や朝鮮・満州に新天地を求めていくか（表V.5）,もしくは村内に留まる場合には,限られた耕地の多角的利用（桑園間作）によって農業所得の増大を図るか,仲買業務への参入によって農家経済の向上を指向するかのいずれかを択一せざるを得なかった。その点,農間副業としての産地仲買人の発生は,自家生産物に付加価値を与え,同時に利根川右岸農村の蔬菜栽培の発展と相互に補完し合う,という極めて合理的な不況対応策であったといえる。

仲買人の経営的性格と行動空間　利根川右岸農村の産地市場を拠点にして

第Ⅴ章 埼玉県北部蔬菜園芸地域の主産地形成と産地市場・産地仲買人

表Ⅴ.5 八基村における耕地と人口の動態

		1923 (大正12)年	1929 (昭和4)年	増　　減
耕地	出耕作地 入耕作地 （差　引）	(反) 360.4 1,039.6 (−679.2)	(反) 293.1 1,149.1 (−856.0)	(反) −67.3 +109.5
人口と世帯	在住人口 不在人口	(人) 4,563 1,144	(人) 4,110 2,104	(人) −453 +960
	（計）	(5,707)	(6,214)	
	世帯数	(戸) 669	(戸) 665	

八基村勢調査会(1929)：『八基村勢調査書』により作成。

　行動する仲買人は，冬場を中心に自家産品と近隣農家や産地市場から仕入れた商品を，在方都市の一般家庭と消費市場を対象に販売する振り売り人と，北陸・東北地方の積雪・水田単作県や京浜地方の問屋・市場に冬蔬菜の旅荷を仕向ける移出商人とに大別される。大別された2種類の業者集団は，いずれも産地市場仲買人を多く含むが，とくに後者ではその割合が著しく高い。

　このうち，利根川右岸農村の地域的性格―零細過小農の滞留―を象徴するのが振り売り業者（零細仲買人）であった。彼等は自家産品と近隣農家および中瀬・八基・深谷の産地市場から仕入れた農産物を，自転車に篭を付けて群馬県内の伊勢崎・桐生・太田・尾島・境および栃木県の足利等の各都市と，地元の本庄・深谷・熊谷に仕向けていた（表Ⅴ.6）。大里郡内他市町村の振り売り業者の行動範囲が，いずれも地元ないし隣接都市に限られていたのに比べ，25km四方に及ぶ八基・中瀬両村の振り売り業者の行動空間は，当時としては驚くほどの広範囲にわたっていたことになる。また取扱量も19品目570 tになり，これに八基村の振り売り業者の取扱量を加算すると，約1,000 tに達することが推定される（表Ⅴ.7）。これらの数字は，彼等がいかに広域にわたって地元農産物を流通させ，急増する桑園間作蔬菜の市場開拓に貢献したかを物語るものである。

　販売に関しては表Ⅴ.6にみるとおり，各人がそれぞれ特定の営業空間を

表V.6 中瀬村青果物振売業者仕入・仕向先一覧表

(1940〔昭和15〕年11月〜1941〔16〕年10月)

業者	仕 入 先	仕 向 先	業者形態
No.1	中瀬市場	桐生市	農業兼業
2	八基市場	伊勢崎市	〃
3	八基市場	境町,伊勢崎市	〃
4	深谷市場,村内,近隣村,桐生市,笠懸村等	太田市場,深谷市場,桐生市,太田町,境町,村内	〃
5	八基市場	太田市場	〃
6	村内,市場,農会	太田町,深谷町,大里郡	〃
7	深谷市場	深谷町	〃
8	中瀬市場	佐波郡,新田郡	〃
9	残品処理所(旧市場),農会,実行組合,出荷組合	尾島町,太田町	〃
10	深谷市場,境市場,出荷組合	太田町,境町	〃
11	残品処理所(旧市場),農会,実行組合,出荷組合	太田町,伊勢崎市	〃
12	中瀬市場,八基市場	群馬県,栃木県	〃
13	中瀬市場,深谷市場	本庄町	〃
14	中瀬市場,深谷市場	深谷町,店売	振売専業
15	中瀬市場,深谷市場	深谷町	農業兼業
16	農会,生産市場	群馬県,栃木県,埼玉県	振売専業
17		伊勢崎市,太田町	農業兼業
18	中瀬村農会	桐生市	〃
19	中瀬村農会	熊谷市	〃

埼玉県立文書館資料 文書番号 昭5919により作成。

もって行動していたが,一部には産地市場で仕入れた荷物をそのまま消費市場に仕向ける「投げ師」的業者や,仕向け先からもも・バナナ等を逆に仕入れて帰り,地元農村で挽き売りする二重営業的な業者もみられた。

振り売り業者の経営的性格としては,まず零細農家を中心とする冬場の農間副業的性格を指摘できる。表V.8によると,中瀬村の19業者中50a以上を耕作する業者は5名にすぎず,残り大部分はこれ以下の零細兼業農民であった。もっともこのような一般的傾向のなかにあって,中瀬村としては上層農家に属する1ha以上を耕作する業者が含まれていたことは,利根川右岸農民の商人的性格を知る上で興味深いことである。

次に農間副業的な業者が多いことに関連する事柄であるが,大部分の振り売り業者がこまつな・ほうれんそう・ねぎ等の主要作物を一部自家生産して

第Ⅴ章　埼玉県北部蔬菜園芸地域の主産地形成と産地市場・産地仲買人

表Ⅴ.7　中瀬村青果物振売業者営業実績表
(1940(昭和15)年11月～1941(16)年10月)

品目	購買数量	自家生産量	自家生産業者数	合計数量
	(貫)	(貫)		(貫)
小松菜	21,590	5,950	(18)	27,540
ほうれん草	16,630	4,950	(15)	21,580
葱	17,440	6,928	(15)	24,368
ごぼう	9,630	2,550	(12)	12,180
にんじん	5,600	800	(9)	6,400
こかぶ	1,160	1,100	(6)	2,260
里芋	3,100	150	(1)	3,250
大和芋	6,170	735	(8)	6,905
大根	9,370	2,630	(10)	12,000
京菜	450			450
きゅうり	13,180	1,950	(8)	15,130
白菜	9,230	1,950	(9)	11,180
玉葱	500			500
甘藷	1,300			1,300
キャベツ	3,400	1,700	(4)	5,100
なす	1,000			1,000
いんげん	350	50	(1)	400
春菊		200	(1)	200
トマト	300			300

埼玉県立文書館資料　文書番号　昭5919により作成。

いることである。取扱農産物総量に対する自家生産量の割合も，零細兼業的業者の性格を反映して，最も高いねぎでも28％，その他はいずれも10～20％程度であった。「投げ師」とも呼ばれ，まとまった量の単品を取り扱う仲買人には，東京市場に主にねぎを仕向ける「東京送り」業者と，東北・北陸地方へこまつな・ほうれんそう・ねぎを仕向ける「山出し」業者とがあった。発生的には前者が早く，後者は遅れた。

『深谷市史追補編』によると，「1916（大正5）年，それまで，流通業者の手を通じて近くの町に出荷されていたねぎを，大塚の松村有七が初めて東京に出荷した」とあることから，1916年当時のねぎの流通は，まだ地元市場に限定されていたようである。しかし，まもなく八基村・新会村両農会指導によるねぎの出荷が始まり，販路拡大に貢献することになる。加えて販路拡大

表V.8 1940(昭和15)年当時の振売業者の経営階層と現在の世帯主の職業(中瀬村)

業者	経営階層	継続・廃止	現在の世帯主の職業
No.1	C	廃止	機械部品製造業
2	C	廃止	不明
3	B	廃止	専業農家
4	B	廃止	会社員
5	C	継続	青果物移出商
6	C	廃止	自動車修理業
7	C	継続	青果物移出商
8	B	継続	青果物移出商
9	A	廃止	専業農家
10	C	廃止	会社員
11	C	継続	青果物移出商
12	C	廃止	銀行員
13	不明	不明	不明
14	C	継続	青果物小売商(前橋市内)
15	非農家	廃止	会社員
16	不明	不明	不明
17	不明	不明	不明
18	B	継続	青果物移出商
19	C	廃止	菓子小売商

A:1ha以上 B:0.5〜1ha未満 C:0.5ha未満(聴き取りのため若干の誤差を含むことがある)。
1980年現在における青果物移出商継続・廃止。
埼玉県立文書館資料 文書番号 昭5919および現地調査により作成。

に伴う生産の増大が，中瀬生産販売組合市場(1924)や生産者・業者合同の組合市場(1927)の設立を促し，村農会主管の共同出荷体制を仲買人の参入し易い産地市場体制に移行させることになった。

　その結果，ねぎの東京出荷は仲買人の手を経て行われるようになるが，こうした状況は「1931(昭和6)年，下手計新田農事組合は栗田金作を中心に計画出荷を実施した。これは荷造り改善，量目の正確な統一，連続出荷など綿密に研究されて行われたもので，東京市場の信用をかちとり，これまで仲買人にゆだねられていた不利を一掃した」(深谷市史追補編)とあるように，1931(昭和6)年頃も仲買人出荷はかなり盛んに行われていたことが推定される。その後も仲買人の東京出荷は農事組合(1937年，報徳農事実行組合に改組

第Ⅴ章　埼玉県北部蔬菜園芸地域の主産地形成と産地市場・産地仲買人

の共同出荷と競合しながら続けられ，1941（昭和16）年10月10日の「埼玉県青果物配給統制規則」に基づき，すべての出荷ルートを包括した大里郡青果物出荷統制組合の発足とともに，その活動を終えた。

利根川右岸農村のいわゆる「山出し」と呼ばれる仲買人の活動は，「東京送り」にやや遅れて始まった。彼等ははじめから「山だし」専門業者として発足したわけではなく，どちらかといえば，当初はNo. 4業者（表Ⅴ.9記載，以下同様）のように12月から3月にかけて新潟，秋田の問屋に冬蔬菜を仕向け，引き続いて桐生，太田等の隣接県市場へ春蔬菜を出荷する二面営業か，もしくはNo. 1，No. 5業者のように足利，桐生，新町，熊谷等の埼玉県内外の市場への出荷業者を経てから，「山出し」専門業者に転ずる場合が一般的だったようである。

1935（昭和10）年頃には，仲買業者も八基村（No. 1業者），新戒村（No. 5業者）等のほかに深谷市内にも3～4人の業者がみられるようになる。移出地域も長野，新潟にはじまり，次第に日本海側の諸県を北に上り，1937（昭和12）年頃には，ついに北海道から樺太まで販路を拡大する業者（No. 5）も出現した。市場開拓の方法は，当初は現地に出向き，問屋と直接交渉して契約を取り付けるが，その後は，問屋仲間からの引き合いを加えながら市場を拡大することが多かったという（No. 1業者による・表Ⅴ.9参照）。

仕向け先への送り荷は，1業者平均15kg入りの竹籠15～20個を貨車の小口扱いで深谷駅から積出していたが，業者の増加と連動して出荷量も増したため，1940（昭和15）年頃には，出荷期間中毎日2台の貸し切り貨車が仕立てられるまでになった。この頃，利根川右岸農村から「山出し」された移出量は，単純計算をすると，12月から3月中旬までのうち，大晦日と松の内を除いた約97日間に，2車両400個口としておよそ582tに達していたことになる（新井鎮久2010）。

利根川右岸の振り売り業者を仲買業者のなかでもとくに「投げ師」的性格の濃い「山出し」業者と比較すると，いくつかの相違点が認められる（表Ⅴ.9参照）。たとえば，一般的にみて振り売り業者が中～下層農家であるのに対し，「山出し」業者は中～上層農家が多いことである。今日，振り売り業

表Ⅴ.9 1940(昭和15)年当時の東北・北陸仕向移出商の経営階層と現在の世帯主の職業

業者	住所	経営階層	継続・廃止	現在の世帯主の職業
No.1	八基村横瀬	A	継続	市場社長(ごぼう加工移出商)
2	八基村下手計	C	廃止	喫茶店経営
3	八基村大塚	C	継続	青果物移出商
4	中瀬村中瀬	B	継続	市場社長(青果物移出商)
5	新戒村上新戒	B	継続	青果物移出商
6	明戸村石塚	A	廃止	市場社長
7	明戸村石塚	A	継続	青果物移出商
8	男沼村間々田	B	継続	青果物移出商
9	男沼村間々田	B	廃止	スーパー経営

A:1ha以上　B:1ha未満　C:0.5ha未満（聴き取りのため若干の誤差を含むことがある）。
1980年現在における青果物移出商継続・廃止。
現地調査により作成。

者の多くが転廃業しているのに，後者はその過半数が営業を継続している。しかも本人または後継者の多くが大規模な仲買業者として，あるいは深谷並木，中瀬，上武各生産市場の経営者として，埼玉県北部蔬菜産地の発展にかかわる枢要な地位を占めている。

ところで，戦前の利根川右岸農村で冬蔬菜を扱う業者集団は「山出し，東京送り，振り売り」等業者形態のいかんにかかわらず，深谷町内の一部業者以外は，すべて冬場の農間副業に業務を限定し，青物相場を扱うなかで身につけた商人的感覚を洪積台地上の夏蔬菜に向けようとしなかった。このことは，戦後復活する蔬菜仲買業者との根本的相違点のひとつであった。

なお，当時の洪積台地農村では，耕地拡張を伴う蔬菜と果樹の栽培が養蚕労働と部分的に競合したため，地元農家の仲買参入はこの面からすでに大きく制約されていた。反面，引き合いの活発化を狙う仲買人優遇的な市場機構が，東京，山梨，千葉，群馬，栃木等の首都圏各地から貨車・自動車を仕立てた有力問屋・仲買人を吸収し，利根川右岸農村市場とはやや異質の流通経済組織を形成していた。

3. 蔬菜産地の形成機構と農村経済

　昭和初期の埼玉県北部農村では，繭価暴落に対応して蔬菜・果樹等の商品作物栽培が積極的に推進され，葉菜類を特色とする利根川右岸の冬〜春蔬菜地域と，果菜・根菜類の卓越する洪積台地上の夏〜秋蔬菜地域とが形成された。

　以下，利根川右岸農村を中心に蔬菜産地の形成機構を箇条で整理し，併せて蔬菜生産の発展が恐慌期の農村経済と農村社会の階層構成にいかなる意味を持つか，という点について触れることにした。

1．利根川右岸農村における養蚕経営の固定性ならびに肥沃な土壌条件によって枠組みされた普遍的な経営類型（養蚕＋冬〜春蔬菜）と，単純化された作物編成（葉菜類の卓越）とが，結果的に生産の集中と特産地的性格を持った濃密産地を形成する基底条件となった。

2．一方，大正末期の村農会指導によるねぎの出荷が販路の拡大に貢献し，生産の拡大を招いたが，その後の生産の拡大は組合組織の市場設立を促し，村農会主管の共同出荷体制を仲買人の参入し易い産地市場体制に移行させることになった。

3．特産地型市場の季節性（非養蚕期開市型）とあいまって，利根川改修事業によって創出された零細農民の仲買業務への参入が行われ，限られた耕地の多角的利用を必要としていた農家との間に，蔬菜栽培の発展をめぐって相互補完的な関係がつくりだされていった。

4．換言すれば，産地市場体制の確立と仲買人の活動，具体的には出荷組織や交通手段が未発達で，かつ近隣の消費市場も未成熟であった昭和初期の蔬菜生産農家にとって，市場開拓と出荷労働の代替え分担は，かなり効果的な生産拡大要因になった。同時に，桑園間作型の冬〜春蔬菜の生産増加が，仲買人の多発と行動空間の拡大に少なからず寄与したことはいうまでもないことである。

5．こうして，産地形成にとって不可欠の流通経済組織—産地市場の成立と産地仲買人の集積—を確立した利根川右岸農村の蔬菜栽培は，折から進行する太田・小泉・尾島・伊勢崎・熊谷をはじめとする地方軍需工業

都市化や東京の急速な膨張に伴う農産物市場の拡大に支えられて，品目的な多様化と栽培期間の通年化を変化の基調に据えながら，発展の過程を市場出荷量(表V.10)経営部門別生産額(表V.11)に反映させていった。

ともあれ，農村恐慌期の利根川右岸農村における蔬菜栽培の展開は，疲弊した農村経済の更生策として，農民各層から積極的に支持されてきた。それは恐慌期における一連の更生策のうち，利根川右岸農村が導入したのは，1936(昭和11)年度の桑園整理後作利用事業が1件(明戸村での1haの梅園化)

表V.10 中瀬生産(販売)市場の取扱品目および取引高の推移

	1928(昭和3)年度		1934(昭和9)年度
	数　量	取引高	取　引　高
	(円)	(円)	(円)
青　　　菜	21,236	1,666	6,000
葱	21,500	1,250	4,000
ご　ぼ　う	5,000	1,200	3,500
馬　鈴　薯	5,000	750	1,800
大　　　根	10,000(本)	100	1,230
里　　　芋	500	75	
にんじん	300	50	1,000
いんげん	300	45	250
きゅうり	500	40	1,200
大　和　芋	500	40	500
な　　　す	100	20	550
ほうれん草			1,500
結 球 白 菜			1,300
玉　　　葱			800
す　い　か			300
甘　　　藷			300
やつがしら			300
み　つ　ば			250
う　　　ど			200
さ　や　豆			200
かぼちゃ			200
メ　ロ　ン			200
こ　か　ぶ			150
そ　の　他			200
合　　　計		5,236	26,830

埼玉県立文書館資料　文書番号　昭2270-22, 3235-24により作成。

第Ⅴ章　埼玉県北部蔬菜園芸地域の主産地形成と産地市場・産地仲買人

表Ⅴ.11　八基村における農業経営部門別生産額の推移

部門		1923(大正12)年		1929(昭和4)年		増　減
		金　額	構成比	金　額	構成比	
		(円)	(%)	(円)	(%)	(円)
耕種	穀菽	82,927	18.7	71,752	15.3	−11,175
	蔬菜	53,356	12.1	106,422	22.6	53,066
養　蚕		266,734	60.3	259,626	55.2	−7,108
畜　産		2,633	0.5	20,360	4.3	17,727
副　業		36,704	8.3	12,191	2.6	−23,513
計		442,354	(100)	470,351	(100)	65,129

八基村勢調査会(1929)：『八基村勢調査書』により作成。

だけであったという事実や，洪積台地農村では，部落または階層によって基幹部門の養蚕プラスアルファー部門が養鶏・果樹・蔬菜・百合根栽培などに分散し，台地ぐるみの単一経営部門化が欠落していたのに対し，ここでは「養蚕（主業部門）＋蔬菜（副次部門）」型が卓越し，経営類型の単純化の結果として生産量の増大と産地の形成を実現したことに如実にあらわれている。

　結局，蔬菜栽培の普及と仲買業務への参入によって，利根川右岸農村の農家経済は少なからず補塡され，八基村の場合，1929（昭和4）年時点の農家負債額・470円は全国農村の平均負債額（700～800円）の60％前後に止めることができた（八基村勢調査書1932）。これに関連して農家階層の変動も少なく，50a未満層の増加分もほとんどが分家によるものと考えられることから，大正末期から恐慌脱出期までの間の利根川右岸農村では，不況―貧窮―借財―農地流動化という図式的状況に基づく階層変動は格別みられなかったようである（表Ⅴ.12）。

第三節　高度経済成長期の北部蔬菜園芸地域の確立と業者流通

1．産地市場および産地仲買人の分布と再編成

　産地市場の性格と変遷　戦後の利根川右岸農村では，青果物統制解除と同時に各地に産地市場が簇生した。当時の産地市場の多くは，統制経済時代の

表 V.12　農村不況期の八基村耕地所有規模別農家数

規模(反) \ 年計	1923(大正12)年 農家戸数	(%)	1929(昭和4)年 農家戸数	(%)	1935(昭和10)年 農家戸数	(%)
5　未満	240	(61.2)	266	(61.3)	396	(68.3)
5～ 10〃	61	(15.6)	73	(16.8)	89	(15.3)
10～ 20〃	54	(13.8)	55	(12.7)	78	(13.4)
20～ 30〃	15	(3.8)	21	(4.8)		
30～ 50〃	8	(2.0)	11	(2.5)	7	(1.2)
50～100〃	9	(2.3)	4	(0.9)	6	(1.0)
100 以上	5	(1.3)	4	(0.9)	4	(0.7)
合　計	392	(100)	434	(100)	580	(100)

大正12年・昭和4年：八基村誌刊行会(1962)，昭和10年：埼玉県立文書館資料　文書番号昭3382-1により作成。

集荷所や空地を利用したよしず張り，むしろ敷きの仮設市場であったが，産地仲買人のほかに京浜地区の市場からも積極的に集荷活動の手が伸び，活況を呈していた。京浜地区の市場資本の一部は，さらに自前の集荷所を設けて荷集めに乗り出し，あるいは産地育成資金と称する多額の予約金を出荷組合に支払うなどして，産地の育成と掌握に努めた（埼玉県青果市場連合会1964）。

一方，こうした京浜市場資本による産地市場支配に対抗して，農協資本による直営または委託経営市場の開設をみることになる。市場経営に参入した農協は八基・新会・中瀬・藤田の4農協であった。戦後の利根川右岸農村における青果物集出荷体系に，ひとまずの秩序をもたらすことになった農協市場も，その性格と形態は委託型市場，直営型市場，季節開市型市場，隔日開市型市場等さまざまであった。

その後，輸送機関の復興，蔬菜の生産増大，生産者の自覚の高まり等から，統制撤廃後に乱立した投機的仮設市場は次第に淘汰され，消滅していった。また農協経営型市場も経営危機に直面し，1954（昭和29）年の八基農協市場の株式組織への再編成を皮切りに，1960年代初頭までに順次市場経営から撤退してしまった。結局，利根川右岸農村では，農協経営から株式への組織替えを遂げた市場と，有力仲買人を多く抱えた株式組織の市場とが，近隣市場との統合や経営者交替によって経営基盤の強化を図りながら，現在の埼北集

表V.13 利根川中流右岸地域における生産市場

	市場名	所在地	開設年度	市場の性格	資本金(万円)	売場面積(㎡)	買参人(人)	年間取扱額(万円)	開市時刻	休業日	備考
一九六四年	㈱宮戸青果市場	本庄市宮戸	1950	生産市場	200	429	28	4,000	9時	土曜日	
	㈱豊里青果市場	大里郡豊里村下手計	1949	生産市場	120	413	26	4,250	11時	土曜日	
	㈱上武生産市場	大里郡豊里村中瀬	1954	生産市場	1,217	1,155	100	21,660	9時	土曜日	
	㈱中瀬青果市場	大里郡豊里村中瀬	1949	生産市場	400	950	41	17,133	9時	土曜日	
	㈱岡部青果市場	大里郡岡部村岡	1948	生産市場	400	957	80	5,720	8時30分	日曜日	
	㈱深谷並木青果市場	深谷市原郷	1957	中間市場	50	990	50	15,000	14時	土曜日	
一九七四年	㈱埼北集配センター	本庄市宮戸		生産市場	400	1,201	27	32,100	9時		旧宮戸青果市場
	㈱豊里青果市場										上武生産市場に合併
	㈱上武生産市場	深谷市中瀬		生産市場	6,000	4,600	35	189,177	8時30分	土曜日	
	㈱中瀬青果市場	深谷市中瀬		生産市場	1,600	1,254					
	㈱岡部青果市場	大里郡岡部町岡		中間市場	600	2,133	85	46,142	8時30分	土曜日	
	㈱深谷並木青果市場	深谷市原郷		中間市場	1,800	1,600	118	103,308	13時30分	土曜日	

「埼玉県青果市場連合会」資料より作成。

配センター,中瀬生産市場,上武生産市場として存続することになる(表V.13)。

産地仲買人の分布と推移 利根川右岸農村に立地する産地市場のうち,現在最も広い範囲から買参人を集め,かつ最大の市場規模と集荷力(図V.4)を有するのが上武生産市場である。以下,上武生産市場を中心に市場登録仲買人の分布と動向について考察を試みる。

上武生産市場に登録する仲買人は,高度経済成長期の蔬菜需要の増加と,養蚕経営の衰退を背景とする蔬菜生産の急速な拡大と連動しながら増加傾向をたどった(表V.14)。もちろん,産地形成と密接なかかわりを持つ仲買人のすべてが,市場買参人として登録されていたわけではない。たとえば1960

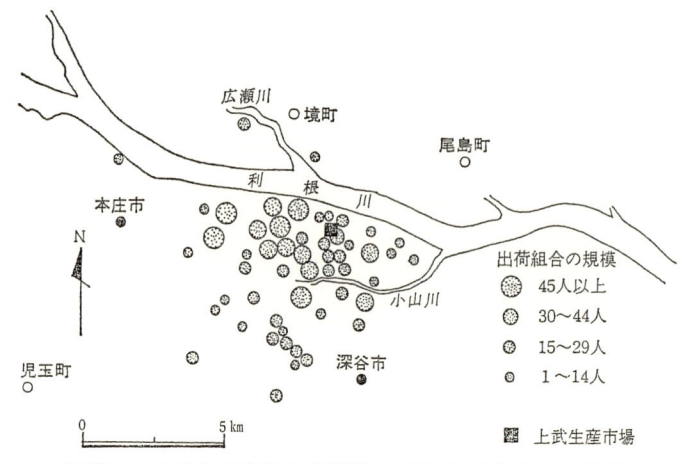

図V.4 上武生産市場の集荷圏（上武生産市場資料により作成）

年10月現在，八基地区にはねぎ商10名，やまといも商21名,「山出し」商4名の合計35名が営業していた（八基村誌）が，この頃（1961）の上武生産市場への登録業者は18名にすぎなかった。このことは利根川右岸農村では，仲買人の層が市場買参人登録に現われた数値よりずっと厚く，市場買参型，農家直取引型，自家生産物移出型，上記諸類型の混合型等に多様化していたことを示すものである。

　市場買参人の増加とともに彼等の分布範囲も拡大され，1960年代の中頃には伝統的かつ中枢的蔬菜産地である中瀬，八基，新会の3地区を中心に，埼玉県の中・北部及び群馬県のほぼ全域に及んだ（図V.5）。しかしその後，経済の高度成長を背景とする蔬菜栽培地域の拡大と蔬菜専業農家の増加に伴う市場出荷量の増大にもかかわらず，買参人の減少が続き，ついに最盛期の半分以下に落ち込んでしまった。買参人の減少は，輸送単位と市場出荷荷口の大型化に伴う零細仲買人や小売商人の脱落によって惹き起こされた。また，遠方買参人の撤退については，中央卸売市場の建値市場化と転送荷体系の確立による価格の平準化，ならびに産地の拡散によることが考えられる。

　利根川右岸農村の産地市場に買参する仲買人たちは，群馬・埼玉両県にまたがって分布する。しかも仲買人と産地市場との結合関係はきわめて複雑で，

第Ⅴ章　埼玉県北部蔬菜園芸地域の主産地形成と産地市場・産地仲買人

表Ⅴ.14　上武生産市場登録仲買人の分布と推移

埼　　玉　　県				群　馬　県・静　岡　県			
市　町　村	1961年	1965年	1980年	市　町　村	1961年	1965年	1980年
深 谷 市 (八基)	18	14	8	境　　町 (島)		1	
（中瀬）	8	15	9	（剛志）			1
（新会）	2	6	4	（世良田）			
（明戸）	1	1		（境）	2	2	1
（大寄）			2	東　　村	2	2	
（藤沢）	1	1	1	伊勢崎市	1	3	1
（深谷）	3	5	1	尾島町 (世良田)			1
岡 部 町	1	1		（尾島）	7	6	2
妻 沼 町 (男沼)		1	3	藪塚本町	1	1	
（妻沼）	1	1		大間々町	1	1	
寄 居 町	1	1		大 泉 町	1	1	
熊 谷 市		1		東　　村	1		
本 庄 市 (藤田)	1	3		新　　町	1	1	
（本庄）	3	10	2	前 橋 市	4	3	
児 玉 町	4	1		高 崎 市	4	2	2
上 里 村	1	1		藤 岡 市	1	2	
皆 野 町	1			渋 川 市	1	1	1
秩 父 市	4	5	1	富 岡 市	1	2	
小 川 町	1	1	1	沼 田 市	1	1	
吹 上 町		1		小　　　計	(29)	(29)	(10)
松 伏 町		1		静岡県伊東市		1	
小　　　計	(51)	(70)	(32)	小　　　計		(1)	

上武生産市場資料による。

　これを右岸埼玉県側に分布する仲買人に限って検討すると1市場登録（19業者），2市場登録（25業者），3市場登録（12業者）とに分散し，さらに56業者中の41業者（73％）が群馬県側の群馬境中央市場に登録している（表Ⅵ.4参照）。これは群馬県側に分布する44仲買業者中13業者（30％）しか埼玉県側の市場と結合していないことに比べると，かなり顕著な特色といえる。

　河田重三（1980）によると八基，中瀬，新会3地区の27業者中上記の3市場仕入れが14業者，3市場のほかに近隣の深谷並木，岡部両市場や若干離れた熊谷，上尾，前橋の各市場仕入れを加えたものが3業者，農家仕入れのみが2業者，その他が1業者となり，市場との結合形態はかなり多様であるこ

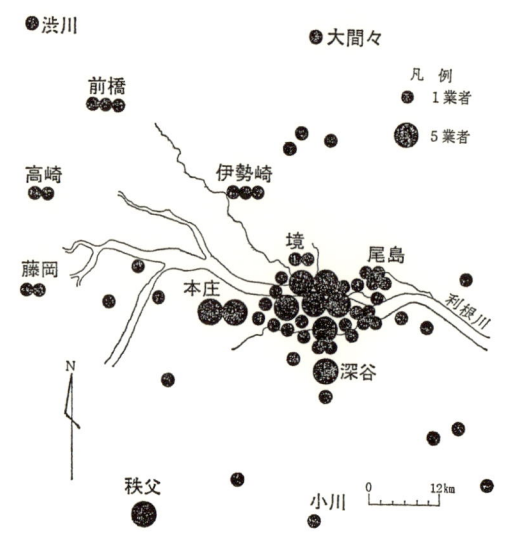

図V.5 1965年の上武生産市場登録の仲買人の分布（上武生産市場資料により作成）

とが指摘できる。なお最近の買参人と市場との結合関係はわりあい固定的であるが，実際の買参面では若干の流動性がみられ，取引額の大きい買参市場が年度によって交替する事例も少なくないようである。

2．産地仲買人の経営形態と輸送手段の変遷

仲買人の経営形態と特徴的な変化　利根川右岸農村の仲買人の経営的性格は多様であるが，雇用労働力，出荷先，取扱品目等を指標に分類すると，いくつかの類型を見出すことができる（表V.15）。

まず労働力構成の面からみると家族労働力依存型，臨時雇用依存型，臨時雇用＋常雇用依存型とに分類される。仲買人が雇い入れる労働力は臨時雇用，常雇用を問わず3〜10人の枠内に留まり，市場出荷規格の強化によって荷造りの手間が省かれた結果，以前のように15〜20人を抱える業者はまったく見られなくなった。次に出荷先から分類すると北海道や京浜送りに見られる単一地域集中出荷型と京浜，中京，阪神，東北，北海道の各地域を2ないしそれ以上組み合わせた分散出荷型とに分けられる。

第Ⅴ章　埼玉県北部蔬菜園芸地域の主産地形成と産地市場・産地仲買人

表Ⅴ.15　利根川中流右岸農村在住の産地仲買人の経営形態

No.	所在地	業者形態	営業形態	出荷先(主要出荷商品)	輸送方法	労働力構成	備考
2	中瀬・原	Ⅱ	A	京浜・阪神・中京・北九州・福島(ねぎ)	自家用トラック(東京)貸切トラック(関西)夏季冷凍トラック使用	家族労働力	食品産業2社へにんじんを契約出荷
3	中瀬・原	Ⅰ	A	京浜(ねぎ・きゅうり)東北(ほうれんそう・キャベツ)	自家用4tトラック(京浜)貸切4tトラック(東北)	家族労働力(4人)	
5	中瀬・伊勢島	Ⅰ	A	北海道(やまといも・ねぎ・ほうれんそう・ごぼう)	水産物輸送用トラック(10t車)の復便	家族労働力・常雇(5人)	10t車年間使用台数約200車両
8	中瀬・向島	Ⅲ	A	全国(野菜全般)	貸切トラック,水産物輸送用トラックの復便	家族労働力	旧やまといも専門業者
9	中瀬・向島	Ⅰ	C	東京(ねぎ)	自家用2tトラック	家族労働力(本人)	月平均20車両出荷・兼業農家
10	中瀬・原	Ⅰ	A	北海道(はくさい・キャベツ・だいこん・ほうれんそう・ねぎ)	水産物輸送用トラックの復便	家族労働力・臨時雇(10人)	
11	中瀬・川岸	Ⅰ	B	横浜・川崎(野菜全般)	自家用トラック	家族労働力(兄弟2人)	
12	中瀬・上中瀬	Ⅰ	A	埼玉南部・東京北部(ねぎ・きゅうり)	自家用4tトラック	家族労働力(親子2人)	
17	新戒・落合	Ⅰ	A	北海道(ねぎ・ほうれんそう・きゅうり・トマト・レタス)	水産物輸送用トラックの復便	家族労働力・臨時雇(4〜5人)	
18	八基・横瀬	Ⅳ	A	京浜(半加工ごぼう)	自家用4tトラック	家族労働力・常雇(7人)	1976年に東北移出業者より転業
27	八基・横瀬	Ⅰ	A	東京西部・神奈川北部(やまといも・ねぎ・ほうれんそう・なす・きゅうり)	自家用4tトラック	家族労働力・常雇(3人)・臨時雇(5人)	
28	新戒	Ⅳ	A	京浜・中京・栃木(やまといも)	自家用2tトラック貸切トラック	家族労働力・臨時雇(7人)	農家直仕入と自家生産物出荷

注1) 1980年11月の著者調査による。
2) Ⅰ(移出業者), Ⅱ(移出兼契約出荷業者), Ⅲ(代理買付専門業者), Ⅳ(半加工移出業者)
3) A(通年営業), B(夏季以外の3季営業), C(冬期営業)

取扱品目についても単品出荷型と多品目出荷型に区分できる。取扱品目における上記 2 類型は，最近の仲買人の経営的性格を類型化する場合に，最も顕著に識別されるようになった点である。なかでも特筆すべきことは，ごぼうを半加工して移出する専門業者，ねぎの葉をスーパーのブランドに移出する専門業者，にんじんを食品産業・外食産業の加工部門に契約出荷する業者等のように加工による付加価値の創出を指向する仲買人や，大手商業資本もしくは外食産業に契約出荷することで，より安全確実な手数料商人化の途を選択しようとする単品出荷型の仲買人が出現したことであろう。その点，産地市場仕入れ額が 1 億円を超える大規模仲買人（№ 5・8・10・17・27＝1979 年度）や依託買専門の仲買人（№ 8）の成立も，手数料商人化の徹底を指向する動きの一部として注目すべきことである。

　単品出荷型の仲買人に対する多品目出荷型仲買人の出現も，新しい営業形態として注目されるところである。たとえば，かつての冬〜春物といえば，ねぎ・こまつな・ほうれんそうに限られていたが，近年，これにレタス・かぶ・にら・はくさいあるいは加温温室物を 5〜6 品付け合わせるようになり，また夏〜秋物では従来からのなす・きゅうり・だいこん・トマト等に，三寸にんじん・えだまめ・キャベツ・ハニーバンダムなどを組み合わせて荷口を編成するようになった。こうした多品目編成は，とくに冬〜春物に目立つ傾向であるが，実はこうすることこそ「経済連」の一元出荷体制に競合し得る方途であり，すでに確立された転送荷体系の間隙を縫う手段でもあった。当然，このことは消費地からの注文に迅速に対応することと並んで，かつての差益商人的性格を守る唯一の砦，最後の拠りどころでもあった。

　輸送手段と仕向け先の変遷　戦後の産地仲買人の仕向け先と輸送方法は，貨車輸送による積雪寒冷地向け出荷と自動車による近隣中小都市および京浜地帯向け出荷とに大別できる（図 V.6・7）。このうち「山出し」と呼ばれる積雪寒冷地向け貨車輸送は，戦前からの伝統を持つ業者が，青果物統制の撤廃を待って業務を再開したケースが多い。

　当初，小口荷扱いで発足した貨車輸送は，出荷量の増大に従って専用貨車仕立で運ばれるようになる。最盛期に近い 1955（昭和 30）年頃には，およそ

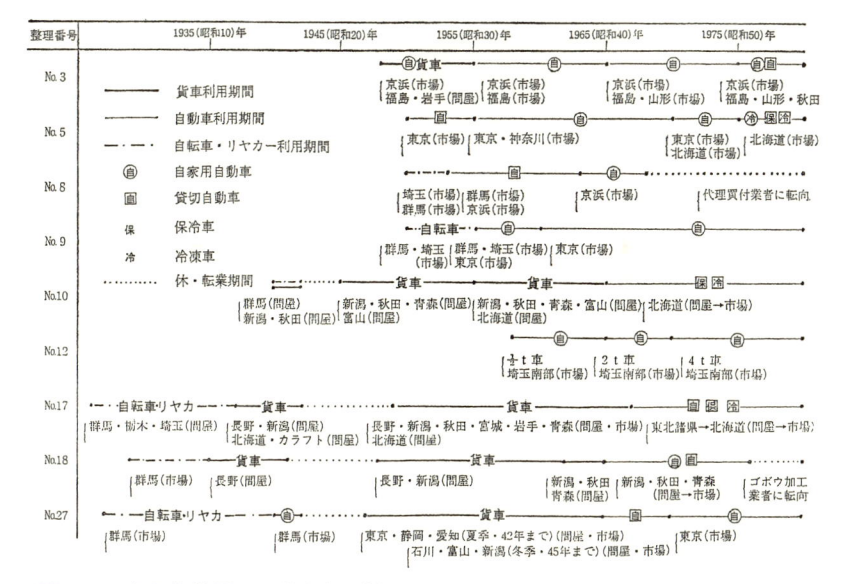

第Ｖ章　埼玉県北部蔬菜園芸地域の主産地形成と産地市場・産地仲買人

図Ｖ.6　青果物仲買人の移出先と輸送手段の推移（1980年11月の著者調査により作成）

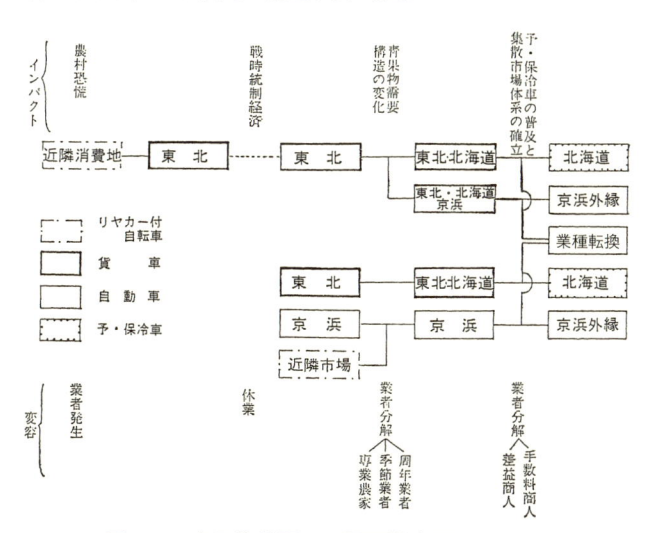

図Ｖ.7　青果物仲買人の展開模式図（著者作成）

45人の同業者集団となり、「深谷駅貨車送り出荷組合」が組織されるまでになった。出荷量の増大は同時に仕向け先の遠隔化、広域化を伴って進行した。

このため輸送時間の延長に対応して，当初の普通貨車から通風貨車や冷凍貨車が工夫され，使用されるようになった。

この間，小口荷扱いから専用貨車仕立への移行につれて業者の淘汰が進行し，貨車輸送の終末期には，小売商兼仲買人を中心に多くの脱落者をみるに至った。生産者兼仲買人が専業の生産者と仲買人（移出業者）に分解するのも，この段階とその後1960年代後半の水産冷凍車の導入期とであった。なお，深谷駅からの貨車輸送は，1960年代の末頃までにほぼ全面的に自動車輸送と交替し，その役割を終えた。

1960年代後半に貨車輸送に代わって普及しはじめた自動車輸送の場合をみると，貨車から自動車に切り替えた仲買人の多くは，はじめの数年間は平ボディ車をチャーターする（№10・17・18・27）が，まもなく三陸や北海道から水産物を京浜に移送する冷凍車，保冷車の復路便を利用して，東北とくに北海道方面へ販路を拡大するようになる。当然，この時期には北海道方面を中心に大きく伸びる業者が出現する（№17・18）。反面，自動車の借り入れ能力をめぐって，仲買商人の仕入れ高推移（表V.16）からも分るような業者の階層分化が進行した。

輸送手段の変革，とりわけ水産用冷凍貨物自動車を主体とする復路便利用は，蔬菜移出期間の延長と移出品目の増加をとおして，専業・通年型仲買業務の成立を可能にし，さらに輸送コストの低減によって市場競争力を高め，仲買人の経営基盤をより強固なものにした。同時に，移出期間の延長や移出品目の増加は，折からの施設園芸技術の普及とあいまって，伝統的な冬物葉菜産地に総合的な蔬菜専業農村の性格を新たに付与することになった。

近隣消費市場や京浜市場を対象とする仲買人には，一般に戦後に開業した中小規模の業者が多かった。彼等の一部には戦後の数年間，自転車（リアカーまたは小判篭付）を主要輸送手段として利用するものも見られたが，営業規模と行動範囲の拡大につれて，貸切貨物自動車（№8）もしくは自家用自動三輪車（№9）を利用するようになっていった。もちろん，はじめから貸切貨物自動車（№5）を導入し，あるいは自家用貨物自動車（№3）を購入する業者もないわけではなかった。

第Ⅴ章　埼玉県北部蔬菜園芸地域の主産地形成と産地市場・産地仲買人

3．産地仲買人の営業展開過程

　産地仲買人の経営的性格は労働力，出荷先，取扱品目を指標にして検討すると，前項のような諸類型に分類できるが，その特質を踏まえながら総括的に類型化すると，「多品目山出し型」，「多品目京浜送り型」，「多品目分散出荷型」，「経営転換単品出荷型」の4類型に大別され，さらに「経営転換単品出荷型」は「付加価値志向型」と「手数料商人化追求型」とに区分できる。ここでは分類された4類型のうち「多品目分散出荷型」を除く3類型について，それぞれを代表するとみられる4業者を取り上げ，聴き取り調査結果を中心に戦後30年間の営業展開過程を整理してみよう（表Ⅴ.15参照）。

　「多品目山出し型」業者の場合　戦前に信越，北海道，カラフト方面へねぎの貨車輸送の実績を持つNo.17業者は，戦後，青果物統制解除をまって直ちに「山出し」を再開する。送り先は長野，新潟，仙台，盛岡，秋田，青森の問屋を中心に一部消費市場を含むものであった。移出品目はねぎを主体にし，長野，新潟などの近場ではこれにこまつな・ほうれんそうを付け合わせて荷口を編成した。移出方法は貨車の小口荷扱いであったが，1951（昭和26）年頃から10t積みの貸切貨車を利用するようになる。この頃，農家からの集荷は自家用自動三輪車を利用し，深谷駅までの出荷は，日本通運のトラックを使用した。

　1955（昭和30）年から冷凍貨車輸送が始まる。当初は春先の利用に限られ，厳冬期は普通貨車と通風貨車を利用していたが，1960年には全面的な採用をみるようになる。冷凍貨車輸送はその後1967年まで継続された。冷凍貨車による移出期間は，東北地方へは12～4月中旬まで，北海道へは同じく12～7月上旬までであった。これは普通貨車輸送に比較した場合，前者で約1ヵ月，後者では実に3ヵ月の営業期間延長をもたらすものであった。

　専用冷凍貨車利用による移出期間と移出範囲の拡大ならびに品質の保全とは，必然的に仲買業務の発展つまり取扱量の増加を促進した。その結果，No.17業者はそれまでの農家庭先買いに大きく依存した仕入れ方法から，産地市場仕入れへとその比重を急速に移行させていった。さらに5～6月産の露地きゅうり・レタス・施設トマトなども新たに移出対象品目に加えられるこ

とになり，それまでの冬物中心の季節業者的性格に大きな変化をもたらした。1965（昭和40）年頃より融雪期に限って，冷凍貨車輸送から普通貨物自動車（平ボディー車）輸送への転換をみるようになるが，これを追うようにして冷凍（保冷）貨物自動車の普及が急速に広まっていった。輸送手段の変化は，増大する「山出し」に高崎鉄道管理局の配車が応じきれなくなったこと，競合産地の出現に対応すべく，輸送時間の短縮が強く求められたことから惹き起こされた。大型冷凍貨物自動車による輸送期間の延長と輸送距離の拡大は，ついに農業兼業のNo.17業者を専業仲買人に押し上げ，1970年頃には，常雇用3人を抱え，年間市場仕入れ額3億円を超える大手業者に仕立て上げることになった。

　輸送手段の変化と並行して，1965年頃より問屋から市場への荷受機関の変更が行われた。これは中央卸売市場体系の確立を要石とする流通機構の整備に伴って，問屋組織の解体が進行し，必然的に市場取引が増大したこと，および代金回収の保証を求めて，No.17業者自身が積極的に市場取引に切り替えた結果である。こうした荷受機関の変更も仲買人取扱量の増大を経て，産地市場依存度の高まり，産地市場の発展，産地の発展という一連の動向と不可分の関係にあったことは，推察に難くない。

　「多品目京浜送り型」業者の場合　戦前，青果物統制の緩やかだった群馬県に寄留して近隣消費市場（高崎，前橋，伊勢崎，安中等）への自転車による営業を続けてきたNo.27業者は，戦後の営業再開も早く，1947（昭和22）年にはすでに近隣市場回りを始めていた。しかし地元回りの期間は短く，統制撤廃の1949年には東京市場へ，続いて静岡，名古屋各市場へと県内業者のS運輸を利用して販路を広げていった。移出品目は地場きゅうり，嬬恋のきゅうり・はくさいを主体とする夏場物であった。

　東京，東海地方への移出は1967年まで継続されるが，これとほぼ並行して1953年から金沢，富山，新潟へのほうれんそう・こまつな・ねぎのいわゆる「山出し」に着手する。これら冬場物葉菜類の移出は，12～3月にかけて行われ，1965年頃までは貨車で，その後1970年までは貨物自動車で搬送された。「山出し」における荷受け機関は，前半は問屋で後半は消費市場であった。

第Ⅴ章　埼玉県北部蔬菜園芸地域の主産地形成と産地市場・産地仲買人

　№27業者の仕入れ方法をみると，戦後しばらくは農家からの直買いが多く，1960年の上武生産市場仕入れ額は21万円，同じく1965年のそれは549万円にすぎなかったが，産地市場の地位が定まる1970年には一挙に2,914万円の仕入れ額となる。その後も産地市場からの仕入れ依存度の高まりは続き，1975年の5,626万円を経て1979年には群馬境中央市場からの仕入れ分（3,583万円）を含めると9,170万円の仕入れ額に達している。

　1970年，№27業者は，同業者の参入によって競争が激化し，市場制度の整備によって差益商人的旨味の失われた北陸積雪地帯への移出に見切りをつけた。一方，「経済連」出荷の間を縫って，東京近辺（八王子，福生，相模原）の地方卸売市場に出荷を集中するようになる。再開された「東京送り」は，ここに夏物（きゅうり・なす・やまといも）と冬物（ねぎ・ほうれんそう）が出そろい，ほぼ通年で行われることになった。

　なお，№27業者の特色は，№17・18業者が農業兼業の移出業者として営業を続け，業界が手数料商人化していく過程ではじめて移出専業化を選択したのに対し，はじめから通年型移出専業経営を行っていた点である。

　「付加価値志向型」業者の場合　青果物統制の解除と同時に長野，上田へねぎ・ほうれんそうの貨車送りを再開した№18業者は，引き続いて新潟県内の高田，直江津，新発田，新潟へと出荷範囲を広げていった。その後，1959年には折から普及中の冷凍貨車を利用して鶴岡，酒田，本荘へ，さらに1962年には大館，秋田から青森，弘前へと，問屋の引き合いに応じながら取引空間と取扱量を拡大していった。

　1959（昭和34）年の出荷量の増加を契機に，深谷駅までの出荷方法も馬車，牛車から自家用2t車に替わり，また従業員数も山形方面への進出開始から1967年頃までの間は，荷造り関係の若者を常時4～5人と束ね屋の女子10人余りを雇用する業者になっていた。この頃の送り荷の調達は，農家からの直買いと市場仕入れに自家生産物を加えたものであった。市場仕入れが卓越するようになるのは，地元産地市場の地位が確立する1970年頃のことであった。ちなみに，1960年度の上武生産市場からの仕入れは640万円であったが，1970年度のそれは3,089万円に急増している。

1966年，当主が上武生産市場の社長に就任したため，移出関連業務は後継者に移譲される。この時期は，たまたま輸送手段も貨車から貨物自動車への交替期に当たっていた。当然，№18業者も自家用貨物自動車を導入することになるが，まもなく荷扱い量の増加から搬送業務を運送業者に委託する。ただし当時普及途上の冷凍（保冷）車については，農業兼業の冬季型移出業者だったために，ほとんど利用されることはなかった。なお1966年の経営者交替当時は，前任者の父親が開拓した問屋に向けて，ほうれんそう・ねぎの移出が行われるが，やがて№17業者と同じ理由から全面的な市場出荷に移行する。

　その後，大都市中央卸売市場の建値市場化や転送荷体系の確立に伴って，仲買人の都市市場移出業務が手数料商人化の傾向を次第に深めていたこと，さらに新興産地の市場参入によって競争が一層激化したこと等を契機にして，1976年，№18業者はごぼうの加工業者に転じた。以来，7人の従業員を常雇用し，7～10月までは地元産秋蒔きごぼうを，また11～5月までは茨城産春蒔きごぼうをそれぞれ加工し，通年出荷するようになった。

　その結果，戦前の開業（1929）以来，一貫して所有耕地1ha余を耕作する中堅兼業農家として推移し，今日に至った。№18業者も，ここではじめて季節営業から常雇用を保有する通年営業に転換したわけである。その間，所有圃場の耕作は常雇労働力に依存し，作物編成も農業兼移出業者の性格上，1976年以前はねぎ・ほうれんそうを主体にし，同年以降はごぼう（一部キャベツ）に中心が置かれたことはいうまでもないことである。なお，最近（2008），青森の十和田青果市場から業務仕入れしたごぼうの包装業者に転じた。

　「手数料商人化追求型」業者の場合　大量の代理買い付けで知られる№8業者が仲買人になったのは，青果物統制解除（1949）の翌年であった。当時の営業空間は，リアカー付き自転車の日帰り行動圏内に分布する群馬県の主要都市（前橋，高崎，桐生）と埼玉県北部の諸都市（熊谷，行田）の消費市場であり，営業形態は農家の庭先仕入れによるねぎの単品移出であった。

　1953年，貨物自動車による委託輸送の採用を機会に，近隣都市市場への出

第Ⅴ章 埼玉県北部蔬菜園芸地域の主産地形成と産地市場・産地仲買人

荷を前橋，高崎に整理縮小する一方，京浜地帯（東京，横浜，川崎）を対象とするねぎ・ほうれんそうの出荷に力を注ぐようになる。この頃の営業形態は，冬季の京浜市場出荷を主体にし，春～夏季には近隣諸都市向けのこかぶ等の出荷を副次的に行っていた。

1955年，No.8業者は，京浜市場を対象とするやまといも専門移出業者となる。単品専門業者への転向理由は，やまといもは労力配分と市況対策の関係から，収穫時期の選定が弾力的に行えること，商品としての保存性がよく出荷調整が可能であること等のために，流通が年間平均的に行われ，それだけ経営的にも安定していたからである。

1960年頃にやまといもの専門仲買商を営むかたわら，近隣町村の仲買人の依頼を受け，産地市場で代理買い付けを始める。依頼先は近隣の同業者から次第に新潟，秋田，北海道等の積雪寒冷地の業者へと広がっていった。代理買い付け実績の増加に対し，他方では地元産やまといもの著しい減産が続いたために，移出業務から全面的に撤退し，代理買い付け専門業者となる。買い付けられた蔬菜類は，貨車輸送から自動車輸送への移行期を反映して，この頃から平ボディー車や冷凍車で移出されるようになる。同時に依頼先も，積雪地域の中心都市から附近の小都市へ，東日本から西日本へと広がり，取扱品目も蔬菜全般に拡大されていった。

代理買い付けにおける依頼主との関係には，不特定要素が必然的につきまとう。このことに付随する経営的不安と危険を避けるべく，近年，No.8業者は経営方針を変更して，利根川左岸の群馬県境町に居住する嬬恋キャベツの大手移出業者の専属的仲買人となる。以来，営業実績も1970年の産地市場（群馬境中央・上武生産両市場）での買い付け額9,287万円から，1975年の1億9,404万円，1979年の4億4,024万円と急速に拡大し，地元仲買人の最大手業者となる。

専属代理買い付けの場合，買い付け品の仕分け，梱包，積み込み等の関連作業は，すべて依頼主が派遣する従業員によって行われるため，買い付け業者は経営的にも著しく安定性を増すことになった。また市場歩戻し金（2.5％）と大量買い付け奨励金（0.5％）を収入の源泉とする経営方式は，手数料

商人化への徹底を如実に示すものである。

4．産地市場・産地仲買人の動向と集約的蔬菜産地の成立

戦後，桑園間作（畝間・株間は7尺×3尺で根刈り仕立）のこまつな・ねぎ・いんげん・ばれいしょ・キャベツ・ねぎ苗等の栽培に始まり，次いで普通畑の澱粉質作物を駆逐（1950年対1960年比で麦類20％，陸稲60％，芋類80％の減少）しながら進展した利根川右岸の蔬菜栽培は，産地仲買人の活動ならびに京浜市場資本による活発な集荷活動によって発展の契機を与えられ，中瀬，八基等の伝統的産地における蔬菜主業型農家群の成立をみることになる（東京教育大学農学部卒業論文集）。

まもなく京浜市場資本の産地支配に対抗して，農協市場があいついで開設され，仮設市場期の混乱した蔬菜流通に秩序をもたらすことになる。以来，京浜市場資本の集荷活動も次第に後退していった。替わって，農協市場に拠る産地仲買人の活動が活発化し，やがて1950年代後半から1960年代初頭にかけての「山出し」最盛期を迎える。

仲買人による最盛期1日30車両（埼玉県青果市場連合会1964）に達する「山出し」と京浜市場へのいわゆる「東京送り」とは，きめ細かな分荷計画の実施によって達成された「産地価格水準の安定」をとおして，蔬菜主業型農家群を出現させる要因の一つとなった。加えて「山出し」の発展は前節の「多品目山出し型業者」の項で指摘したように，農家の庭先買いに依存する従来の集荷方法に限界を生じさせ，代わりに大量集荷の容易な産地市場依存を高めることで，市場発展の基礎的条件となった。またこの段階は業者出荷とあいまって，農民組織の組合出荷が積極的に実施され，産地の形成と発展にとって軽視できない要因となっていった。1959年の八基地区の場合，12の出荷組合に全農家の約70％が加入し，その取扱量は全生産量の30％を占め，京浜を中心に年間4,500万円の売り上げを記録している（八基村誌）。

1960年代の産地では，表Ⅵ.1に示すとおり，養蚕不況を反映して急激な桑園面積の潰廃が進行する。これと対応して蔬菜販売額1位農家が中瀬，八基，新会地区農家のほぼ100％に達し，産地確立前期ともいえる段階をここ

第Ⅴ章　埼玉県北部蔬菜園芸地域の主産地形成と産地市場・産地仲買人

に創出することになる。同時期，周辺地域の本庄市旭，仁手，藤田の各地区や洪積台地縁辺の岡部町岡部地区，深谷市藤沢地区などでは，桑園面積の緩い減少と蔬菜栽培面積の緩い増加とが同時に進行していった。

　この段階の「東京送り」は自動三輪車の普及を背景に活発化する。また「山出し」も新興産地（前橋近在と赤城南麓の農村）の市場参入動向のなかで，高度経済成長に伴う需要の伸びに支えられ，依然，堅調で推移する。その結果，産地市場は，蔬菜収穫面積の拡大（表Ⅵ.1参照）と仲買人の移出量（仕入れ高の読み替え）の増大（表Ⅴ.16）との接点に在って，急速な発展過程をたどっていった。産地市場の著しい発展ぶりは，無償増資を重ねた中瀬青果市場にみるごとく，当初の1株が12株（1962年）に増殖されるほどであった（埼玉県青果市場連合会　1964）。上武生産市場が南に2kmほど離れた豊里市場を併合し，中心的産地市場化への第一歩を印すのもこの段階のことであった。

　ただし産地市場の発展に伴って地場産蔬菜の大部分が市場に集中し，買参人たちの手で移出されたわけではない。第3節1項で指摘したように，確かにこの段階では市場の発展とともに買参人も著しく増加したが，八基地区の場合，市場買参人は地区内居住仲買人の50％（18名）にすぎず，他は農家直取引型，もしくは農家直取引と自家生産の混合型仲買人であった。いわば前

表Ⅴ.16　上武生産市場における仲買業者の仕入高別分類

仕入高＼年度	1960年度 人　（％）	1965年度 人　（％）	1970年度 人　（％）	1975年度 人　（％）	1979年度 人　（％）
50万円未満	5　(17)	2　(7)	4　(12)	1　(3)	
50～100万円未満	1　(3)		2　(6)	1　(3)	
100～500万円未満	12　(41)	3　(10)	3　(9)		1　(4)
500～1,000万円未満	9　(31)	4　(14)	3　(9)	3　(10)	2　(7)
1,000～2,500万円未満	2　(7)	14　(48)	3　(9)	5　(17)	3　(11)
2,500～5,000万円未満		6　(21)	12　(36)	4　(13)	2　(7)
5,000～1億円未満			5　(15)	8　(27)	9　(32)
1～5億円未満			1　(3)	8　(27)	11　(39)
5億円以上					
計	29　(100)	29　(100)	33　(100)	30　(100)	28　(100)

上武生産市場資料による。

期からの組合出荷や後に産地市場と拮抗(きっこう)するようになる農協出荷なども絡み合って，最も複雑な集出荷機構を示すのが，この段階における特徴の一つであった。

　1960年代後半に入ると利根川右岸の旭，仁手，藤田の各地区で桑園が急減し，同時に蔬菜販売額1位農家が80〜90％を占めるまでになった(表V.17)。一方，伝統的産地である中瀬，八基，新会の旧豊里村では，1960年代末期までに蔬菜販売額1位農家のほぼ100％が単一経営(蔬菜専業)となり，ここにきゅうり・にんじん・ねぎ・ほうれんそうの産地指定(1966〜1968)とあいまって，利根川右岸農村における蔬菜の主産地形成をみることになる。具体的には，県道伊勢崎—深谷線を軸にして，西側のねぎ・ほうれんそう・半促成きゅうり地域と東側のねぎ・促成および露地きゅうり地域をまとめた，いわゆる上武蔬菜園芸地帯の核心的濃密産地の形成である。

　この間，蔬菜の主産地形成を反映して，上武生産市場への出荷量は増加の一途をたどり続ける(図V.8)。このため，前期に引き続き隔年連続の倍額無償増資が行われ，市場の経営内容もさらに充実していった。出荷量の増加傾向は，隣接中瀬青果市場や宮戸青果市場でも同様であった。

表V.17　上武生産市場圏における繭・蔬菜販売額1位農家数の変遷

地区		1965年		1970年		1975年	
		繭	野菜	繭	野菜	繭	野菜
		%	%	%	%	%	%
沖積平野	本庄市旭地区	113(26)	261(54)	52(13)	324(79)	10(3)	323(79)
	仁手地区	68(23)	161(55)	12(4)	223(83)	1	237(93)
	藤田地区	37(7)	465(86)	4(1)	511(96)	2	489(97)
	深谷市八基地区	5(1)	536(97)	2	521(97)	1	500(99)
	中瀬地区	2(1)	238(98)	1	222(98)		193(97)
	新会地区	1	420(95)		410(96)		386(96)
	大寄地区	8(2)	367(73)	3(1)	335(70)		327(72)
洪積台地	岡部町岡部地区	220(33)	374(57)	124(19)	477(75)	20(3)	520(89)
	榛沢地区	344(72)	43(9)	322(67)	54(12)	201(47)	90(21)
	深谷市藤沢地区	946(80)	170(14)	940(74)	176(14)	486(42)	466(40)

注1）農林業センサスによる。
　2）（　）内数字は生産物販売農家総数に占める割合。
　3）蔬菜農家には施設園芸農家を含む。

第Ⅴ章　埼玉県北部蔬菜園芸地域の主産地形成と産地市場・産地仲買人

　こうした産地市場の発展と相互補完的に関連し合いながら、「山出し」業者たちは東北から北海道へと新市場を開拓していった。とりわけこの段階の専用貨車から大型冷凍貨物自動車への輸送手段の転換は、取扱品目の増加ならびに出荷期間の延長と出荷範囲の拡大（第三節2項）をとおして、直接的には「山出し」の発展に、間接的には産地や産地市場の発展にそれぞれ大きく貢献した。

　産地市場の発展と連動する産地仲買人の動向は、「東京送り」においても顕著に認められた。とくに中・大型貨物自動車の導入は、前期の自動三輪車輸送に比較して飛躍的な機動力アップとなり、高度経済成長期の蔬菜需要の伸びとあいまって、ここに仲買人移出量の過半を占める「東京送り」の最盛期が出現する。「東京送り」の発展は集荷競争の激化を招き、ついに各地で青田買いを頻発させるほどの過熱ぶりとなった。

　ともあれ、1960年代後半の利根川右岸農村では、輸送手段の転換にともなう取扱品目の増加が、ハウス物のきゅうりとトンネル物のこかぶ・春だいこん・春夏にんじん等の増反を促し、冬物の葉菜産地に新たな特色を加えた。ちなみに、上武生産市場集荷圏のハウス面積の推移をみると、1965年度の655aから1975年度の11,955aに急増し、このうち本庄市藤田、仁手両地区と深谷市八基、新会、大寄の各地区で70％を占めていた。トンネルについて

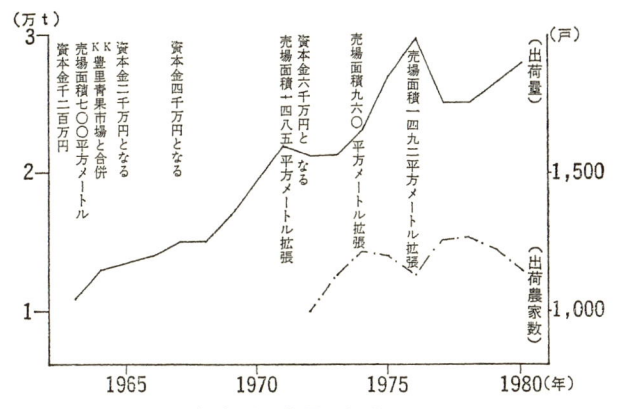

図Ⅴ.8　上武生産市場年度別出荷量の推移（上武生産市場資料により作成）

も増反を反映して，上武生産市場への出荷量の増大が見られ，1971年度には，にんじん740 t，かぶ1,828 t，だいこん732 t を記録している。また出荷期間の延長は，直ちに営業期間の拡大となって，仲買人の経営に一応の安定をもたらすことになった。もちろん出荷範囲の拡大や輸送力の増強が，新規市場の開拓や仲買人の営業規模拡大（表V.16参照）に大きく関与したことはいうまでもないことであった。

　1970年代の前半は，周辺地域の旭，仁手，藤田の各地区で，単一経営（蔬菜専業）農家が大半を占め，濃密蔬菜産地の空間的拡大が進展する。産地の充実期ともいうべき主産地形成段階を迎えることになる。この段階における蔬菜の生産流通上の特徴的変化を指摘すると，生産面では主として秋蒔き夏穫りごぼうの普及による作付体系の変更，具体的には，「ねぎ（ほうれんそう）／こかぶ（時無しだいこん）／きゅうり」にみられるような1年3作型から，その後，在圃期間が長いごぼうが導入されて以来「ねぎ（ほうれんそう）／ごぼう」に代表されるような1年2作型が増加する。また流通面では夏枯れ期におけるごぼうの出荷で，仲買業務に通年営業の途が開けたことである。

　施設物あるいは夏穫りごぼうの導入によって，通年営業の途が開かれたとはいえ，その生産量は限られたものであった。このため通年営業に踏み出した仲買人たちは，品薄期とくに夏枯れ期の産品を確保すべく，夏秋型産地を擁する利根川左岸の群馬境中央市場への依存を一層強めることになった。同時に移出空間の拡大に対応して，輸送費の低減を図るべく各種の自動車輸送たとえば，1960年代後半に始まる水産物冷凍輸送車（東北，北海道）の復路便利用を中心に，家具輸送車（東北），アルミサッシ輸送車（北陸），畜産輸送車（北海道）などの復路便利用が盛んに行われるようになる。ちなみに復路便チャーター料は北海道（札幌）移送の場合，冷凍車が1台平均17～18万円で済むが，オーダーすると24～25万円は必要である。

　1970年代前半の産地市場の動向は，中瀬青果，埼北集配センター（旧宮戸青果）の各市場とも，蔬菜生産の増大に即応して取扱量も増加軌跡をたどるが，1970年代の後半に入ると，有力仲買人の買参を背景とする上武生産市場の継続的な発展と，埼北集配センターの凋落が目立つようになる。とくに中

瀬青果市場と埼北集配センターの集荷圏を蚕食して，上昇気運に乗った上武生産市場は，変動含みながらも出荷量の増加傾向を保ち続ける。その間，再三の売り場拡張を行い，ついに1976年には売り場面積4,637㎡，資本金6,000万円の大市場に成長した。

図V.8によれば，増加傾向の出荷量に対して出荷農家数はほぼ横ばいで推移することから，少なくとも，1970年代の利根川右岸農村の蔬菜栽培は，より一層の集約化・専業化傾向を強めていたことが推定される。しかもこの濃密産地化の動きを背景とする取扱量の増加は，後述するように，国の産地指定と結びついた大里一元出荷組合の共選・共販攻勢を能動的に排除していることを示唆するものである。

換言すれば，大里一元出荷体制の発足にもかかわらず，利根川右岸農村では，依然，産地市場と産地仲買人の活動が，産地の性格を規定していることが考えられる。このことから，特定品目の指定産地を育成し，これと巨大都市の中央卸売市場を一元出荷体制によって結合しようとする，いわゆる生産と流通の近代化政策は，産地市場の存在と産地仲買人の活動に影響されて，政策的な意味での主産地形成機能を十分発揮出来ず，産地支配も確立していないといえそうである。

第四節　産地市場と農協の集荷競合・産地支配

1960年代後半の利根川右岸農村における蔬菜の核心的産地では，冬春きゅうり（1966），春夏にんじん・秋冬ねぎ（1967），冬春ほうれんそう（1968）の4品目が産地指定を受けた。指定産地制度の狙いは，単品専作による産地規模の大型化と大型共販体制の確立であり，その推進主体が八基，豊里両農協と，1974年に発足をみた大里一元出荷組合八基，豊里両支部であった。

大型共販体制による東京中央卸売市場へのきゅうりの集中出荷は，転送荷体系と建値市場化をモデルとする流通近代化政策に乗って，京浜地帯の中央卸売市場から仲買人出荷をほとんど駆逐することになった。その意味では，主力商品の産地指定と一元出荷体制の成立とは，流通近代化の桎梏といわれ

た仲買人主導の出荷体制に楔を打ち込んだかにみえた。しかし春夏にんじんを除く指定3品目が，大里一元出荷体制に組み込まれているにもかかわらず，八基，豊里両支部とも中心的農産物であるねぎ・ほうれんそうを未だに傘下に収め得ず，辛うじて冬春きゅうりの単品支配を実現したにすぎない。

きゅうり以外の指定商品は，依然，産地市場経由仲買人の手で大半が出荷されている（表V.18）。もちろん指定外農産物の産地市場出荷量も，段階的ながら増加傾向をたどり続け，仲買人たちは集散市場体系の間隙を縫って，京浜地帯外縁，東北，北海道はもとより九州地方にまで進出する勢いをみせている。産地市場出荷率の著しく低下したごぼうにしても，決して伝統的な業者支配の崩壊を意味するものではなく，連作障害による生産量の減退分を上回る利根川左岸物の流入が続き，地元産ごぼうの対農協取扱比率の低下にもかかわらず，上武生産市場の取扱総量はむしろ増加の一途をたどっていた。

過度期的存在といわれながら，一向に衰えをみせない利根川右岸農村の産地市場と産地仲買人の経営基盤は，何によって支えられているのだろうか。関東農政局統計情報部（1980）によれば「当該産地市場に対する農家の見方は，荷造りが簡単で価格も比較的安定している。また現金化が早く，市場が近いので便利である。一方，農協扱いは出荷規格が厳しく，その割に価格の変動も大きく，さらに一元出荷の場合は出荷時間に追われる。現金がすぐ入らない等の意識が強く働いている。」という。

総括的にいえば関東農政局の指摘するとおりであるが，このうち生産農家

表V.18　蔬菜核心地区における主要蔬菜の出荷先割合

	八基・中瀬・新会地区(1970)		八基地区(1981)		中瀬・新会地区(1981)	
	産地市場	その他	上武市場	八基農協	産地市場	豊里農協
ほうれんそう	80	20	80	20	80	20
ね　　　ぎ	78	22	80	20	80	20
やまといも	50	50	20	80	50	50
にんじん	60	40	90	10	80	20
ご　ぼ　う	35	65	20	80		
きゅうり	73	27	20	80	15	85

注1）産地市場とは上武・中瀬両生産市場をいう。
　2）上武生産市場資料ならびに豊里農協での聞き取りにより作成。

が最も重視するのは，価格と規格の問題である。価格については，1975年に発足した大里一元出荷体制の傘下にあるきゅうりを除くと，図V.9に例示するように産地市場出荷は相対的に高水準価格で安定し，生産農家を強く吸引していることがわかる。相対的な高水準価格の実現が，仲買人の不断の努力—たとえば大型産地の共販体制の間隙を衝くきめの細かい分荷や，複数品目の付け合わせ出荷による差益商人的性格の追及，各種委託買いによる手数料商人化の徹底，あるいは加工による付加価値の創出—等によることはすでに指摘したとおりである。

規格については，一般に出荷単位の大きい大規模専業農家の産品にクレームがつくことが多いといわれる。それはかつての貫束・未包装時代の出荷と異なり，近年，出荷農産物の規格化，包装化が一般化し，品目によっては倍旧の手間がかかるようになったことと密接な関係がある。つまり規格と包装の強化は，仲買人にとっては格段の省力化となったが，生産者とくに大規模専業農家にとっては逆に労働配分上のネックとなった。しかも栽培規模が大きくなるにつれ，適期収穫が不完全となり，生産物の品質低下を招くことが多くなる。当然，規格管理の厳しい農協出荷では二・三等級品の占める割合が高まることになる（新井鎮久1982）。

いわば労力負担の増大と一部生産物の低位ランク付けとが，農協出荷上の

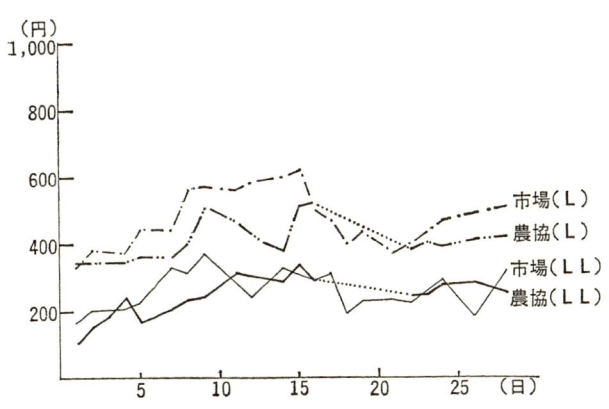

図V.9　生産市場ならびに農協出荷ねぎ手取価格の比較（1982年2月）
注）中瀬地区K農家の聞き取りにより作成。

難点として意識され，農協離れの大きな原因となってきた。その点，蔬菜生産規模の大きい農家が集中している利根川右岸の濃密産地にとっては，この問題の持つ意味はことのほか大きかったようである。こうした状況を反映して，1978年当時の農家の出荷先選択状況は，産地市場（36%），出荷組合（30%），農協（24%）の順であった（関東農政局統計情報部1980）。

結局，小泉（1969）も指摘するように「地場に消費市場がなく遠隔出荷を必要とする場合には，当初，業者出荷あるいは業者委託出荷が行われ，産地規模が拡大するなかで，ひとつは業者出荷の定着・産地市場の形成の方向に進み，もうひとつは任意組合の結成・共同輸送の方向に進む。さらに東京中央卸売市場の大規模化，集散市場化によって出荷の大量性，均質性，計画性が要求されるようになると，1）任意出荷組合の拡大改組，2）農協一元化（出荷組合の系列化）がみられるようになる」のが一般の産地動向であろう。

これに対して利根川右岸農村の場合をみると，任意出荷組合は「成立―拡大改組―農協系列化」とまさに図式的展開を示すが，業者出荷―産地市場体制の確立が主流部門を占め，農協一元出荷体制への移行は長期間にわたって停滞し，農協の産地掌握も進んでいない。したがって青果物流通の近代化に向けて機構は整えられたが，機能は必ずしも十分に発揮されず，一面の合理性によって支えられた伝統的な産地市場体制のなかに，依然，留まっているのが利根川右岸農村の現状であり，同時に産地としての特質であろう。

文献および資料

新井鎮久（1982）：「昭和初期の埼玉県北部農村における青果物産地市場の展開と産地形成」地理学評論55-7.
新井鎮久（1995）：「統制経済期における埼玉県青果物振り売り人の分布・行動圏と業者的性格」農業市場研究　第3巻第2号.
新井鎮久（2010）：『近世・近代における近郊農業の展開』古今書院.
河田重三（1980）：「利根川中流域の野菜生産の発展と産地形成」埼玉地理　第4号.
関東農政局統計情報部（1980）：『関東における野菜生産の現状と方向』.
小泉浩郎（1969）：「流通機構の変化と市場対応」農林省農業技術研究所編『産地形成と流通』.
越田　亨（1955）：「深谷ねぎの経営と技術」東京教育大学農学部卒業論文.
熊谷市史編纂委員会（1964）：『熊谷市史』.
埼玉県青果市場連合会（1964）：『埼玉の青果市場』.
埼玉県統計課（1936）：『埼玉県市町村勢概要』.

第Ⅴ章　埼玉県北部蔬菜園芸地域の主産地形成と産地市場・産地仲買人

埼玉県（1954）：『武蔵国郡村誌　第9・10巻』．
埼玉県立農業試験場（1963）：利根川沿岸沖積地域畑地土壌生産性分級図．
埼玉県立文書館　資料番号2531-81．
埼玉県立文書館　資料番号2533-35．
埼玉県立文書館　資料番号5920．
花園村誌編纂委員会（1970）：『花園村誌』．
深谷市史編纂会（1980）：『深谷市史　追補編』．
本庄市史編集室（1986）：『本庄市史　通史編』．
八基村誌刊行会（1962）：『八基村誌』．
八基村勢調査会（1932）：『昭和御大典記念　八基村勢調査書』．
山口平八（1937）：『深谷町史』．

第 VI 章

上武蔬菜園芸地帯の地帯形成と産地市場の二極展開

第一節　上武蔬菜園芸地帯の成立と作物編成

1. 蔬菜産地の地帯形成

　利根川中流右岸地域の埼玉県深谷市，本庄市，妻沼町から利根川をはさんで同左岸地域の群馬県境町，尾島町では，高度に集約化された蔬菜産地が形成され，さらにその外縁部の寄居扇状地と大間々扇状地の両農村部にも，近年，蔬菜生産の比重が高まっている。これらの利根川沖積地帯から背後の洪積台地にかけて展開する蔬菜産地は，埼玉，群馬両県を結ぶ上武大橋のほぼ両岸に立地する上武生産市場（深谷市）と群馬境中央市場の集荷圏とおよそ一致し，上武蔬菜園芸地帯とも呼称し得る一連の生産空間を形づくっている。

　上記大規模産地市場の集荷圏に形成された上武蔬菜園芸地帯は，地形，土壌の点でかなり類似したふたつの地域からなっているが，蔬菜産地としての発展過程と生産物にはかなり明瞭な地域差がみられる。本書では，両地域の発展過程と生産物の地域差を考察し，併せて形成された産地が産地流通業者の動向にいかなる影響力を持つか，という点について検討を試みる。

　上武蔬菜園芸地帯の黎明期は，近代初頭，利根川右岸低地帯の八基，中瀬地区における藍・蚕種生産の衰退，桑園間作の普及，近代的利根川築堤に伴う耕地喪失等を契機に訪れ，農村恐慌期を発展のばねにして蔬菜産地の基礎と業者流通のルートを整えた。

　一方，利根川左岸一帯における蔬菜生産の萌芽的発生は，明治末期から大正期にかけての耕地整理や農業技術の発展を背景にした米作・養蚕の著しい伸びと，これに牽引されたその後の蔬菜栽培の開始となってもたらされた。大間々扇状地扇端部の生品地区の場合，当時の商品蔬菜の伸びを生産割合で比較すると，ばれいしょ・かんしょ・ごぼう等が 4～10 倍の増産となってい

る。綿打地区の場合では，1914（大正3）年～1928（昭和3）年にかけての蔬菜生産状況を目立つものに限ってみると，だいこん・さといも・つけな・きゅうりがいずれも10倍を超え，ねぎ・ごぼう・にんじんも倍増している。蔬菜・桑園の増反分の多くは，平地林開墾によるものであった。蔬菜の増産傾向はその後も続き，とりわけ，かぼちゃ・すいか・まくわうり等の新規導入とその伸び率は顕著であった。境町の場合も，「昭和恐慌のなかで奨励された様々な蔬菜が栽培されるようになった。」とあるが，それでも1933（昭和8）年の実態を采女，剛志，境，島各地区合計の収量でみると，トマト17貫匁・なす53貫匁・きゅうり22貫匁・さといも43貫匁・かぼちゃ16貫匁・ごぼう30貫匁・かんしょ70貫匁に過ぎなかった（境町史歴史編下）。こうした蔬菜作の異なる成果は，平地林開拓の余地を持っていた生品・綿打地区では，農民たちが農産物価格の暴落を増産によって補填しようと試みた結果であり，経済自力更生運動で推進した裏作，間作の増産効果でもあった（新田町史通史編），とされている。

　しかしながら，これらの農村が大正から昭和初期にかけて，蔬菜の生産と流通を字句通り順調に展開したわけではなかった。たとえば綿打，生品両地区の蔬菜生産の伸び率にしても，基準年の生産量が自給生産レベルのため，倍率の高さだけでは商品生産の実態は明確には見えてこない。資料の信憑性にも疑問が残る。この状況は1933（昭和8）年の境地区の前記事例に，より具体的かつ明瞭に表現されている。

　桑園間作を導入すると，購入肥料の割合が嵩んで収支バランスがとれなくなり，やむなく投入肥料を節約すれば，桑葉の収量が減少するというジレンマに陥いり，結局は桑園間作を放棄する農村（境町郊外）もみられた。同じく，1921（大正元）年の資料（境町史歴史編）によると，「生産物も剛志地区，木崎地区，世良田地区，東村等の在郷から在方町の境に挽き売りされ」，業者流通や組合組織の共同出荷体制の出現にはほど遠い状況であった。

　1928（昭和3）年になっても状況は改まらず，境地区のように，例年実施してきた郡農会主催の臨時公設市場の開設を，蔬菜市場が安値のために見送る農会もあらわれている。1932（昭和7）年に群馬県の定めた規定「桑園整

第Ⅵ章　上武蔬菜園芸地帯の地帯形成と産地市場の二極展開

表Ⅵ.1　上武生産市場圏における桑園面積と蔬菜収穫面積の推移

		桑　園　面　積						野　菜　収　穫　面　積					
		1950	1960	1965	1970	1975	1980	1950	1960	1965	1970	1975	1980
		ha	ha	ha	ha	ha	ha	ha	ha	ha	ha	ha	ha
沖積平野	本庄市旭地区	98.7	99.2	90	45	22	44	65.5	125.5	163	235	224	175
	仁手地区	81.5	54.1	45	13	7	6	31.6	94.3	97	141	138	93
	藤田地区	111.5	84.4	60	18	7	10	145.5	310.5	298	334	356	309
	深谷市八基地区	88.8	71.4	19	1	1	—	165.7	378.0	403	439	423	375
	中瀬地区	43.0	35.4	11	3	—	—	57.3	168.9	186	164	166	154
	新会地区	70.5	63.6	26	5	—	—	138.2	297.1	343	342	289	241
	大寄地区	77.8	49.1	22	6	2	1	105.1	162.1	292	231	195	163
	明戸地区	81.3	74.1	38	11	3	1	122.3	279.1	332	317	328	345
洪積台地	岡部町岡部地区	247.4	190.0	170	173	106	91	212.7	360.5	397	508	575	434
	榛沢地区	118.7	122.4	129	139	138	175	64.1	92.1	123	131	91	109
	深谷市藤沢地区	365.5	435.7	366	486	349	256	141.9	296.4	481	394	450	440

農林業センサスによる。

理及び改植規定」にもかかわらず，目的とする小麦や蔬菜栽培への変更はほとんど効果がなかった（境町史歴史編下）。結局，利根川左岸地域に蔬菜栽培が定着するのは，第二次大戦中の太田，尾島，小泉，伊勢崎等で軍需工場や軍需都市の需要が旺盛になる時期まで待たねばならなかった。このように利根川左岸における蔬菜の商品生産と流通の展開は，右岸農村の場合に比べるとかなり後発的状況であったといえる。

　埼玉，群馬両県にまたがる利根川中流低地帯の蔬菜栽培は，1960年代前半に麦類と陸稲の代替え作物として導入が進み，これと前後する桑園の衰退とあいまって，その後の濃密産地としての骨格を形成することになる（表Ⅵ.1）。濃密蔬菜産地の形成は，利根川右岸農村がやや早く1960年代の後半に，また左岸農村の場合はこれより若干遅れて1970年台前半にそれぞれほぼ完了した。換言すれば，米麦＋養蚕型の農業から蔬菜専作型農業への移行は，利根川右岸農村では1950年代後半から1960年代末期のおよそ15年間をかけて行われ，同左岸農村では，1960年代初頭から1970年代の前半の約15年間でほぼ完了している。

　濃密蔬菜産地化の具体的内容，すなわち蔬菜生産への集落ぐるみかつ耕地

表Ⅵ.2　上武生産市場圏における蔬菜販売額1位農家と単一経営農家の割合

		1970年				1975年			
		施設園芸農家(A)		露地蔬菜農家(B)		施設園芸農家(A)		露地蔬菜農家(B)	
		1位農家率	うち 単一経営	1位農家率	うち 単一経営	1位農家率	うち 単一経営	1位農家率	うち 単一経営
		%	%	%	%	%	%	%	%
沖積平野	本庄市旭地区	6	(67)	74	(77)	9	(97)	85	(96)
	仁手地区	10	(75)	72	(86)	23	(95)	70	(94)
	藤田地区	14	(80)	82	(90)	23	(87)	73	(98)
	深谷市八基地区	7	(89)	91	(100)	12	(98)	87	(99)
	中瀬地区	3	(100)	95	(97)	6	(91)	92	(100)
	新会地区	10	(82)	86	(98)	25	(96)	70	(99)
	大寄地区	5	(52)	65	(86)	23	(56)	49	(82)
洪積台地	岡部町岡部地区	2	(36)	64	(69)	4	(64)	79	(92)
	榛沢地区	1	(40)	11	(51)	2	(88)	19	(74)
	深谷市藤沢地区	3	(64)	11	(81)	12	(54)	28	(87)

注1) 農林業センサスによる。
 2) 1位農家率とは農産物販売農家総数で(A)および(B)を除したもの。
 3) 単一経営とは農家の販売総額に占める施設園芸または露地蔬菜の販売額の割合が60%を越えるもの。

利用率100%以上の特化傾向は，利根川右岸農村でとくに著しく，1970年にはほとんどの耕地が蔬菜栽培に充てられるようになっていった。その結果，集中と特化の状況を示す蔬菜の販売金額1位農家と単一経営農家とは地域平均で90%に達した（表Ⅵ.2・3）。これに対して利根川左岸農村でも，1975年時点には蔬菜の販売金額1位の農家は地域平均で70%台，うち単一経営農家はほぼ90%に達している。このことから利根川右岸農村ほどの濃密産地ではないが，およそこれに準ずる特化傾向と地域的集中を確立したといえる。

　ここで利根川左岸の濃密蔬菜産地の外縁部に展開する大間々扇状地農村の農業動向をみると，扇央部（東，赤堀，藪塚本町）では1960年代前半までの米（陸稲）麦＋養蚕型の複合経営から，養蚕，養畜，蔬菜栽培のいずれかに専門化する傾向が強まり，同じく扇端部の新田町から境町采女地区でも米＋養蚕型の複合経営から米＋養蚕型と米＋蔬菜型への分化とともに蔬菜の専業農家が増大した。扇央部，扇端部ともに兼業化や施設園芸の普及に伴う余剰耕地の発生分が，養蚕農家の規模拡大と専門化を促す一因となった。

第Ⅵ章　上武蔬菜園芸地帯の地帯形成と産地市場の二極展開

表Ⅵ.3　群馬境中央市場圏における蔬菜販売額1位農家と単一経営農家の割合

		1975年				1980年			
		施設園芸農家(A)		露地蔬菜農家(B)		施設園芸農家(A)		露地蔬菜農家(B)	
		1位農家率	(うち単一経営)	1位農家率	(うち単一経営)	1位農家率	(うち単一経営)	1位農家率	(うち単一経営)
		%	%	%	%	%	%	%	%
沖積平野	境町島地区	1	(100)	86	(97)	―	(―)	90	(96)
	世良田地区	8	(80)	62	(94)	6	(15)	73	(85)
	尾島町尾島地区	1	(89)	88	(95)	1	(30)	92	(90)
	世良田地区	3	(50)	59	(70)	2	(0)	71	(64)
	境町剛志地区	22	(68)	50	(86)	20	(7)	65	(65)
洪積台地	采女地区	5	(42)	13	(56)	6	(23)	29	(15)
	新田町綿打地区	14	(57)	13	(77)	16	(11)	15	(53)
	生品地区	5	(28)	11	(91)	8	(6)	9	(3)
	木崎地区	4	(81)	12	(56)	6	(25)	20	(0)
	東　　　村	11	(70)	11	(71)	17	(43)	10	(4)
	赤　堀　村	7	(63)	28	(76)	15	(16)	22	(47)
	藪塚本町	3	(88)	50	(94)	17	(18)	32	(61)

注1）農林業センサスによる。
　2）1位農家率とは農産物販売農家総数で(A)および(B)を除したもの。
　3）単一経営とは農家の販売総額に占める施設園芸または露地蔬菜の販売額の割合が60％（1975年）または80％（1980年）を越えるもの。

　一方，利根川右岸の濃密蔬菜産地の外縁部に展開する寄居扇状地北半部においても，1960年代の前半に米（陸稲）麦＋養蚕型の経営から養蚕と蔬菜栽培への分化が進んだが，冬作が可能な洪積台地のため，養蚕と蔬菜栽培を組み合わせた複合経営もかなり見受けられ，大間々扇状地農村との相違点の一つになっていた。なお，扇状地南半部すなわち扇頂部から扇央部にかけては，養蚕，植木，花卉，酪農に細分化され，特定部門の地域的な集積は見られなかった。

2．蔬菜産地の作物編成

　蔬菜栽培農家の増加や専作化傾向の強まりは，生産物の量的拡大とともに経営上の質的変化とくに周年生産体制の確立を促した。かつて冬蔬菜がつくられることはほとんどなかった軽鬆土の台地農村に，加温施設による果菜類

の生産が普及し，同じくかつて桑園間作を主体とした利根川沖積地帯の農村には，ごぼう・ねぎ・ほうれんそう・やまといもなどの平畑栽培が普遍的に見られるようになった。その結果，土地条件に適応した各地各様の作物編成が成立した。

この頃（1980年代初期）の上武蔬菜園芸地帯における作物編成を見ると，利根川右岸地帯では，境―伊勢崎県道以西が「春秋穫りきゅうり・夏秋穫りごぼう・秋冬穫りやまといも＋冬穫りほうれんそう・冬穫りねぎ」を適宜組み合わせた輪作を採用し，県道以東が「秋冬穫りきゅうり＋冬穫りねぎ」を採用している。東部の妻沼地区では「トンネル仕立ての春穫りこかぶ・夏穫りにんじん＋冬穫りねぎ」の組み合わせ，もしくは「夏穫りねぎ＋冬穫りほうれんそう」を組み合わせた作型をとっている。さらに寄居扇状地の北部では，「キャベツ・ブロッコリー・スイートコーン（各々夏秋穫り）」を組み合わせた作型が普及していた。全般的には，今日（2011）の状況と本質的な相違点は見られないが，昨今，蔬菜農家の高齢化を反映して，労働力配分上のメリットを生かしたねぎの作付率の上昇傾向が目立っている。上武産地市場関係者によると利根川右岸沖積低地帯のねぎの作付状況は，全耕地の50～60％に達しているという。

利根川左岸農村では，「トンネル利用の春穫りだいこん＋夏秋穫りごぼう＋冬穫りほうれんそう」，「トンネル利用の春穫りだいこん＋夏秋穫りごぼう＋冬穫りねぎ」，「1年1作のやまといも」，「トンネル利用の春穫りだいこん＋冬穫りほうれんそう」の4類型が普及し，個別農家の経営事情に応じて1ないし複数の類型がそれぞれ導入されていた。一方，大間々扇状地の扇央部では「施設利用の夏穫り小玉すいか＋秋穫りだいこん」の作型を中心に「トンネル利用の夏穫りハニーバンダム＋秋穫りだいこん」，「トンネル利用の夏穫りハニーバンダム＋施設利用のきゅうり・トマト」，「春播き秋穫りごぼう」などが一般に普及していた。また扇端部では「夏穫りえだまめ＋冬穫りほうれんそう」がめだち，この他に冬作として「施設利用のなす・きゅうり」（新田町）が主な作物編成となっていた。

農業労働力の老齢化や一部連作障害の発生で，作物編成にも変化が生じて

いる。以下，蔬菜栽培を作物別，重要度別に見直すと下記のようになる。
1977（昭和52）年の農業基本調査によれば，利根川左岸・境町の場合，米を除く農産物の収穫面積は，ほうれんそう（276ha）・ねぎ（117ha）がとくに多く，所得面で重要度の高い施設園芸では，なす・きゅうり・トマトが並ぶ。1988（昭和63）年度では，粗生産額上位3品はほうれんそう・ごぼう・ねぎの順になり，このほかえだまめ・きゅうり・やまといも・にら・なす・トマトと続く。さらに1993（平成5）年度では町の粗生産総額には変動はないが，ごぼうを別格にほうれんそう・ねぎ・きゅうり・にら・えだまめ・なす・トマト等が上位を占めた（境町史歴史編下）。つまり利根川左岸の中核的産地では，1990年代以降今日（2011）にかけて，作付規模を高めてきた露地物のほうれんそう・ねぎを中心にして，これに施設物の果菜類が続く編成が見られた。反面，1990年代初頭に粗生産額第1位を占めていたごぼうの退潮ムードが目につく。境町に東接する尾島町では，沖積低地帯にねぎ・やまといもの栽培が盛んである。いずれにしても，かなり多品目に及ぶ作物編成であることが，上武蔬菜園芸地帯の特色として指摘できる。同時に露地栽培は土地所有上の大規模農家に，また施設栽培は中小規模農家に主として採用されていることも併せて指摘しておきたい。

　大間々扇状地の扇央部農村・藪塚本町では，第二次大戦後，自給的性格が強くかつ気象災害を受けやすい主雑穀栽培と結合して，耐乾性と換金性に優れたかんしょ・露地すいか・だいこんの導入が進み，1960年代後半から次第に両者の作付規模を入れ替えながら，作況不安定な乏水台地の農業に重要な役割を果たすようになっていった。しかし前作のすいかと後作のだいこんにかんしょを適宜組み合わせた新作付体系・輪作体系も，1967年の大雹害でもろくも崩壊し，代わって小玉すいかのビニール栽培が急速に普及する。無加温形式のすいかの促成栽培＋後作きゅうり（ほうれんそう）の抑制栽培の結合であり，露地すいか＋だいこん栽培とともに，1990年代までの扇央部農村を支配する新作付体系の成立であった（新井鎮久2011）。扇央部農村の作付体系は，2000年頃になるとさらに部分的な改良が進み，ほうれんそうの周年6作の施設栽培とごぼう生産が主導的な展開を示すようになる。この間，扇端部

の新田町では果菜・ブロッコリー・ねぎ等が,また扇央部西域の東,赤堀両村では施設物の果菜一般が,商品作物としての地位を確立していった。

第二節　産地市場の展開過程

1. 利根川右岸農村市場の場合

このことについては,すでに第Ⅴ章の第二節1項および第三節1項で詳述した。よって本項では,最も特徴的と思われる次の二つの事項の指摘にとどめたい。

1)過小農の集積という地域の特殊事情や養蚕不況を背景にして,戦後急速に発展した蔬菜生産は,産地仲買業者いわゆる零細な振り売り業者や積雪寒冷地への「山出し」あるいは「東京送り」業者の活動,ならびにほぼ旧村単位に成立した産地市場群の発展と相互に補完し合って,本邦屈指の濃密産地を形成することになった。2)わけても利根川右岸沖積地帯と洪積台地縁辺部に成立した多くの産地市場は,東京市場をはじめ近県各地から多くの仲買人を引きつけ,活発な引き合いを通じて初期段階の産地形成に重要な役割を果たし,その後の埼玉県北部蔬菜産地確立の基盤を固めることになった。

2. 利根川左岸農村市場の場合

戦後における利根川左岸の青果物市場のうち,伊勢崎,境,尾島等の消費市場では一般に売り場面積が70〜100㎡,大きくても300㎡ほどの小規模市場の乱立傾向がみられたが,1960年代の高度成長経済の展開に伴う消費規模の大型化や生産量の増大が流通機構の再編成を促した結果,次第に1市町村1市場に整理統合されていった。

他方,洪積台地上の産地市場は,すいか・かぼちゃ・メロンなどの量産果菜類を夏季の収穫期に集中的に集荷するため,面積が大きく,かつ季節市場的性格を持つ市場が一般的であった。これら台地上の季節市場は,第二次大戦後の青果物配給統制規則の解除を待って,赤堀,東,藪塚本町,境町采女・剛志地区にそれぞれ簇生したが,赤堀村の赤南食品市場と同東部食品市

場を除き，いずれも1960年代前半までに自然淘汰されてしまった。季節市場の衰退要因は，産地規模の拡大にともない，出荷方法が地元市場出荷から出荷組合による東京市場への共同貨車出荷に切り替えられたことによるところが大きい。

こうした近隣都市の消費市場や洪積台地上の季節市場の動向に対して，蔬菜の中核産地の一角を占める境町でも市場の再編成が進んだ。境町における青果物市場の立地は，在方町の地域的性格を反映して，戦後，駅前通りの中間点における2消費地市場の設立にはじまる。2市場並立期間はおよそ10年間近く継続するが，1956（昭和31）年2月，養蚕不況と蔬菜栽培の普及を背景にして設立された，農業協同組合境町中央青果市場（出資金130万円，組合員980名）の影響を受けて間もなく衰退に向かう。

1967（昭和42）年3月，上記市場は任意組合に改組され，さらに翌1968年4月には株式会社に改組されて，ここに仲買業者を加えた近代的産地市場の成立をみることになる。これと前後して，農業協同組合境町中央青果市場は，近隣の境町消費市場と赤城青果生産市場（采女地区東新井）を経営困難に追い込み，さらに1972（昭和47）年8月には群馬青果生産市場（資本金1,300万円）を合併して，ついに資本金7,300万円，売り場面積5,700㎡，年間取扱高34億円を擁する群馬境中央市場として，利根川左岸沖積地域から大間々扇状地にかけてこれを支配する唯一の産地市場となり，安定した地位を確立することになる（群馬境中央市場1977）。1970年代に入ると，洪積台地上の赤南食品市場と東部食品市場の2市場ともに，前橋・伊勢崎消費市場，群馬境中央市場への小型貨物自動車による個別出荷体制の確立と農協の集荷機能の強化につれて，急速に衰微してしまった。

第三節　上武生産市場と群馬境中央市場の集荷圏と組織率

産地市場への出荷は一般に生産者によって組織された出荷組合を母体にして行われる。組織的出荷形式をとることは，生産者にとっては出荷奨励金（1％）を受け取るために必要な手続きであり，市場にとっては出荷者の確保

であり，産地支配の強化を図る有力手段だからである。ただし実際には，組合員各自が個別に自由出荷し，組織的出荷はとくに行われていない。それにしても両産地市場の出荷農家に対する形式的組織率は極めて高く，出荷者のほとんどを把握しているという。そこで各集落の出荷組合規模とその分布状況（図VI.1）を「市場の集荷圏とその組織率」とみなして，以下のような考察を試みた。

それによると群馬境中央市場の集荷圏は，利根川左岸の沖積地域（境町，尾島町）を中心に，大間々扇状地中央部の東，赤堀各村と扇端部の新田町にかけて，およそ7～10kmの幅で展開し，利根川左岸から洪積台地に広がる産地をほぼ掌握している。しかし市場からの距離に比例して出荷組合数は減少し，組合規模も小型化していく。なお，主力商品は，ねぎ・なす・ほうれんそう・ごぼう等であり，集荷総量は，このところ横ばい状態が続いている（群馬境中央市場　塩谷専務）というが，生産農家の見解とは若干の齟齬が感じられる。

上武生産市場の集荷圏は，市場の立地する深谷市中瀬地区，八基地区，新

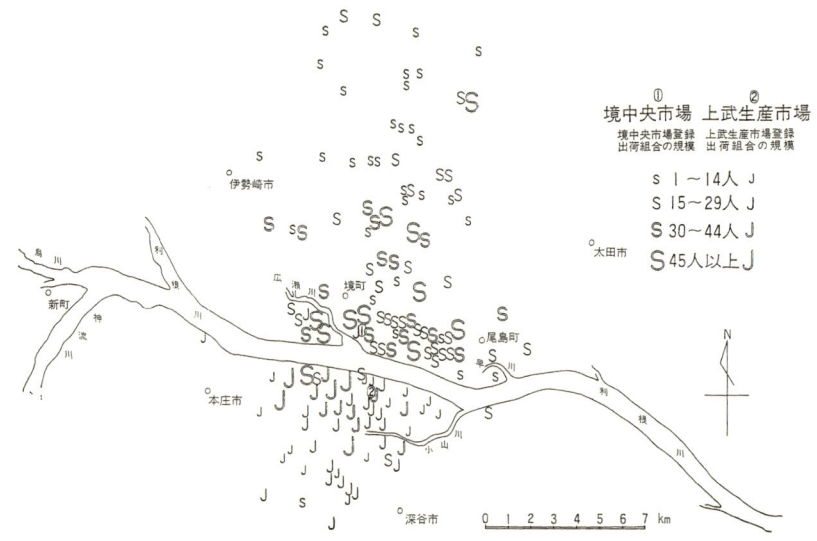

図VI.1　群馬境中央市場と上武生産市場の集荷圏 (1980年)
（境中央市場および上武生産市場資料により作成）

第Ⅵ章　上武蔬菜園芸地帯の地帯形成と産地市場の二極展開

会地区および本庄市藤田地区から，ほぼ半円状に寄居扇状地の一部にかけて広がり，これまた埼玉県北部の蔬菜産地をほぼ取り込んでいる。ただし群馬境中央市場に比べると空間的広がりで約3分の1，生産農家の組織率でおよそ3分の2程度である。それにもかかわらず，両市場の集荷量がほぼ等しい（1972年および1979年の場合その差は2％であった）ということは，上武生産市場の集荷圏内が極めて濃密な蔬菜産地であることのほかに，同市場の集荷力の相対的な高さを示すものである。たとえば群馬境中央市場の集荷圏内に分布する境，尾島両町では，主要生産物の70〜80％を農協が掌握（1984年）しているが，上武生産市場の集荷圏内の中瀬，八基，新会地区等ではやまといも・きゅうり・ごぼう（各80％）等の一部品目を除いて，市場の産地支配力が優位にある。

　利根川右岸一帯から寄居扇状地の北半部を集荷圏とする上武生産市場の取扱品目は，1971年度の29品目から1973年度の32品目に増加するが，その後は若干減少し，28〜29品目の状態が1979年度まで継続する。したがって，同市場の取扱品目数は群馬境中央市場の約4分の3程度ということになる。さらに群馬境中央市場の取扱量を明らかに上回る品目は，にんじん，こかぶ・なす・キャベツ・レタス等のどちらかといえば沖積低地産の蔬菜が主体であり，洪積台地産の作物はほとんど含まれていない。このことは大間々扇状地の農村では，施設利用によるトマト・きゅうり・にら・小玉すいか，半促成のハニーバンタム・かぼちゃ等の特産物栽培が盛んに行われているのに対し，寄居扇状地の北半部では，沖積地域とほぼ同様の作物（ねぎ・きゅうり・ブロッコリー）が栽培され，顕著な特産物を産出していないためである。

　一方，利根川左岸一帯から大間々扇状地中央部にかけての範囲を集荷圏とする群馬境中央市場の取扱品目は，1972年度の27品目から急速に増加し，1975年度には44品目となる。しかし，その後は品数的には落ち着きを示し，37〜39品目の年度が1980年度まで継続する。取扱品目では対岸の上武生産市場と同じく，ねぎ・ほうれんそう・やまといも・にんじん・こかぶ・きゅうり・なす・キャベツ・だいこん・はくさい等が量的基幹品目となっている。これに前述したような主として洪積台地産の特産品目が加わり，利根川右岸

地域から多くの仲買商人の参入をみることになるわけである。ちなみに現今(2011)の主力商品は, ねぎ・ほうれんそう・なす・ごぼう等である。

ここで取扱量の月別分布状況（図Ⅵ.2）をみると, 上武生産市場の場合は春秋のピークに次いで冬物が多く, 7～9月のいわゆる夏物が極度に少ないという不均衡が目立つが, 群馬境中央市場では9月の取扱量がやや少ないこと以外は, 比較的平均した集荷状況を示している。たとえば春物では, 施設栽培のなす・きゅうり・トマト, 半促成栽培のにんじん・こかぶ・だいこん, 秋物ではさといも・ブロッコリー・カリフラワー・やまといも・なす, 施設栽培のきゅうり・にら, 冬物ではねぎ・はくさい・ほうれんそう・こまつな等が大量に出荷され, 夏物についても沖積地域の全域にわたって栽培される夏穫りごぼう（写真Ⅵ.1）をはじめ, なす・やまといも・ハニーバンダム・かぼちゃ・小玉すいか等が量的にもまとまって入荷する。

ちなみに, 群馬境中央市場における1979年度の年間取扱量を四季別に区分けしてみると, 春物が全体の27%, 夏物が23%, 秋物が21%, 冬物が29%となり, いずれも20%台にあってバラツキの少なさを物語っている。これに反して, 上武生産市場の四季別取扱量の割合は春物が41%, 夏物が19%, 秋物が11%, 冬物が29%とかなりのバラツキを示しており, なかでも夏から秋にかけての3か月間（8～10月）は8%という低調な入荷である。理由につい

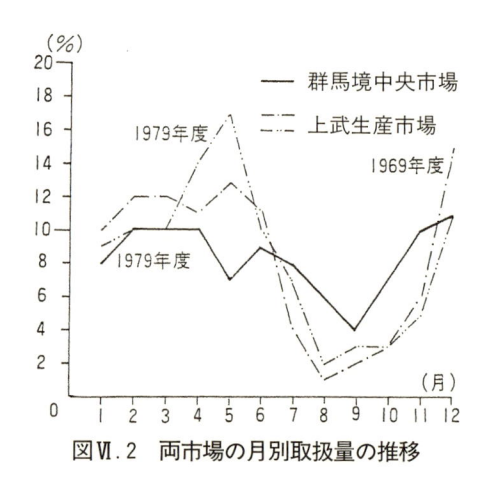

図Ⅵ.2　両市場の月別取扱量の推移

第Ⅵ章　上武蔬菜園芸地帯の地帯形成と産地市場の二極展開

写真Ⅵ.1　利根・広瀬川沖積低地帯のごぼう・ほうれんそうのトンネル栽培
(2011.12)

てはすでに述べたように，沖積低地産のごぼうと洪積台地の特産品を欠くためである。なお付言するならば，2011年現在，群馬境中央市場におけるその後の月別・年間取扱量の推移には，特段の状況変化は見られないという（群馬境中央市場塩谷専務）。

第四節　産地流通業者の二極展開

1．産地仲買人の分布と動向

　利根川右岸農村に立地する産地市場のうち，最大の市場規模と集荷力を有するのが上武生産市場である（写真Ⅵ.2）。以下，上武生産市場を中心に，市場登録仲買人の分布と動向について，一部重複を含めた考察を試みる。
　上武生産市場に登録する仲買人は，高度経済成長期の蔬菜需要の増加と，養蚕経営の衰退を背景とする蔬菜生産の急速な拡大と連動しながら増加の一途をたどった。もちろん産地形成と密接なかかわりを持つ仲買人のすべてが，

写真Ⅵ.2 「深谷ねぎ」の糶（せり）風景。上武生産市場 (2012.1)

市場買参人として登録されていたわけではない。たとえば1960年10月時点の八基地区には，ねぎ商10名，やまといも商21名，「山出し」4名の計35名が営業していたが，この頃（1961）の上武生産市場への登録業者は18名にすぎなかった。このことは利根川右岸農村では，仲買人の層が市場買参人登録に記載された数値よりずっと厚く，市場買参型，農家直取引型，自家生産物移出型，上記諸類型の混合型等に多様化していたことを示すものである。

　市場買参人の増加とともに買参人の分布範囲も拡大し，1960年代の中頃には，伝統的かつ中枢的蔬菜産地である中瀬，八基，新会の3地区を中心に，埼玉県の中・北部と群馬県のほぼ全域に及んでいった。しかし，その後の蔬菜栽培地域の拡大と，蔬菜専業農家の増加にともなう市場出荷量の増大にもかかわらず，近年，買参人の減少が続き，1980（昭和55）年には最盛期の半分以下にまで落ち込んでしまった（表Ⅴ.14参照）。買参人の減少は，輸送単位と市場出荷荷口の大型化にともなう零細仲買人や小売商の脱落によって惹き起こされた。また，遠方買参人の撤退については，中央卸売市場の建値市

第Ⅵ章　上武蔬菜園芸地帯の地帯形成と産地市場の二極展開

場化と転送荷体系の確立による価格の平準化，ならびに蔬菜産地の拡散が考えられる。

　買参人たちと産地市場の結合関係はきわめて複雑で，これを上武生産・中瀬青果両産地市場の後背地域に分布する仲買人に限ってみると，1市場登録(13業者)，2市場登録(25業者)，3市場登録(12業者)とに分散し，さらに56業者中の41業者(73％)が利根川左岸の群馬境中央市場に登録している(表Ⅵ.4)。なお，最近の買参仲買人と市場の結びつき(登録)は割合に固定的であるが，実際の買参面では若干の流動性がみられ，主たる買参市場が年度によって交替することもある。

　一方，群馬境中央市場の後背地域に居住し，同市場に登録する仲買業者も，大局的には上武生産・中瀬青果両市場後背地域の業者と同じく，穀菽栽培や

表Ⅵ.4　上武生産・中瀬青果両市場後背地域における買参人の登録産地市場

業者所在地		登録市場			業者所在地		登録市場			業者所在地		登録市場		
		上武	中瀬	境			上武	中瀬	境			上武	中瀬	境
深谷市	(No.)					(No.)					(No.)			
八基地区	1	○	○	○		11		○	○		2			○
	2	○	○	○		12		○	○		3	○		○
	3	○		○		13	○		○	藤沢地区	1		○	○
	4	○		○		14					2			○
	5	○		○		15				本庄市	1	○		○
	6	○				16					2			○
	7		○			17					3			○
	8		○		新会地区	1	○		○	妻沼町	1	○	○	○
	9	○				2	○		○		2			○
中瀬地区	1	○	○	○		3	○		○		3			○
	2	○		○		4	○		○		4			○
	3	○		○		5					5			○
	4	○		○	明戸地区	1	○		○		6			○
	5	○		○		2	○		○		7			○
	6	○		○						小川町	1			○
	7	○		○	大寄地区	1	○		○	秩父市	1			○
	8	○		○		2	○		○		2			○
	9	○	○	○		3	○		○	尾島町(前小屋)	1			○
	10	○	○	○	深谷地区	1	○		○					

上武生産(1980年)・中瀬(1980年)・境中央(1979年)市場資料による。

養蚕経営の衰退に伴う蔬菜生産の拡大とともに増加し，その後，輸送単位や出荷荷口の大型化，零細業者や小売商の脱落等で減少に向かう。具体的には市場と必ずしも結合しない移出業者，たとえば自家生産物を主体にして，積雪寒冷地に仕向ける生産者兼移出業者は，境町剛志地区の少数農家以外にはみられず，多くは小売兼業型の移出商（仲買人）であった。また農家直取引型の仲買業者も，利根川右岸の2市場後背地域に比較すると著しく少ない，という特徴をもっていた。加えて業者の分布範囲もほぼ群馬県一円にわたり，利根川右岸の2市場後背地域の業者が，利根川低地帯の濃密蔬菜産地に集中的に分布する状況と対照的であった。

1979年現在，群馬境中央市場に登録する買参人44業者中，市場後背地域に居住する業者は43業者を占めている。これら43業者中利根川対岸の上武生産・中瀬青果両市場のいずれかに同時登録する買参人は14業者（32％）にすぎず，残り3分の2に相当する買参人はすべて群馬境中央市場を唯一の登録市場としている（表Ⅵ.5）。このことは，上武生産・中瀬青果両市場後背地域に住んでいて，両市場またはそのうちの1市場に登録し，かつ利根川左岸の群馬境中央市場にも依存している業者が3分の2に達することをからめて考え合わせると，上武蔬菜園芸地帯における産地市場買参人の動向は，すでに明らかにしてきたように，利根川両岸産地市場の性格ならびにその基礎となる産地の性格を色濃く反映したものであるということがいえる。

2．買参人の営業類型と産地市場の性格およびその背景

上武生産市場（1980年度）と群馬境中央市場（1979年度）を実際に利用した買参人の営業類型は，上武生産市場の場合が，小売商2名，仲買人40名の計42名出，小売商兼仲買人は存在せず，明らかに蔬菜の移出商（仲買人）を主体にした純度の高い産地市場の性格を示している（表Ⅵ.6）。仲買人の分布先は中瀬，八基，新会の核心的蔬菜産地を中心に，埼玉県北部で31名（76％），群馬県内で10名（24％）を占めている（図Ⅵ.3）。

これに対して，群馬境中央市場では買参人88名中仲買人が63名（72％）を占め，うち埼玉県在住者が38名（60％），群馬境中央市場の集荷圏在住者が18

第VI章　上武蔬菜園芸地帯の地帯形成と産地市場の二極展開

表VI.5　群馬境中央市場後背地域における買参人の登録産地市場

業者所在地	登録市場 上武	中瀬	境	業者所在地	登録市場 上武	中瀬	境	業者所在地	登録市場 上武	中瀬	境
(No.)				(No.)				(No.)			
境町境地区　1	○		○	尾島町尾島地区　1	○	○	○	高　崎　市　1	○		○
2		○	○	2	○	○	○	2	○		○
3			○	3			○	3			○
4			○	4			○	渋　川　市　1	○		○
5			○	5		○	○	藤　岡　市　1			○
6			○	世良田地区　1	○		○				
7			○	2			○				
8			○	東　　　村　1	○		○				
9			○	新　田　町　1			○				
10			○	藪　塚　町　1			○				
11			○	大 間 々 町　1			○				
12			○	伊 勢 崎 市　1	○		○				
世良田地区　1		○	○	2			○				
2		○	○	3			○				
3		○	○	勢多・東村　1			○				
4			○	玉　村　町　1			○				
5			○	2			○				
島　地　区　1			○	3			○				
剛志地区　1	○	○	○	前　橋　市　1			○				

上武生産(1980年)・中瀬(1980年)・群馬境中央(1979年)市場資料による。

名（29％），残りは群馬県内の各地に散在している。小売商は境町の7名をはじめ，群馬県内の主要都市から19名が買参している。小売商兼仲買人は群馬県内3名，埼玉県内3名がそれぞれ買参している。

　以上のことから両市場の性格を描出すると，上武生産市場については，純度の高い産地市場であること，仲買人も大半は地元の核心的蔬菜産地ないし近隣町村の在住者からなっていることの2点を指摘できる。群馬境中央市場については，小売商（兼仲買人）を多く含み，中間市場的な性格を併せ持っていること，埼玉県側から多数の仲買人の参入が見られ，市場も彼らに依存するところが大きい等の点を挙げることができる。

　結局，群馬境中央市場が沖積低地から洪積台地にわたる広範な集荷圏を有し，取扱品目が多種類に及ぶことが，多品目の詰め合わせ出荷を特徴とする

表Ⅵ.6　産地市場における買参人の営業類型と分布地域

		上武生産市場(1980年)				群馬境中央市場(1979年)			
		小売	小売仲買	仲買	合計	小売	小売仲買	仲買	合計
埼玉	深　谷　市(八　基)	−	−	8	8	−	−	8	8
	（中　瀬）	−	−	9	9	−	1	11	12
	（新　会）	−	−	4	4	−	−	4	4
	（明　戸）	−	−	−	−	−	−	1	1
	（大　寄）	−	−	2	2	−	−	2	2
	（藤　沢）	−	−	1	1	−	1	1	2
	（深　谷）	−	−	1	1	−	1	4	5
	妻　沼　町(男　沼)	−	−	3	3	−	−	3	3
	（　秦　）	−	−	−	−	−	−	2	2
	本　庄　市	−	−	2	2	−	−	1	1
	秩　父　市	−	−	1	1	−	−	1	1
	比企郡小川町	1	−	−	1	−	−	−	−
群馬	佐渡郡境町(　境　)	−	−	1	1	7	2	2	11
	（采　女）	−	−	−	−	−	−	2	2
	（　島　）	−	−	−	−	−	−	1	1
	（剛　志）	−	−	1	1	−	−	1	1
	（世良田）	−	−	−	−	1	−	4	5
	東　　村	−	−	1	1	−	−	1	1
	玉　村　町	−	−	−	−	1	−	2	3
	伊勢崎市(伊勢崎)	1	−	−	1	1	−	−	1
	（豊　受）	−	−	−	−	1	−	−	1
	新田郡尾島町(尾　島)	−	−	2	2	3	−	4	7
	（世良田）	−	−	1	1	−	−	2	2
	新　田　町	−	−	−	−	−	−	1	1
	藪塚本町	−	−	−	−	−	−	1	1
	山田郡大間々町	−	−	−	−	1	−	−	1
	勢多郡東村	−	−	−	−	1	−	−	1
	前　橋　市	−	−	−	−	2	−	−	2
	高　崎　市	−	−	2	2	1	−	2	3
	藤　岡　市	−	−	−	−	−	1	−	1
	渋　川　市	−	−	1	1	−	−	1	1
新潟	小　千　谷　市	−	−	−	−	−	−	1	1
	合　　　計	2	−	40	42	19	6	63	88

上武生産市場・群馬境中央市場資料より作成。

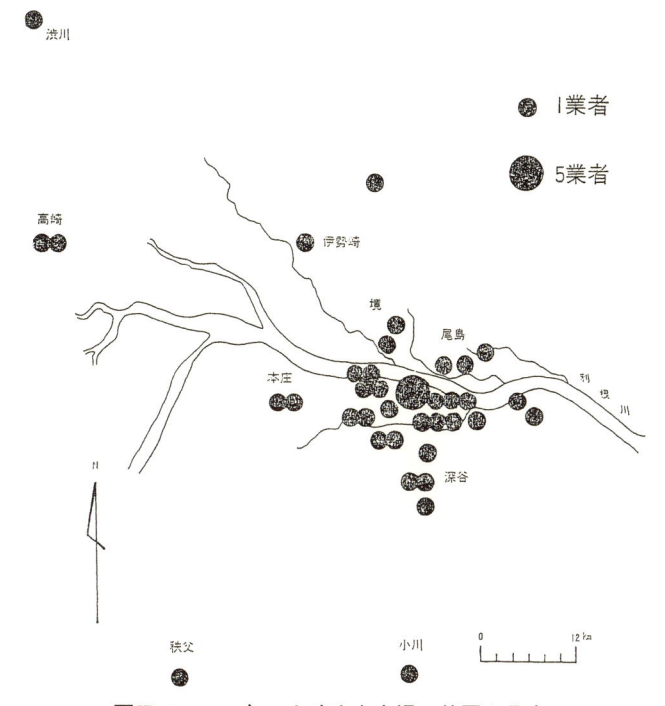

第Ⅵ章　上武蔬菜園芸地帯の地帯形成と産地市場の二極展開

図Ⅵ.3　1981年の上武生産市場の仲買人分布

仲買人の経営的要請に適合し，結果的に利根川右岸から仲買人の参入を招いているといえる。また利根川右岸農村に比較すると，左岸農村では水稲・養蚕・畜産等との複合経営的な蔬菜農家が多く，彼等の出荷単位が概して小規模であったことが小売商，小売商兼仲買人，小規模仲買人等の参入しやすい状況を創出していたことも，当時の市場の性格を規定するうえで重要なファクターとなっていた。

　一方，上武生産市場では極度に産地市場化が徹底していた。これは集荷圏内の農村のうちとくに利根川右岸農村の農家がこぞって蔬菜生産に特化し，2〜3年輪作体系の下で特定品目の量産体制を確立したために荷口の大型化が著しく進行したことによる。当然，荷口の大型化は小売商や小規模仲買人の脱落を促し，反面，大手仲買人との結合を強め，純度の高い産地市場の成立をみたわけである。加えて量産化―荷口の大型化―は蔬菜専業農家を規格

規制の厳しい農協出荷から排除し，産地市場出荷に振り向けることになった。このことも純度の高い産地市場の成立要因のひとつとみることができる。

以上述べたような両市場の異なる性格の一端は，買参人の仕入れ高別分類（表Ⅵ.7・8）にも如実に表れている。1979年の場合をみると，群馬境中央市場では5,000万円以上の仕入れをした業者は22名（30%），500万円未満の仕入

表Ⅵ.7　群馬境中央市場における買参人仕入高別分類

仕入高 \ 年度	1969年度		1979年度	
		%		%
50万円未満	24	(34)	11	(15)
50～　100万円未満	4	(6)	1	(1)
100～　500万円未満	23	(32)	9	(12)
500～1,000万円未満	5	(7)	8	(11)
1,000～2,000万円未満	7	(10)	9	(12)
2,500～5,000万円未満	3	(4)	13	(18)
5,000～　1億円未満	4	(6)	13	(18)
1億～　5億円未満	−	(−)	8	(11)
5億円以上	1	(1)	1	(1)
計	71	(100)	73	(100)

群馬境中央市場資料より作成。

表Ⅵ.8　上武生産市場における買参人の仕入高別分類

仕入高 \ 年度	1960年度		1965年度		1970年度		1975年度		1979年度	
		%		%		%		%		%
50万円未満	5	(17)	2	(7)	4	(12)	1	(3)	−	(−)
50～　100万円未満	1	(3)	−	(−)	2	(6)	1	(3)	−	(−)
100～　100万円未満	12	(41)	3	(10)	3	(9)	−	(−)	1	(4)
500～1,000万円未満	9	(31)	4	(14)	3	(9)	3	(10)	2	(7)
1,000～2,500万円未満	2	(7)	14	(48)	3	(9)	5	(17)	3	(11)
2,500～5,000万円未満	−	(−)	6	(21)	12	(36)	4	(13)	2	(7)
5,000～　1億円未満	−	(−)	−	(−)	5	(15)	8	(27)	9	(32)
1億～　5億円未満	−	(−)	−	(−)	1	(3)	8	(27)	11	(39)
5億円以上	−	(−)	−	(−)	−	(−)	−	(−)	−	(−)
計	29	(100)	29	(100)	33	(100)	30	(100)	28	(100)

上武生産市場資料による。

れ業者は21名（28%）であったが，上武生産市場ではそれぞれ20業者（71%）と１業者であった。しかも利根川右岸農村に居住し，上武生産市場を主たる登録市場としながら，同時に群馬境中央市場へも随時参入する業者の仕入れ高はさらに上昇することが考えられる。

　いずれにせよ，複数の産地市場が立地する利根川右岸農村に在って，上武生産市場が，独占的かつ広域集荷圏を擁する左岸の群馬境中央市場に匹敵する集荷実績を挙げていることは，濃密蔬菜産地を基盤にしていることを抜きにしては考えられないことである。

文献および資料
新井鎮久（2011）：『自然環境と農業・農民』古今書院．
群馬境中央市場（1977）：『市場20年の歩み』．
境町史編纂委員会（1977）：『境町史　歴史編下』．
新田町史編纂委員会（1991）：『新田町史　通史編』．

第Ⅶ章

上武蔬菜園芸地帯の生産・流通環境の変化と産地仲買人

第一節　関東北西部の蔬菜産地と産地市場

　関東北西部蔬菜産地のうち，埼玉県の蔬菜産地を国の「指定産地」に基づいて整理すると15種別24産地にまとめられるが，主要な産地は県南西部の川越，狭山，所沢，新座を結ぶ圏内と県北部の深谷，本庄，妻沼周辺とに2分される。

　前者はごぼう・にんじん等の根菜類の伝統的産地であったが，その後，すいか・メロンを経て，近年はほうれんそう・ちんげんさい等の葉菜類とこかぶの生産が目立ってきた。理由は農家労働力の高年齢化に伴う軽量蔬菜の選好によるものである。発生的には輸送園芸地域と近郊蔬菜園芸地域の両面を持つ産地である。産地市場のうち別格最大の取扱高と集荷圏を擁する上福岡青果市場の場合（表Ⅶ.1），1994年現在の出荷農家組合の分布は，川越市（137名），三芳町（60名），狭山市（38名），富士見市（9名），所沢市（16名），上福岡市（19名），大井町（44名）の合計23組合，323農家に達し，武蔵野台地西部一

表Ⅶ.1　埼玉県における青果物産地市場の概要（1993年）

市　場　名	開市時間	買　参　人	取扱数量（果実分）	市　場　類　型
山ヤ青果市場	13：00	6人	0.3(0)千トン	産地市場
上福岡青果市場	18：00	58	10.2(0.1)	産地市場
大井青果市場	18：00	26	2.8(0)	産地市場
深谷並木青果市場	13：00	92	17.7(2.2)	準産地市場
岡部青果市場	9：00	71	4.5(0.1)	準産地市場
上武生産市場	8：30	41	12.1(0)	産場市場
中瀬青果市場	8：30	27	8.4(0)	産場市場
妻沼青果市場	14：00	21	4.7(0)	準産場市場

市場類型は埼玉県市場流通課の分類による。
中瀬青果市場は4～6月に夕市を併催。
埼玉県食品流通課資料による。

帯に及ぶ集荷圏を形成している。

　近郊農村的性格の強い地域において，上福岡青果市場が業績を伸ばしてきた最大の理由は，1960年代以降の労働力不足で，東京出荷に限界を感じた蔬菜農家の多くが，地元産地市場出荷に切り替えたためである。東京，群馬，埼玉県北部等から買参する有力仲買業者の活発な引き合いによって創出される産地高の市況が，農家の去就に影響を与えたことも無視できない要因のひとつである（上福岡青果市場会長）。

　後者はねぎ・こまつな・ほうれんそう等の葉茎菜類の産地であったが，近年，大型施設を利用したきゅうりやブロッコリーの生産にも力を注いでいる。なかでも1990年代以降のねぎの作付率の上昇は顕著で，核心的産地・中瀬，八基，新会地区の場合，秋～冬作の過半数を占めるに至っている。卓越するねぎの作付動向は，肥培管理，収穫，出荷等の労働力配分面で極めて弾力的に対応できる点が，高年齢化の進行する蔬菜農家にとって，導入し易い作物の一つとして評価された結果である（写真Ⅶ.1）。生協による市場外流通の展開も産地蚕食率の高さとともに一瞥に値する状況である。

写真Ⅶ.1　深谷市八基地区のねぎ畑ときゅうりハウス (2012.1)

第Ⅶ章　上武蔬菜園芸地帯の生産・流通環境の変化と産地仲買人

　蔬菜産地の展開過程を反映して，青果物産地市場は，埼玉県南西部では昭和初期における零細産地市場の簇生期の流れをくむ浦和市，および武蔵野台地北部の土物生産地域を集荷圏とする上福岡市と入間郡大井町とに分布する。上福岡青果市場以外はいずれもきわめて小規模な市場であるが，買参人がほぼ産地仲買人によって占められていること，果実の取扱量が僅少であること等からみても，産地市場的性格は濃厚である。産地市場の性格は開市時刻にもみられ，戦前からの伝統を引き継いで，午後市場ないし夕市場型となっている（表Ⅶ.1参照）。

　一方，埼玉県北部には洪積台地（寄居扇状地）農村からの出荷を成立基盤とする深谷並木青果市場と岡部青果市場があり，また利根川右岸低地帯の濃密蔬菜産地に依拠する上武生産，中瀬青果，妻沼青果の各市場がある。これら5市場のうち，上武生産，中瀬青果以外の3市場はそれぞれ小売業者を買参人に含むところの準産地市場である。

　県北蔬菜産地では，第二次大戦前から多くの産地市場が成立し，競合関係の発生もしばしばみられた。この状況は今日まで継承され，消費市場を含めると深谷市域だけでも4市場の成立が認められる。こうした簇生傾向を反映して，各市場とも生き残りをかけて独自の開市時刻を採用した結果，表記（表Ⅶ.1）のような微妙な時間差が生じた。

　とりわけ中瀬青果市場では，出荷量の多くなる4〜6月にかけて午後3時からの夕市も並行させている。夕市の実施は上武生産市場でも採用されたが，中瀬青果市場と競合し，所定の効果が上がらないという理由で間もなく廃止された。簇生乱立傾向は，開市時刻の多様化にとどまらず，後述するように出荷量の減少に端を発する産地開拓，ないしは蚕食に近い生産者（出荷組織）の取り込みにも如実にあらわれてくる。

　一方，関東北西部蔬菜園芸地域のうち群馬県の蔬菜産地は，大間々扇状地の扇頂部笠懸町から藪塚本町を経て，扇端部の新田町にかけてのいわゆる藪塚面を中心とする地域と，扇状地西部の桐原面に展開する赤堀，東両村を含む地域にひとつのまとまりを持つ蔬菜産地が見られる。また境町から尾島町にかけての利根・広瀬沖積低地帯の肥沃土壌の分布地域にもひと続きの蔬菜

産地が形成されている。いずれも群馬境中央市場の集荷圏として括ることのできる総合的蔬菜産地である。このほか，邑楽台地・板倉低地帯にも成立初期段階のはくさい・すいか型の産地が，さらに今日ではきゅうりを主体にした果菜産地が成立している。農協の強い圧力の下で産地市場と仲買人は厳しい商戦を強いられている。

　これまでに述べたような諸地域を伝統的な産地とすれば，以下に指摘する地域は，キャベツ・レタスの嬬恋村を除いて，高度経済成長期以降の成立にかかる新興産地群である。新興産地群は 2 地域で成立発展をみた。前者は赤城南面の前橋市域に広がる露地物主体のはくさい・きゅうり・ほうれんそう等の産地であり，後者は利根郡一帯とくに昭和村の標高350～800mを中心とした夏場物のキャベツ・レタス・はくさい・トマト等を栽培する準高冷地～高冷地型の産地である。これらの新興産地では農協の支配力が若干卓越し，産地市場の成立も見られない。しかし仲買人の動向は活発で，生産物が差益商品的性格を濃厚にもつことから，昭和村のレタスの場合をみると約40％を業者が捌いている。

第二節　農家労働力の高年齢化と生産力の低下
―産地の課題その 1

1. 中島集落の農業的輪郭

　高度経済成長期の後半以降，関東内陸の農村地帯にも，工業団地の造成を契機に多くの企業が進出してきた。以来，上武蔬菜園芸地帯をはじめ，北関東蔬菜作農村全域において若年労働力の在村流出が進行し，農業後継者の不在にかかわる社会問題が急浮上してくる。産業間所得格差を背景にした農村若年労働力の流出問題は，まもなく世帯主基幹労働力の老齢化問題と連動合体し，農村社会の崩壊につながる地域課題となって表面化する。しかしながら，農業労働力の弱体化に伴う生産力の低下問題は，多くの識者の指摘に反して，具体的地域とりわけ蔬菜作農村の具体的問題として提起された事例は見られない。以下，この間隙を埋めるべく，利根川・広瀬川沖積低地帯の蔬

菜作農村・境町中島集落の実態について寸描を試みたい（表Ⅶ.2）。

境町中島集落は，1955（昭和30）年頃まで，自給用陸稲・甘藷・麦小麦圃場を除く総ての耕地が桑園一色の養蚕地帯であった。この集落に商業的蔬菜生産の一歩が印されたのは，第二次世界大戦当時，中島飛行機KKの社員寮賄い方への生鮮蔬菜の供給を嚆矢とする。以来，柿沼市太郎氏をはじめとする利根川左岸低地帯の蔬菜作草分け三軒は，先進地域の技術習得と相互研修を重ね，戦後の統制解除を待って，新潟市への「山出し」を開始する。おそらく左岸沖積低地帯の生産者兼務の仲買業者第1号であったと思われる。商業的蔬菜生産の開始時期，仲買業務の導入等からみて，調査地中島集落は，左岸沖積低地帯では蔬菜作農村として最も先進的な地域のひとつであったことが推定される。

中島集落の農業の現況をみると，ハウス栽培農家の場合は9戸中6戸が50a前後の小規模耕作者であり，春物はきゅうり・なす，秋物はきゅうりをそれぞれ栽培する。加温栽培農家も見られる（写真Ⅶ.2）。ハウス経営規模は平均的にみて20a前後である。ハウス経営の間隙に，平均30aほどの畑地を利

写真Ⅶ.2　境地区中島集落の加温ハウスの「なす苗」(2012.1)

用してごぼう・ほうれんそう・こまつな等の収穫と市場出荷が行われる。経営規模80a以上層の農家は露地栽培に集中することになる。5～8月はごぼう，10～11月はねぎ，10～4月はほうれんそうの収穫・出荷期である。出荷は慣れ親しんだ地元の群馬境中央市場にほぼ全量を持ち込む。9～10月にかけて休閑期を迎える。この時期にごぼう栽培農家は土壌消毒を実施することになる。

　ここで1910（平成22）年度農事組合名簿から中島集落の農家34戸の耕作面積をみると，最も規模の大きい農家は借地を含めて200a，最小規模農家は40aである。1農家当たりの平均耕作面積は87aである。この数値は，農地改革以前の平均的規模1ha強に比べると若干の減少気配が感じられる。加えて，平均耕作面積が近隣畑作集落に比べても若干少ないのは，戦後1947（昭和22）年のカスリーン台風による破堤溢流対策として堤塘改修，河川改修（耕地の河川敷編入），囲い堤の構築等の洪水対策が実施され，その際，一定面積の農地買収が行われた結果であり，さらに高度経済成長期以降，境町の市街地に接する一続きの耕地が，KK白十字と町営住宅の建設用地として，買収されたことなどによると考えられる。

2．農業労働力の高年齢化と農家の対応

　中島集落における農家労働力の概況は表Ⅶ.2に示すとおりである。労働人口年齢64歳未満の基幹労働力（世帯主）を擁する農家は12戸（35%）にすぎず，過半数はすでに老齢世帯ということになる。農業後継者が存在し，老父母を補助労働力として利用できる可能性を持つ2世帯農家は僅かに3戸だけであった。老齢世帯のうち，75歳以上の世帯主が基幹労働力として農家を支えているケースが10戸（約30%）もあり，農業離脱農家6戸の発生とともに，労働力事情の苛酷さを物語っている（写真Ⅶ.3）。農業後継者が存在せず，しかも老齢世帯主が基幹労働力としての能力を喪失した場合，選択肢は農業からの離脱しか残されていない。もちろん近い将来に後継者が就農する見込みがあれば，老世帯主は荒らしづくりや賃貸借農地の設定で，当面，農業の維持に努めることも考えられる。ただし集落内部の借地需要はきわめて微弱で

表Ⅶ.2 利根・広瀬川左岸低地帯における中島集落の農家経営

農家番号	世帯主(配偶者)年齢		農業後継者	耕作面積	施設面積	作付状況と農家異動
1	55	(54)	無	110 a	a	
2	63	—	無	70		
3	79	(77)	無	50		一部減・軽量化作物
4	77	(75)	無	90		一部減・軽量化作物
5	70	(68)	無	110		作付一部減少
6	81	(80)	無	0		(離農)
7	80	(78)	無	70		一部減・省力化作物
8	84	(82)	無	90		作付大幅減少
9	53	(52)	有	100	25	(世代交代)
10	72	(67)	無	100		旧状維持・借地含む
11	63	(64)	無	80	30	
12	49	(47)	有	130	40	施設イチゴ（借地）
13	73	(72)	無	60	15	施設半減
14	64	(62)	無	90		
15	71	(71)	無	70		旧状維持
16	75	—	無	90		
17	60	(59)	無	50	20	
18	61	—	無	50	20	
19	69	(67)	無	200		長女就農・借地含む
20	79	(77)	無	70		一部減・借地返上
21	62	(60)	無	110		
22	58	—	無	50	15	
23	79	(77)	無	130		半減・ごぼう休作
24	73	(73)	無	50		旧状維持
25	58	(57)	無	110		
26	死亡	—	無	0		(離農)
27	57	(56)	無	60	20	
28	70	(67)	無	40	20	旧状維持
29	58	(57)	有	90		(世代交代)
30	68	—	無	108		
31	90	—	無	0		(離農)
32	63	(61)	無	0		(離農)
33	88	—	無	0		(離農)
34	死亡	—	無	0		(離農)

平成22年度農事組合資料および現地聞き取り調査により作成。

期待は持てない。

　結局，農業から離脱し，廃業した家庭6戸のうち世帯主年齢が80歳以上に

写真Ⅶ.3　高齢（80歳）基幹労働力と「ほうれんそう」の出荷準備 (2012.1)

達した3戸は，すでに労働能力を喪失したか，もしくは近未来の後継者就農の道も閉ざされた農家とみることができる。また残り3戸中の2戸は，世帯主の基幹労働力が死去して生じた農業離脱農家であった。最後の1戸は公共用地としてまとまった農地を提供し，専業農家基盤を失ったことに起因する離農である。

　農業後継者を有する農家ならびに農業離脱農家を除く25戸の農家では，家督相続予定人のほとんどが一般企業に就職している。教員，団体職員，公務員等の本来的に定時間勤務体制型の職業に就いた人は，伊勢崎市役所の1名だけである。また家督相続予定人は，ほぼ例外なく父母の実家若しくはその屋敷内に新築した家に居住している。しかも彼等の多くが，定年退職後には家業を継ぐ意思があることに絡めて考えると，その実現も比較的容易な状況にあるといえる。また近隣10km四方に工業団地群が展開し，平均通勤時間が30分内外で職場と往復できることも，勤務終了後や休日に補助労働力として農業に従事するうえで容易かつ便利である。同居という現実に加えて，日常的に補助労働に従事することが可能であることも，将来農業を継ぐ上で，あ

るいは継がせる上で有利な状況のひとつとなっている。

　利根川・広瀬川沖積低地帯の中島集落では，農業労働力の高年齢化に対して，該当農家の多くが借地の返上を含む作付規模の縮小，とくに重量かつ手間のかかるごぼう栽培からの部分的撤退を選択している。表Ⅶ.2中の農家番号3・4・7・23等の軽量化作物，省力作物を採用している農家群がその典型である。また農家番号9・16農家のように作付規模を大幅に縮小している農家は，世帯主の高年齢化とあいまって遠からず離農に踏み切ることも予測される。

　こうした経営後退基調の中に在って，旧状を維持している農家番号10・15・24・28の農家グループもみられる。一般に耕作規模が小さく，しかも世帯主年齢が70歳がらみのやや若い農家層であることから，借地耕作農家や後継者を持つ有力農家群とともに，当面，地域農業を維持し支える力となることが考えられる。農業経営規模の縮小によって生じた生産力の低下問題は，きわめて厳しい状況を集落の将来に投げかけているが，結論的には農業離脱農家の散発的発生と若干の作付縮小気配を含みながらも，全体的には既述の諸条件が地域農業の存続―個別的には経営権の委譲と農業の継続―を可能にする方向で機能するものと思われる。

第三節　流通業者の新規参入と流通組織の集荷力低下
　　　　　―産地の課題その2

　埼玉県北部蔬菜園芸地域の生産物流通は，従来，産地仲買人，産地市場，農協の3者によって仕切られてきたが，近年，深谷市八基地区に立地した「農事組合法人・埼玉産直センター」の集荷力が急速に強まり，4者並立の様相を帯びてきた。

　これまで埼玉県北部農村には，上武生産市場を中心に既述の5社が展開していた。これら各市場の集荷力の経年変化を図Ⅶ.1からみると，かつて圧倒的な集荷力を誇っていた上武生産市場が，最盛期の1980年度に比較して40％減（1991年度）となっている。集荷量の減少は，上武生産市場に限らず準

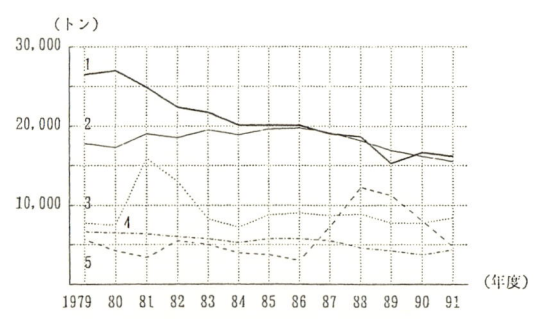

図Ⅶ.1 埼玉県北部蔬菜産地（準産地）市場における取扱量の推移
1：上武生産市場　2：深谷並木青果市場
3：中瀬青果市場　4：岡部青果市場
5：妻沼青果市場
埼玉県農林部食品流通課資料より作成

産地市場の岡部青果，深谷並木青果両市場と消費市場の深谷中央青果市場まで巻き込んで進行した。中瀬青果，妻沼青果両市場の場合は，変動幅が大きく判定し難い面を持つが，傾向としては集荷量停滞型市場といえる。

　蔬菜集荷量の減少ないし停滞現象は，蔬菜産地の農協にも顕著にみられる。たとえば，にんじん・やまといも・ねぎ等を主力商品とする妻沼農協の場合も，上武生産市場の場合と同様に，10年足らずの間に約40％の減少をきたしている。妻沼農協の場合，最近（2011）でも，主力商品はこかぶ・ねぎ・きゅうり・にんじん・やまといも等が主体であるが，集荷量・販売額の減少傾向からの離脱はできていない。一方，深谷農協八基支所では，近隣の町田集落に埼玉産直センターを抱え，隣接する中瀬地区との境界に上武生産市場を控えていることから，集荷力の凋落はことのほか著しく，ここ数年来，年間1,000ｔの集荷量を割り込む状況が続いている。中瀬，新会両支所にしても，一元出荷の伝統を持つきゅうりを掌握することで，辛うじて年間2,000ｔ台の集荷量を維持しているにすぎない（図Ⅶ.2）。こうした状況は，その後，1990〜2010年代にかけて，いずれの産地市場・農協にも共通してみられる動向となっている。

　濃密蔬菜産地深谷・妻沼の産地市場と農協の集荷力減退傾向に対して，生協の埼玉産直センターの集荷力だけが伸張を続け，1993年現在，同センター

第Ⅶ章　上武蔬菜園芸地帯の生産・流通環境の変化と産地仲買人

図Ⅶ.2　深谷市農協八基支店，中瀬・新会支店における蔬菜取扱量の推移
1：八基支店　　2：中瀬・新会（旧豊里）支店
深谷農協本店，中瀬支店，八基支店資料より作成

では組合員232名（平均年齢38歳），延契約作付面積197.7haを擁し，本庄，岡部，上里の1市2町に広がる生産・出荷集団を保有している。この間の産直センターの業績の推移は，同センター総務部資料によると，1984年度取扱数量が2,100t，1990年度が5,200t，1993年度が7,200tへと急増し，ついに深谷市内最有力農協の集荷力をしのぐに至った。ただし，近年（2011）の総務部責任者からの聴き取り調査によると，組合員数220名，主力商品ほうれんそう・きゅうり・ブロッコリー，売上金額23億円前後等の横這い状況が3年ほど続いているという。近隣の系統・商社と同様に業績上昇時代はすでに終焉を迎え，横ばいないし漸減傾向が続いているようである。

　卓越した集荷力を誇ってきた上武生産市場，濃密蔬菜産地内の農協，さらには消費市場（深谷中央青果市場）まで巻き込んだ集荷力の減退ないし停滞現象は，ひとり八基地区に立地した埼玉産直センターの発展のみによって惹き起こされたものではない。それは，大方の関係者が指摘するように濃密蔬菜産地での労働力の高年齢化（第二節2項）を筆頭要因として，これに連作障害，化学肥料の多投等に伴う生産力の低下が大きく関与していることも軽視できない。

　出荷量の減少に直結する生産力の低下現象は，群馬県南部蔬菜園芸地域に展開する一連の濃密蔬菜産地でも生起しており，結果的に新興産地・新田町を除く境，世良田，尾島の各伝統的産地農協をはじめ，独占的に市場出荷農

民を支配してきた群馬境中央市場でも，著しい出荷量の減少が進行していた。ちなみに各農協集配センターの資料によると，1981年度対1991年度比の蔬菜取扱量の推移は，佐波・伊勢崎農協境支所が20％減，新田農協世良田支所が27％減，同尾島支所が44％減となり，一方，唯一新田支所だけが84％増となっていた。こうした状況に対して，危機感を抱いた関係農協は，一元出荷体制の整備拡充を武器にして産地市場との対決姿勢を強めてきた。当然，産地市場や仲買人たちも，ことの推移に対して可能な限りの努力を傾注していることは論をまたない。ただし，群馬境中央市場常務取締役塩谷　昇氏の展望によれば，群馬境中央市場，埼玉産直センター等の有力集荷機関では，近年（2000～2010）入荷総量は横這い傾向に転じているという。また，上武蔬菜園芸地帯の産地市場では，東京都中央卸売市場からの転送荷の導入も過去その例をみないという。もっとも，著者は現地調査の折り，一部大手移出業者の個別的な転送荷受入れの事例について，説明を受けた記憶がある。

次に市場資料を用いて上武生産市場を例に，1984年度対1993年度比の取扱高の月別変化と品目構成の変化をみてみよう。取扱高については，全体的に10年前のパターンをそのまま縮小した形で継承し，7～11月にかけての夏秋物の落ち込みも依然として続いている。この点は，洪積台地（大間々扇状地）産の果菜類や近隣沖積低地産と茨城県産の夏～秋穫りごぼうが，大量に入荷する利根川左岸の群馬境中央市場との決定的な相違点となっている。

1984年当時と比較して，折れ線グラフのカーブがやや緩やかになっている

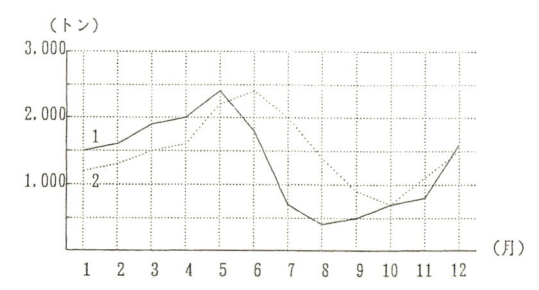

図Ⅶ.3　上武生産，群馬境中央両市場取扱量の月別比較（1993年度）
1：上武生産市場　　2：群馬境中央市場
上武生産・群馬境中央両市場資料より作成

第Ⅶ章　上武蔬菜園芸地帯の生産・流通環境の変化と産地仲買人

表Ⅶ.3　上武生産市場における主要品目別出荷量の年度比較(1984／1993年度)

品目名	出荷量(トン) 1984	出荷量(トン) 1993	増減率(%)	備考
だいこん	1124.0	645.5	−43	＊
こかぶ	599.7	486.0	−19	＊
にんじん	744.4	998.1	＋34	＊
ごぼう	1877.4	1678.0	−11	
はくさい	281.7	61.0	−78	＊
こまつな	421.0	105.8	−78	
キャベツ	697.5	1081.2	＋45	＊
グリーンボール	153.9	−	−100	
ほうれんそう	4479.6	2640.7	−41	
ねぎ	7667.3	5145.0	−33	
たまねぎ	0.3	−		
しゅんぎく	47.5	26.1		
カリフラワー	186.1	33.9	−82	＊
ブロッコリー	15.4	119.4	＋693	
レタス	193.0	41.6	−79	
サニーレタス	0.4	−		
セルリー	−	1.7		
きゅうり	913.3	2385.4	＋161	
かぼちゃ	10.3	−		＊
なす	452.5	147.8	−66	
トマト	468.7	406.5		
メロン	0.4	−		
ハニーバンタム	13.8	−		
いんげん	7.5	3.3		
えだまめ	0.6	0.2		
ばれいしょ	20.1	12.6		＊
やまといも	224.7	2.7	−99	
うど	14.6	−		
しそ	5.1	−		
うめ	0.5	−		

＊：低重量比価商品（1kg／150円未満）
上武生産市場資料より作成。

ことも近年の特徴の一つといえる（図Ⅶ.3）。出荷量の低下を招き，月別配分の差を小さくした原因は，表Ⅶ.3のようにkg単価の低い蔬菜，重量蔬菜，地力障害に敏感な蔬菜等の生産量の減少に基づくものである。とりわけ，市

場出荷量が大きくしかも落ち込みの激しいだいこん・ほうれんそう・こまつな・ねぎ・やまといも等の減産の影響は大であった。

　結局,利根川右岸流域に立地する上武生産市場の月別入荷量に著しい季節差が存在することは,市場とこれに所属する買参人にとって,通年営業の必要上好ましいことではなかった。このことが上武生産,中瀬青果両市場の多くの買参人を,出荷量の季節差の少ない対岸の群馬境中央市場に二重登録させる大きな原因となっている。

第四節　産地流通業者の動向と市場環境の変化

1. 上武生産市場の集荷圏と仲買人の営業活動

　上武生産市場の集荷圏　産地市場への出荷は,形式的には出荷組合を通して行われることになっているが,実質的にはすべて個人出荷で進められている。出荷組合形式をとることの意義は,市場にとっては産地農家の有力な掌握手段であり,生産農家にとっては出荷奨励金を受け取るための必要な手続きだからである。以下,出荷組織の分布と所属組合員数を「市場の集荷圏と生産農家の組織率」とみなして検討すると次のようになる。

　1984年度における上武生産市場の集荷圏は,地元深谷市中瀬,八基両地区を中心に西は本庄市藤田地区,東は小山川を境とする深谷市新会地区,南は洪積台地の岡部町の一部にかけて,ほぼ同心半円状に展開していた。正確には隣接する中瀬青果市場と激しく競合した結果,中瀬地区と新会地区は両市場によって複雑に分割されることになった。こうした状況は10年後の今日でも変化はなく,上武生産市場の産地支配力の低下をうかがわせる傾向は,少なくとも空間的には全くみられない。むしろ蔬菜生産力の低下に起因する集荷量の減少に危機感を抱いた市場側の積極的な新産地開拓によって,妻沼町に新たに12組織の出荷組合が成立し,東に向けて大きく市場圏を拡大した(図Ⅶ.4)。このほか,点の存在ながら藤岡,足利,赤城南麓等にも新規集荷域を散開させている。

　深谷市明戸地区を飛び越えた上武生産市場圏の拡張は,この地区がすでに

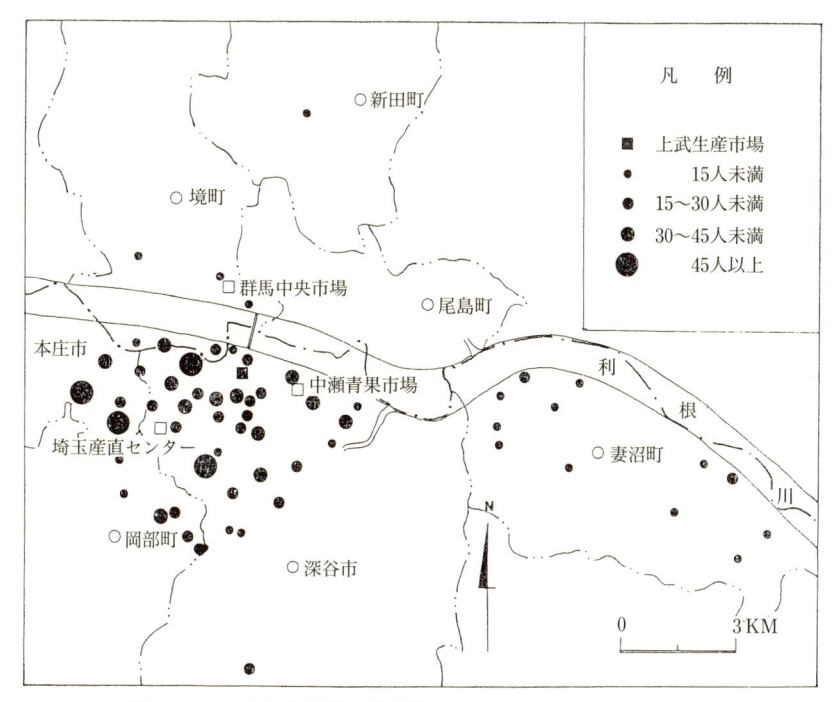

第Ⅶ章　上武蔬菜園芸地帯の生産・流通環境の変化と産地仲買人

図Ⅶ.4　上武生産市場の集荷圏(1993)上武生産市場資料より作成

中瀬青果市場の支配圏として確保されていたため，侵食の余地がなかったからである。また，中瀬青果，上武生産両市場とも出荷組合の所在地が市場から遠距離化するにつれ，出荷組織も漸次小規模化しながら，やがて妻沼，岡部，深谷並木等の青果市場圏へと漸移していく。

それにしても，上武生産市場や中瀬青果市場の勢力圏は，利根川対岸の群馬境中央市場が境，尾島，新田を中心に，後背地域の大間々扇状地一帯から赤城山麓南面にかけて勢力圏を展開していることに比較すると，5分の1にも満たないこじんまりとした広がりにすぎない。1993年度の出荷者数を見ても，中瀬青果市場520名，上武生産市場1,605名に対して，群馬境中央市場は2,351名を算し，利根川右岸2市場の合算値を上回っている。ただし，上武生産市場の場合は，市場圏域が狭小で，出荷者数が群馬境中央市場より30％余り少ない割には，集荷量は多く，群馬境中央市場とほぼ拮抗している。こ

のことは埼玉県北部蔬菜園芸地域がきわめて濃密な産地形成を遂げていること，市場の産地支配力が強く浸透し，その分，農協の支配力が弱体であることを物語っている。

市場買参人（仲買人）と買参実績 埼玉県北部から利根川対岸の群馬県南部にかけて展開する上武蔬菜園芸地帯の核心地域には，上武生産，中瀬青果，群馬境中央の3産地市場が立地する。市場買参人は上武生産市場38名（休業者2名を除く），中瀬青果市場26名，群馬境中央市場35名〔小売業者3名を除く〕，延べ合計99名（実数56名）で，いずれも現在稼働中の仲買人である。

市場買参人数は1960年代に比較すると大幅に整理された。その理由として，産地の濃密化—特定品目に対する地域ぐるみの集中的生産—にともなう荷口の大型化が，小規模仲買業者と小売業者の市場参入を著しく困難にしたこと，中央卸売市場の建値市場化と転送荷体系の確立とが地方卸売価格の平準化を招き，仲買業務から採算と興味を駆逐したこと，産地の拡散が前橋，高崎等の遠隔消費都市からの買参の必要性を希薄にしたこと等が挙げられる。1980年代から90年代初期にかけて，上武生産，中瀬青果両市場とも買参人数の顕著な変動は見られないが，群馬境中央市場の場合は，大量の小売業者が近隣の消費市場に移動したことから，買参人は1979年比で半分以下に減少した。

仲買人たちの買参形式は，一般に複数の市場に所属し買参することが多く，1市場のみに所属する事例はごく少ない。この傾向は利根川右岸に居住する仲買人により顕著にみられ，左岸在住業者にその例をみることはまれである。また業者の多くは必要に応じて各市場から買い付け，特定市場と格別深い関係を持つことはない。ただし，ごく一部の業者は主たる買い付け市場を有し，市況をみながら他市場にも足を運んでいる。たまたま3市場とも開市時刻に時差が設けてあるため，移動が容易かつ効果的なものとなっている。

買参上の特徴の一つを上武生産市場の場合でみると，登録業者の70％を超える人たちが群馬境中央市場に同時登録するが，隣接の中瀬青果市場に同時登録する業者は30％に限られている。結局，同一産地を分け合う市場には買参の必要性が少なく，異質の産地を抱える市場こそ荷揃えの都合上不可欠の関係にあることを示している。言い換えれば，群馬境中央市場の支配圏には

表Ⅶ.4 上武生産市場における仲買業者の仕入高別分類

仕　入　額	1960年度	1970年度	1979年度	1993年度
50万円未満	5	4	－	21
50～100万円未満	1	2	－	1
100～500万円未満	12	3	1	2
500～1千万円未満	9	3	2	1
1千～2.5千万円未満	2	3	3	5
2.5千～5千万円未満	－	12	2	6
5千～1億円未満	－	5	9	6
1億～5億円未満	－	1	11	14

取引のない登録業者は除く。
1993年度の50万円未満層には特別会員及び社員会員を含む。
上武生産市場資料より作成。

沖積低地と洪積台地の両農村が含まれ，したがって，利根川左岸に居住する仲買人たちには，沖積低地帯を主たる支配圏とする利根川右岸の中瀬青果，上武生産両市場に買参する必要性がほとんどなかったわけである。一方，右岸に居住し，両市場に所属する業者たちは，洪積台地産の農産物を求めて，利根川左岸の群馬境中央市場に買参する必要性が強かったのである。

　1993年現在，利根川を挟む左右両岸の3産地市場に所属する仲買人は，56名にすぎないが，彼らの手によって配荷される蔬菜類は，上武生産（36.0億円），中瀬青果（21.8億円），群馬境中央（40.0億円）の3市場分を合計すると，年間100億円近い金額となる。配荷状況を仲買人の個別仕入れ額からみると，単純な算術計算では一人当たり2億円弱となるが，現実にはごく大まかにみて，数千万円台と数億円台を取り扱う業者とに分かれ（表Ⅶ.4），家族労働力を主体に経営する前者と常雇用数名ないし拾数名を有する後者とに分化している。ただし，実際の仲買人の取扱額は，後述するように多様な仕入れ方法を採用することによって，1～3産地市場からの仕入れ額を大きく上回っているのが現実である。とくに大手業者にこの傾向が強いように見受けられる。

2．仲買人の経営的性格と市場環境の変化

上武生産市場登録業者の経営的性格　埼玉県北部蔬菜産地における産地仲買人の経営的性格について，上武生産市場登録38業者を中心に検討した結果，

以下のような知見を得た（表Ⅶ.5）。

概括的にみて，上武生産市場に登録する仲買人の営業形態は，加工業者，加工・移出業者，移出業者に3大別することができる。このうち加工業者とは「ラッピング，パッキング，刻み」等のごく簡単な加工によって，市場仕入れ商品に付加価値を付けてから量販店や中間業者に卸す業者をいう。加工・移出業者とは加工業者と同様の工程を加えた商品を消費市場に持ち込むか，または加工と移出の両分野にわたる業者をいう。これに対して移出業者とは，産地市場仕入れ商品をそのまま消費市場に持ち込む者たちであり，伝統的かつ最も一般的な仲買業者たちである。

加工業者を手数料商人的業者とすれば，移出業者は差益商人的性格の濃厚な業者であり，彼らの多くは今でも「投げ師」を自称し，意識的に差益を追求している。加工・移出業者は前記2者の中間型業者ということになる。もとより上述の営業3形態は単純に分化していることは少なく，各経営体ごとに異なる比重もって複合的に存在しているのが現実である。

上武生産市場登録業者の営業内容は，現地特産のやまといも・ごぼう・ねぎ等の単品加工出荷から蔬菜全般の移出にまでわたり，TG青果のように地元産蔬菜の端境期には，群馬県嬬恋村や茨城県猿島台地にまで行動圏を拡大する業者もみられる。彼等の配荷圏は，昭和初期からの伝統的な「山出し」—積雪地帯の北陸，東北，北海道方面—と，同じく戦前からの伝統を持つ京浜地帯に及んでいるが，西日本への配荷はごく少ない。「山出し」の場合は，一般に多品目地方卸売市場出荷が行われ，京浜地帯へは量販店や中間業者を対象にした出荷を主体にし，一部は相模原等の地方卸売市場出荷もみられる。とりわけ，京浜地帯を対象とする業者の場合は，出荷先のいかんを問わず特産加工品を出荷する傾向が強い。

総括すれば，産地仲買人たちは，第二次大戦前後から近年にかけて，積雪地帯の問屋（消費市場）向けの移出業者から京浜等の大都市向けの加工業者，ないし加工・移出業者に分化し，さらには下請け業者や代理買い付け業者が派生するなど，業者の営業形態は一段と多様化の道程をたどっている。同時に業者的性格も差益商人から手数料商人へと移行している傾向が認められる。

第Ⅶ章　上武蔬菜園芸地帯の生産・流通環境の変化と産地仲買人

表Ⅶ.5　上武生産市場における仲買業者の営業実態と属性

仲買業者	住　　所	営業形態	営　業　内　容	移　出　先	属性
M 商 店	深谷市横瀬	A	やまといも真空パック	名古屋，西日本	Ⅱ
K屋青果	深谷市桜丘	B	ねぎ加工，野菜全般	京浜，新潟	Ⅲ
S 青 果	深谷市新戒	C	野菜全般	北海道	Ⅱ
Y 商 店	深谷市町田	A，C	野菜全般	全農集配センター	Ⅱ
K 食 品	深谷市中瀬	B	野菜全般，ごぼう加工	北海道，京浜	Ⅱ
Tフーズ	深谷市横瀬	A	ごぼう刻み加工	スーパー八百幸	Ⅲ
O 商 店	深谷市横瀬	C	野菜全般	京浜，八王子	Ⅱ
T 商 店	群馬県東村	C	野菜全般	長野	Ⅱ
S 商 店	深谷市萱場	C	野菜全般	京浜	Ⅱ
K 商 店	群馬県尾島町	A	野菜全般	ヨーカ堂	Ⅰ
K 青 果	群馬県境町	C	野菜全般	北海道	Ⅱ
KI 青 果	群馬県尾島町	B	野菜全般	京浜	Ⅱ
KM 青果	深谷市新戒	C	野菜全般	青森	Ⅱ
N 商 店	深谷市中瀬	C	野菜全般	北海道	Ⅲ
M 食 品	本庄市日之出	C	野菜全般	北海道	Ⅰ
TM 商店	深谷市仲町	C	野菜全般	富山，高岡	Ⅲ
I 商 店	深谷市中瀬	A	野菜全般	京浜	Ⅱ
A 青 果	大里郡妻沼町	A，C	野菜全般	北海道，西友	Ⅱ
SK 商店	深谷市中瀬	A，C	野菜全般	京浜，マミーマート	Ⅱ
T 青 果	深谷市矢島	A	ごぼう刻み，洗い加工	京浜	Ⅱ
TG 青果	群馬県境町	C	野菜全般	全国	Ⅰ
O 青 果	深谷市町田	B	やまといも	京浜	Ⅱ
Y 商 店	秩父市上町	C	野菜全般	秩父	Ⅱ
NT 商店	深谷市横瀬	A	ごぼう刻み加工	京浜	Ⅱ
KH 青果	大里郡妻沼町	A，C	野菜全般	京浜，スーパー	Ⅱ
I 青 果	深谷市中瀬	C	野菜全般	岩手，青森	Ⅱ
KB 青果	深谷市中瀬	A	ごぼう加工	京浜，スーパー	Ⅰ
Y 青 果	群馬県高崎市	C	野菜全般	長野	Ⅰ
MM 商店	深谷市血洗島		ねぎ，ほうれんそう	地元加工業者納入	Ⅱ
A 商 店	深谷市下手計	A	やまといも，にんにく加工	京浜，スーパー	Ⅱ
U 青 果	群馬県渋川市	C	野菜全般	長野	Ⅰ
KD 青果	群馬県境町	C	野菜全般	北海道	Ⅰ
KK 商店	深谷市中瀬	C	ねぎ，きゅうり	東北	Ⅰ
M 青 果	群馬県新田町	A	さといもパック加工	京浜，スーパー	Ⅱ
IT 商 店	深谷市高島	C	野菜全般	中京	Ⅱ
T 商 事	群馬県境町	C	野菜全般	東北，北陸	Ⅰ
F 商 店	深谷市矢島	C	ごぼう	京浜	Ⅱ
Mフーズ	深谷市新戒	A	やまといも加工・(農家直買)	京浜	Ⅱ

Ⅰ：初代　Ⅱ：二代目　Ⅲ：三代目
A：加工業者　B：加工・移出業者　C：移出業者
1994年5月現在
上武生産市場資料及び現地調査により作成。

業者属性のうち世襲状況についてみると，およそ80％が2～3代目の経営者になっていることから，この業界が中小企業ながら比較的安定したものであることを物語っている。換言すれば，産地市場を支える仲買人たちの経営基盤と経営意欲が堅実であることは，産地農家の生産力低下や競合業者の出現にもかかわらず，業者流通の安定的継続性を示唆する事柄の一つといえる。

類型別個別業者の経営実態　成熟産地の抱える諸課題―高年齢化や地力障害に伴う生産力の低下，新規流通業者の市場参入―の発生に対し，産地仲買人たちがどのように対応してきたかという問題を視点に，1980年以降の個別業者の営業展開過程を絡めて，以下の実態調査結果を報告する。調査対象は，仕入れ形態の多様化している比較的大手の5業者に，中小規模業者を無作為に1社選択して3類型6業者とし，1994年6月に調査を実施した。

A）加工業者型（K商店の場合）

　1965年に現在の社長が創業した数少ない初代経営体である。従業員は正社員6（うち女性2）名，臨時雇いは女性のみ10名である。仕入れは上武生産，中瀬青果，群馬境中央の3市場から95％を買い入れ，5％が農家の持ち込みである。やまといも10枚から始めたK商店は次第に取扱量を増やし，1979年には，イトーヨーカ堂杉戸センターへ全量を一括納入する業界中堅業者に成長した。多品目大量取扱業者としての地位が確立したのは，その後数年を経た1985年頃であった。

　K商店の主力商品は冬ねぎ・春～夏物なす・きゅうりである。このうちなすの集荷状況をみると，地元3市場をはじめ上尾，熊谷，春日部，板橋の地方卸売市場や中央卸売市場からの転送荷が50％，赤城南麓赤堀村のハウス物コンテナ（12～15kgバラ詰め）出荷が50％をそれぞれ占めている。きゅうりは宮崎中央卸売市場からの直送を受ける。このようにK商店の特徴は，産地に在ってしかも産地依存度の低い点である。

　K商店の場合，なす・きゅうり・ねぎのほかにやまといも・にら・しゅんぎく・ほうれんそう・こかぶなどの多品目を扱うが，主力商品については「A・S・M」級の優良商品に絞り込み，量販店ならびに消費者の需要の細分化，多様化，高品質化に対応している。取扱商品については，一部は女性

のパート雇用で箱詰め，パッキング，ラッピングを済ませるが，主力商品については，KK商店，A青果，KM青果，KB青果などにコンテナを持ち込んでパッケージ作業を委託している。作業の受委託関係の成立は，代理買い付け業務の成立とともに，仲買業者の階層分化を示唆する事柄として注目したいところである。

　なお，K商店では一部の卸売市場で，糶取引より買い付け価格が割安の相対取引を導入している。中央卸売市場からの転送荷，生産農家からのコンテナ直送も採用している。したがって，産地高・消費地安の状況下における産地市場の集荷力の減退に関しては，今のところ特段の懸念はないという。

B）加工業者型（Mフーズの場合）

　やまといもを専門とするMフーズの創業は，第二次大戦後の青果物統制の解除から間もない1950年であった。現在の従業員数は，正社員22（男性17，女性5）名，嘱託社員38（男性8，女性30）名で，季節的な臨時従業員の採用は行っていない。女性嘱託社員が多いのは，本格的な調理加工業者だからである。

　仕入れ方法は，取扱量の5％を上武生産市場を中心に宇都宮，熊谷，多摩等の地方卸売（整備）市場や中央卸売市場に依存し，80％を農家からの直買いで賄っている。直買いの方法は相対交渉で農家から直接購入する量が30％，農協に取りまとめてもらい購入する量が70％（青田買い20％，庭先買い80％）である。取扱量の残り15％は青森等の産地商人の移出物と中国からの輸入物が分け合っている。この15％は，近年，地元産蔬菜集荷量の減少分を補完すべく加わったものであるが，その他の事項については，10年前の状況とほぼ同様である。

　販売方法をみると，10年前（1985年）頃の移出部門（10％）では，主力商品のやまといもを京浜市場（過半数）をはじめ北海道から九州にかけて分荷し，中枢となるパック加工部門（90％）では，取扱量（やまといも90％，ねぎ10％）のほぼ総てをスーパー西友に納めていた。その後，1986〜87年にかけての世代交代を機に，本格的な調理加工（カット蔬菜，冷凍蔬菜，とろろいも）を開始し，同時に全製品の95％を和風外食産業（90％）とセブンイレブン（数％）に

納入することに成功した。販売圏は東京を中心とする首都圏が60％，その他は北海道から九州にかけての広い範囲である。なお，スーパー西友との関係も縮小継続し，取扱総量の5％にあたるやまといもを主体に，ねぎを添えたパック詰めが送り込まれている。

　調査地域の仲買人の多くが，市場入荷量の減少にともなって，仕入れ量を減少させている状況のなかで，産地市場に多くを依存しないMフーズが，近年，取扱量と売り上げ（10年間に1億円から8億円）を飛躍的に伸ばした原因は，徹底した直買いと付加価値のより大きい調理加工の採用ならびに国内外での積極的な産地開拓の成果とみることができる。ここでも，産地市場依存度の低さと仕入れ機関の多様化が事業経営の基軸となっていることは注目に値する現象である。

C）加工・移出業者型（A青果の場合）

　A青果の営業開始年代も，第二次大戦後まもない1949年であった。1994年現在，従業員数は正社員4名（男性），パートタイマー9名（女性）であり，臨時雇用は年末，年始に女性を2〜3名採用する。

　仕入れ先は上武生産市場を中心に群馬境中央，中瀬青果両市場を加えた地元3市場である。1970年代に過半数を占めていた農家からの直買いは，1992年に全廃した。販売方法については，1980年頃までは北海道への移出が専門で，取扱品目はほうれんそう50％・ねぎ30％を主体にキャベツ・にんじん・だいこん・きゅうり・なす・ごぼう等多種類に及んでいた。この間，加工販売はまったく行っていなかった。

　1980年頃から移出先の変更や加工販売を採用するなど，経営方針の大幅な変更に着手した。経営転換の必要性は，道路輸送条件の飛躍的発達が，北海道の蔬菜価格水準を比較的安値で安定させたことから，降雪期の貨車輸送を根幹とする投機的性格の強いA青果には，もはや「北海道送り」は魅力が少なくなったために生じたものである。

　1994年現在，A青果の営業実績は移出業務が60％，加工移出業務が40％を占めていた。このうち，前者の「山だし」は北海道の60％を主体に新潟20％，茨城20％に移行したが，品目的には1980年以前とほとんど変化していない。

第Ⅶ章　上武蔬菜園芸地帯の生産・流通環境の変化と産地仲買人

　一方，加工部門では，前記移出先道県の中間業者に60％，東京のスーパーダイエイ・西友に40％（ねぎ70％，ごぼう30％）を出荷している。
　スーパーへの加工販売は，所定の量と品質を継続的に確保しなければならない。そのため地元市場で必要量が調達できない場合には，加工販売先の北海道，新潟，茨城の中間業者から適宜必要量を逆移入する。スーパーと取引を開始した当初の4〜5年間（1980年代前半）は，A青果1社対スーパーの関係であり，価格決定力はA社側に傾いていた。その後，スーパー側が複数加工販売業者と契約を結ぶようになり，やがて価格決定権もスーパー側に移行するようになった。なお，農業従事者の高年齢化，地力障害などによる産地市場への出荷量減少の影響をもろに受けて，A青果の取扱量も最盛期の50〜60％に激減した。市場依存度の高いA青果にとってはきわめて厳しい経営環境の変化であり，早晩脱却しなければならない状況となっている。

D）加工・移出業者型（Y商店の場合）

　年商10億円に達するY商店は，深谷店（1955年），上尾店（1975年），高崎店（1980年）からなる地元業界最大手の業者である。各店の従業員数は，深谷店が正社員15（男性7・女性8）名と女性の嘱託10名，上尾店が正社員25（男性18・女性7）名，高崎店が正社員18（男性13・女性5）名を擁している。後者2店舗では嘱託は採用せず，季節的な臨時雇いは3店舗とも採用していない。
　仕入れ方法は各店とも，地元市場を中心に深谷並木青果，群馬境中央に兄弟店の地元市場を加えた各市場から集荷している。たとえば深谷店の場合，上武生産市場を中心に深谷並木，群馬境中央，および兄弟店の地元市場の上尾，高崎を加えた各市場から集荷している。各店とも市場仕入れが90％，農家の庭先買いが10％と共通し，仕入れ量もほぼ同水準である。
　営業形態を通観すると，20年ほど前の1973年頃では新潟，青森へのねぎ（40％），ほうれんそう（30％）等の冬場の葉茎菜類にキャベツ（20％），その他（10％）を含めた「山出し」が90％を占め，きゅうり（40％）・なす・たまねぎ・ばれいしょ・さといも（各10％）等の東京向け加工販売は，僅かに10％を占めるにすぎなかった。その後，徐々に「山出し」と加工販売の比率は逆転し，1990年代には，京浜地区を主体にした加工販売が80％，積雪寒冷地へ

の「山出し」は20%となった。移出品目は「山出し」時代のままであるが,加工販売は全農生鮮食品集配センター（大和,戸田,越谷）70%,スーパー丸正20%,消費市場10%となり,全農集配センターへの出荷が支配的であった。取扱品目および構成は20年前とほとんど変わっていない。

1970年代の中頃以降,量販店のシェアーが飛躍的に拡大した。一方,同じ頃から一般市場では農協・経済連の影響力が強くなってきた。そこでY商店は,発展過程にある量販店との提携を模索したが,最終的には量販店に準ずる全農集配センター向けの加工販売を経営の中枢に据え,活路を見出すべく大きく舵を切った。量販店との取引には商品の大量確保が必須条件となる。そこで1975年に上尾,1980年に高崎にあいついで店舗を増設し,集荷圏の拡大と加工処理能力のアップを進めた。上尾,高崎を選んだのは産地にこだわらず,消費地にも進出したいという願望の表れだという。ただし,ここ10年の間に,既述の理由に基づく蔬菜生産量の低下を反映して,仕入れ量も70%に低下するという事態に直面し,焦眉の問題として対応が急がれている。

E）移出業者型（TG青果の場合）

戦後まもない1952年に創業,2年後に嬬恋村のキャベツ買い付けを開始,以後営業規模が急速に拡大する。1994年当時の従業員数は,正社員14（男性8・女性6）名,臨時雇用は年間4〜10名を入れている。

仕入れ方法は,市場仕入れ（40%）と農家仕入れ（60%）からなっている。市場仕入れは上武生産,群馬境中央のほかに茨城県西部の産地諸市場に依存し,農家仕入れでは群馬県全域と埼玉県北部を集荷圏としている。農家仕入れの内訳は委託扱い70%,買い付け30%の構成となっている。

年商40億円という販売総額の40%強が,農家の委託販売で占められていることは,業界に類をみないことだけでなく,単一農協の機能に匹敵する実績でもある。同時に差益商人的性格を残す移出業界に在って,多分にかつ独自の方法でより手数料商人的性格を濃厚に取り込んだ業者といえる。また,TG青果は創業以来一貫して移出業務に徹してきた。その間の取扱商品は,夏場商品のキャベツ,冬場商品のねぎ・ほうれんそう等の地域特産品から次第に種類を広げ,同時に取扱量も地元伝統的産地の生産力の低下にもかかわ

第VII章　上武蔬菜園芸地帯の生産・流通環境の変化と産地仲買人

らず，沼田地方や埼玉県北部での委託農家の新規開拓によって，漸増傾向をたどっている。

　取扱品目は，夏期がキャベツ（嬬恋村），ごぼう（境町），夏だいこん・レタス・キャベツ・ほうれんそう〔片品村〕，秋～春期がはくさい（猿島，結城台地），キャベツ（埼玉，群馬），にんじん〔武蔵野台地〕，ほうれんそう（埼玉，群馬），ねぎ（利根川右岸低地帯）などで群馬，埼玉，茨城の3県から集荷される。各種蔬菜の送り先は，冬蔬菜が積雪地帯へ，また夏蔬菜は関西諸地方（中国，四国，九州）に移出される。対象市場は地方卸売市場と地方中核都市の中央卸売市場である。

　蔬菜の輸送に利用されるトラックはいずれもチャーター便で，九州の場合は冬期が冬蔬菜・果実・畜産品輸送車の復便を，また夏期には水産物・乳製品輸送用保冷車の復便を割安運賃で活用する。同様に秋田地方へは木工製品輸送車の復便を，北海道へは冬期はたまねぎ・ばれいしょ輸送車の復便を，また夏期には水産物・乳製品輸送用保冷車の復便をそれぞれ利用する。地元伝統的産地の生産量の減少，産地市場の入荷量の減退については，農家の委託と直買いが過半を占めていること，市場のマイナス動向に関しては新規産地の開拓で補塡するなど，後退基調に転落する気配はまったく見られなかった。

F）移出業者型（KK商店の場合）

　KK商店の営業開始は大方の業者と同じく1950年頃であった。現在（1994年）の労働力構成は，老夫婦（70歳代）と後継者夫婦（40歳代）の家族労働力を中心に，女性の嘱託2名と女性の臨時雇い（年末・年始）2名を入れている。KK商店の労働力構成は，埼玉県北部産地市場に買参する仲買人のごく平均的な実態である。

　仕入れ方法は，1970年頃までは親戚農家からの庭先買いが100％を占めていたが，その後，次第に市場依存度を高め，1985年頃には扱い量の95％を市場から入れるようになり，現在は中瀬青果，群馬境中央両市場から全量を買い入れている。両市場からの仕入れ率は均等であるが，仕入れ総量は10年前の20～30％に激減している。

販売方法は，1985年頃まで移出販売と加工販売とが互角の割合を占めていたが，現在は移出販売（90%）に大きく傾斜した。移出先，移出割合は山形（80%），秋田（20%）ともに変化は見られず，取扱品も過去，現在ともほうれんそうを主体に蔬菜全般にわたっている。かつて京浜地区（80%）を中心に山形，秋田に送られていた加工品（ねぎ・きゅうり）は大幅に減少し，業者的性格も地元仲買人の下請けとして大きく変化した。移出販売から下請けへの変更は，1989年にスーパー向け販売が，大手同業者との競争に負けて完全撤退したためである。KK商店の事例が示すような仕入れ量の減少と大手業者の下請け業者化は，埼玉県北部産地市場登録仲買人の分解を示す証左の一つと考えられる。

第五節　市場環境の変化と仲買人の分化・分解

　基幹労働力の高年齢化を主因とする蔬菜生産力の低下と，強力な同業者の出現でもたらされた産地市場の集荷力低下ならびに産地高の市況形成という状況は，産地市場とりわけ上武生産市場と買参仲買人たちに大きな影響を与えていた。
　こうした状況の下，産地市場に買参する仲買人たちは，員数的には定着しているが，営業形態では1970年代以降，移出一色から移出，加工，移出・加工の3類型に分化し，業者的性格は差益商人から手数料商人を次第に指向するようになっていった。これは内部的には産地高，消費地安の一因とされる地域生産力の低下にかかわる仲買人たちの相対的過剰化傾向と，それがもたらした有力商人の寡占体制の醸成を意味し，外部的には輸送手段の発達，建値市場化と転送荷体系の浸透，系統出荷の圧力等によるものとみられる。
　その結果，少なくとも，利根川右岸の産地流通業者の場合，多様な集荷手段の駆使，系統出荷網を避けたきめ細かい配荷先の確保，市場外流通ルートの確立等を達成した業者たちは生き残り，これに失敗した業者は営業規模の縮小もしくは大手業者の下請け，代理買い付け業者への途をたどる傾向がみられた。いわば，埼玉県北部産地市場の買参仲買人の間に，地域生産力の低

下と集荷競合を契機とする階層分化の兆しが同時進行しているといえる。この状況はひとり利根川右岸に限らず，汎地域的な産地流通業者すべてに共通する事柄でもあると考える。

終　章

産地市場・産地仲買人と産地形成

第一節　蔬菜流通の諸形態

　中・近世の都市成立に連動して，余剰農産物にはじまる近郊蔬菜流通は，その後の封建都市の成熟期，近代産業都市の発展期，高度経済成長期以降の巨帯都市形成期のそれぞれにおいて，生産物需要の質量的変化とこれらを取り巻く社会的・経済的状況の変化をめぐって，多様な流通形態を生み出してきた。昨今の市場外流通の分化・錯綜にみるように，流通の形態と機能は複雑極まりない状況を呈している。以下，主なものに限定して整理すると，A）直売，B）契約販売，C）地方卸売市場出荷，D）中央卸売市場出荷の4類型となり，青果物流通はこれら4ルートのいずれかを経由して行われている（都市近郊野菜経営，日本の野菜）。

A—1）行商と挽き売り　（北総農民を中心とする東京行商は，関東大震災を契機に発展し，近郊外縁農村を近郊農村化する上で一定の役割を果たした流通形態である。現代においてもその残像を認めることができる。挽き売りは近世〜近代に在方町，地方都市で盛んに行われた。京都の振り売りは平安朝起源の商法である。振り売り人は洛北農村を中心に四周の村々の出身者からなっていた。近世には販売目的の外に糞尿を求めて蔬菜が持ち込まれることもあり，近代以降，本来の蔬菜販売を主とする振り売りとなった。第二次大戦の戦前・戦中にかけて，食料品の統制管理下の大都市で広くみられた振り売りは一過性の現象である。いずれも職業的な流通業者が出現する以前もしくは統制経済期の応変的な流通形態である。一般に販売額は小売価格に近接するが，農繁期や労力不足農家には導入し難い形態であった。）

A—2）直売Ⅰ型　（蔬菜の直売は蔬菜流通の本流ではない。しかし生産者にとっては，現在でも販売上無視できない手段である。歴史的にも，自給経

済から交換経済の初期段階に移行する時期においては，流通上の諸機能の分化がみられなかったので，生産農家自らの手で直接消費者に売却する必要があった。蔬菜直売を類型化すると，消費地型（直売店舗売り），生産地型（沿道直売，庭先売り）に分けられる。また，産地―小売店型（経済連の直売店），産地―消費者型（生協型産直），中間流通業者主導型（スーパー受注の産直宅配）に分類することもある（森　祐二1992））。

A－3）直売Ⅱ型　（A－1，A－2型は生産者から消費者への直売であるが，この類型は生産者から産地仲買業者への流通パターンである。具体的には青田売り，立木売り，畑売り等と称し，収穫前の見込み収量に基づいて行う取引である。だいこん・はくさい・すいか・たまねぎのように大量かつ重量商品の取引の際に広くみられる商行為である。本書で取り上げた茨城県西部台地農村，名古屋近郊，大阪・堺近郊で産地形成の初期段階からその投機性と労力節約効果が評価され，農家に好まれ採用されてきた方法である。この他に青田売りに近い性格を持つ農家の庭先売りや仲買業者宅への持ち込みもみられた（愛知県園芸要鑑））。

B－1）生食用向け契約栽培　（生産者から小売商を経てそのまま消費者に渡るルートで，生産者と小売商が直接契約を結ぶ。商品の安定的入荷と中間マージンの軽減を狙ったものだが，契約の際には最低保証価格が取り決められる。また，生活協同組合が営むスーパーマーケットと産地（個人・組織体）との間に「産直」が成立した場合，出荷と価格面に付帯事項が付けば，それは契約栽培の範疇に入ることになる。）

B－2）加工用向け契約栽培　（目的は上記と同じだが，契約は出荷組合または農協と加工業者の間で締結される。現地に加工工場を新設する企業もみられる。）

C－1）中央卸売市場出荷　（中央卸売市場への出荷は，小口荷を個人出荷する場合もあるが，多くは生産者組織（農協，出荷組合）による遠隔大型産地からの大量規格品の出荷が主体である。また大阪市，堺市に限らず利根川中流域蔬菜園芸地帯にもみられるように，産地仲買人が青田買い商品や，産地市場（地方卸売市場）で仕入れた商品を集荷して送り込んでくる事例もある。）

C-2）地方卸売市場出荷　（生産者による地方卸売市場出荷は，地場物の小口荷，個人出荷が中心である。ただし仲買人の活動する産地市場や地方卸売市場への一部生産者の出荷は，中央卸売市場出荷の場合と同様に荷口が大きい点で共通している。本書で問題にする利根川中流域における生産者の動向もこれに準じている。地方卸売市場への出荷は，季節的に品数を欠く場合がある。この場合，集散市場体系が未確立の時代に在っては，東京市場から直接旅荷を引くことで荷揃えをしたが，現今では，各地の中央卸売市場からの転送荷の受入れで，品不足問題は解消している。地方集散市場，産地市場，消費市場に分けられる。）

第二節　大都市圏の業者流通と産地形成―展望

　わが国で最も広範に産地市場が分布し，これと競合し時に結合する産地仲買人が，地域の蔬菜生産と大都市蔬菜流通に大きな影響を及ぼしてきた事例は，大阪府下や名古屋近郊を除いて外には希少である。確かに東京の場合も，近代中頃以降の産業資本と都市人口の拡充期に，近郊農業の急速な発達と産地市場・産地仲買人の簇生がみられた。しかし東京では中央卸売組織が早期に整備され，流通組織の根幹を形成してきたために，大阪府のような地方卸売市場と産地仲買人の広域的な展開をみることはなかった。大阪府の広域的な展開は，おそらく類似市場の成立と立売り人の発生・その制度的承認，という一連の歴史的背景を持つ大阪独自の流通組織・慣行を継承したものとみるべきだろう。

　また，近世起源の名古屋の枇杷島市場は，第二次大戦前後まで尾張蔬菜を一手に集荷し，名古屋市域への小売商経由の消費市場的機能と，「送り師」による北陸・信越から全国に及ぶ配荷機能を備えた国内有数の複合機能市場であった（西春日井郡史．尾張の蔬菜と市場．農林要覧）。しかしその後，統制経済の施行や戦後の名古屋市の都市機能の増大を契機にして，中央卸売市場枇杷島分場（現名古屋市北部中央卸売市場）に相応しい都市型市場に変貌し，産地市場的性格も薄れた。枇杷島市場が都市型市場化していく間に，豊川，矢作

川，木曽川3川沖積低地の沃土帯における尾張蔬菜の産地拡大と，知多・渥美両半島の冬～春物産地の成立が加わり，ここに輸送園芸地帯の確立とこれを基盤とした「送り師」の活動が始まる。「送り師」の独壇場時代は出荷組合の成立，その後の農協参入まで継続する。

　当時，愛知県の蔬菜流通は，近郊物の場合が，生産者から都市市場問屋への出荷を中心に一部の商人出荷を交えて行われた。具体的には生産者―近郊(産地)市場問屋―投げ師(送り師)，もしくは生産者―立売り人(商人)を経て都市市場関係者(都市市場問屋―小売商)に流通するというものであった。旅荷の場合は，生産者から都市市場問屋に直接出荷し委託するケース，生産者と都市市場問屋との中間に産地仲買人(産地商人)を挟むケース，産地仲買人だけが介在するケース等多様な流通形態を伴っていた(愛知県農会1911)。

　2012(平成24)年現在，かつての枇杷島市場(北部中央卸売市場)には，今も産地仲買人に相当する「送り師」が一部存続し，北陸や甲信越地方に冬～春キャベツを主体に配荷を続けている。また温暖な県南地方のうち，豊橋近辺でも業者の流通参入がみられ，とくに渥美半島では，3産地市場の展開と有力な「送り師」たちの集積と活動が認められる。渥美農業改良普及事務所の所見によれば，主力商品冬～春キャベツの場合，系統出荷と商系出荷の割合つまり産地の占有率は互角であるという。ちなみに，「送り師」たちの配荷先は東京中心に大阪・積雪寒冷地にまで及んでいる。

　一方，東京の場合をみると，都市近郊における産地市場の成立と産地仲買人たちの活動は，大正から昭和初期にかけての急速な近代化過程に対応する近郊農業の顕著な発展期に限られ，継続的な活動は見られなかった。しかも近郊蔬菜の流れも東京に集中し，枇杷島市場にみたような遠隔消費地への振り荷もなければ「送り師」のような専門的流通業者集団の発生も見られなかった。わずかに千住市場に業種的に専門化した「投げ師」集団の成立が見られたが，その流通上の機能も東京市場向けの中継市場的性格に限定されたものであった(新井鎮久2010)。

　こうした状況の中で，恐慌期以降，近郊外縁部に相当する利根川中流域には，かなりの空間的広がりをもって蔬菜産地，産地市場，産地仲買人が3点

終章　産地市場・産地仲買人と産地形成

セットで展開し，今日に至っている。なお，最近では積雪寒冷地域での遠隔新興産地の成立と，そこでの産地流通業者の展開が注目を集めている。

　ところで，都市近郊には近郊独自の，近郊外縁部には外縁部独特の，さらに遠郊には遠郊なりの立地条件に応じた流通方式が存在すると考えられている。たとえば高度経済成長期における大阪・堺近郊蔬菜産地の場合，農民の大多数は地方市場出荷より産地仲買人出荷を選択している（都市近郊野菜経営）。理由のひとつは「青田売り」にかかわる収・出荷労働の節約である。農民たちの年間経営計画のなかには，仲買人出荷がはじめから組み込まれているのである。もうひとつの理由は，「商農」ともいわれるほど，農民たちが青田売りに内在する投機性に強く魅かれるからであるという。この点も近世，摂・河・泉地方における商業的農業の発展と伝統を背景に生まれた農民性といえる。（都市近郊野菜経営．大阪府史第六巻）。いずれも産地形成機能の一端を示すものとして注目したい点である。

　なお，補足的な事項であるが，京都市の場合は，近代以降現代初頭頃までの間に，農民流通的な野市と立売り人の伝統を背景にして，近郊農村部に多くの産地市場の成立をみた（新井鎮久2010）が，現在では滋賀，京都等の近郷地方卸売市場を拠点に，25の産地仲買業者組織が，京都市中央卸売市場へ近郊蔬菜を専門的に出荷している。福知山（きゅうり），京田辺（なす）等の「指定産地」指定や洛南，長岡京，京丹後ほか14産地に及ぶ特定蔬菜指定地もあるが，京都近隣の蔬菜産地では，京都の「地消」能力が相対的に高く，他地域まで移出する商品は一部の京野菜に限られている。いわば，地場流通における25業者組織の存在と機能が，首都圏・阪神圏における首都近郊外縁部や近在・近郷の産地仲買人ならびに中央卸売市場付属の蔬菜集荷業者（産地仲買人）に概略相当するとみてよいだろう。地場流通，隔地流通の差はさておいて，彼ら流通業者たちが労働力の節約効果をとおして，産地の形成と維持に果たした役割は，時代を超えて評価されるべき事柄であろう。

第三節　利根川中流域蔬菜園芸地帯の業者流通と産地形成

　関東地方の場合，利根川中流域蔬菜園芸地帯の産地仲買人分布地域をみると，最も成立の歴史が早いのは，利根川右岸の埼玉県北部蔬菜園芸地域であった。ここでは農村恐慌期以前，利根川改修で創出された零細農民の桑園蔬菜間作と近在都市への挽き売りが成立していた。彼ら零細副業農民たちは，近隣農家からの余剰蔬菜購入をとおして間もなく仲買商人化していった。素朴な流通ルートの成立は，次第に中上層農家の蔬菜栽培を刺戟し，ついには全層的な産地形成の基礎を造り上げていった。こうした地域生産力の向上は，一部中上層農家の参入を伴う積雪寒冷地向けの季節的蔬菜移出業者の成立へと連鎖していくことになる。産地仲買人の増加延長線上には，蔬菜生産の拡大と産地市場の設立という産地発展上の通過点があった。ともあれ農村恐慌期以降の流通組織の充実と全層的な蔬菜栽培農家の成立は，その後の利根川右岸農村に濃密蔬菜産地の確立をもたらす重要なキーワードとなっていく（新井鎮久　2010）。

　封建領主の保護の下で，特権的生産流通の歴史を展開してきた邑楽台地・板倉低地蔬菜園芸地帯の場合と，近世以降，平地林開拓を繰り返しながら耕地規模を拡大してきた猿島・結城台地蔬菜園芸地帯の場合は，前者は大正末期以降すでに果菜類＋はくさいの栽培が始まり，後者では，農村恐慌を契機にすいか・かぼちゃの近在都市もしくは東京等の遠隔都市への試行的共同出荷・業者出荷でその幕を開ける。産地仲買人の活動と蔬菜生産が同時に進行した利根川右岸農村と異なり，後者の邑楽・板倉，猿島・結城両産地における蔬菜生産の展開は，種苗商・篤農家・農会の栽培指導で緒につき，試行的出荷を経て定着する。その後，昭和20年代後半のすいかの接木技術とはくさいの練り床栽培技術の開発・結合が，北関東洪積台地農村に畑地二毛作体系の成立と普及をもたらすことになる。前作のすいかと後作のはくさいの単品生産の普及は，一方で生産量の急速な増大をとおして主産地化の途をたどり，他方で流通体制の整備とくに生産物の商品特性にかかわる産地仲買人の集積と産地市場設立の機運を醸成していった。

終章　産地市場・産地仲買人と産地形成

写真終.1　三和町諸川青果市場の入荷はくさい (2011.12)

　産地仲買人の集積を招いたすいか・はくさいの商品特性とは，比較的労働粗放的作物のために作付面積が大きく，収量も高いことである。したがって個人または数戸で出荷組織が成立し，振り荷組織の大型化へは進み難いという側面を持つ。その結果，農協等の大規模組織の介入には難があり，仲買業者には参入が可能な商品特性ということになる。また重量比価の低いはくさいは，輸送費負担が相対的に高く広域的な需給均衡がとりにくいという側面を持つ。必然的に価格の地域間格差が生じ，産地仲買人にとって魅力ある差益商品ということになる。今日，猿島・結城台地の農村で仲買人が活発に移出業務を展開しているのも，この理由に基づくものである（写真終.1）。

　これに対して，昭和30年代の邑楽台地・板倉低地蔬菜園芸地帯では，はくさい＋果菜類（陸田）の作付が，洪積台地の基本的経営類型として広く普及した結果，はくさい生産量の増大と産地仲買人の集積が進み，3か所の産地市場も活発な引き合いをみせるようになる。しかし1970年以降の米生産調整策の展開で，これまでの基本的経営類型は崩壊し，替わって，きゅうりの施設栽培が洪積台地，沖積低地を問わず急速に普及していった。重量比価の大

きいきゅうりは，輸送費負担が相対的に低いことから広域的に流通し，全国的な価格の平準化を実現したために，差益商人的な仲買業者にとっては必ずしも魅力的商品ではなかった。反面，振り荷組織の大型化に適したきゅうりは，昭和40年代以降，農協の有力商品として販売組織に強力に組み込まれていった。経営的理由としては，重量比価，年間価格差の大きいきゅうりは，大市場で価格の高い冬期間の需要が多く，これが年間平均価格を押し上げているからである（小泉浩郎1969）。

こうして邑楽台地・板倉低地蔬菜園芸地帯は，昭和30年代のはくさい・果菜の産地から昭和40年代以降のきゅうりの特産地へと移行する。この状況変化と軌を一にして，地域農業発展の推進力と生産物流通の推進主体は，産地市場・産地仲買人から農協へとその軸足を変えることになる。産地市場・産地仲買人たちの活動の歴史も，板倉中央市場を除いて，この流れに逆らうことはできなかった。板倉中央市場の経営的安定性も，猿島・結城地方ではくさい・果菜を主として扱うグループ2社と有機的に結合した成果であり，周年栽培を確立した地元産施設きゅうりとの関係は必ずしも緊密ではなかった。

なお，利根川中流域蔬菜園芸農村の産地市場・産地仲買人と産地農家との関係は，高度経済成長期以降における大阪・堺近郊農村の産地商人と産地農家との関係ほどは緊密ではない。しかし，蔬菜生産量の減少傾向のなかで地元流通業者（商系）が，移出実績を背景にして活発な集荷活動を行った結果，産地高の市況がしばしば形成され，このことが農民の生産意欲を刺激し，蔬菜産地の発展に貢献したことは論をまたない。同時に邑楽台地・板倉低地農村および猿島・結城台地農村における仲買人と青田師および市場の庭先買い・圃場買い，さらには市場の運搬委託が，老齢化の進んだ農家と作付規模の大きい農家にとっては，重要な経営計画立案上の要素になっていた（問われる青果物卸売市場）。経営規模が大きい台地畑作農業で，重量葉物3品を基幹に据えた蔬菜栽培を行うためには，一部農家にとって，流通部門の省力化は避けて通れない問題であった。もっとも蔬菜農家の老齢化と農村労働力の老齢化が同時進行していて，産地仲買業者の直買いのための労働力確保も困難な壁に直面している。

終章　産地市場・産地仲買人と産地形成

　産地市場・産地仲買人の展開する利根川中流域蔬菜園芸地帯では，埼玉県北部蔬菜園芸地域を含む諸地域で，労働力の老齢化あるいは連作障害―地力低下―によって生産力が停滞ないし減少している。基幹労働力の高年齢化に伴う生産力の低下問題については，八千代町をはじめとする茨城県西部洪積台地農村のように，中国から農業研修生を受け入れて対応している地域もみられる。しかし大方の蔬菜園芸地域では，なすすべも見いだせないままに，高年齢化即生産力の低下・停滞となって表面化している。

　地力問題に関しても指導機関は，輪作体系の導入をはじめ深耕，薬剤散布を推奨し，蔬菜農家も実行しているが，全般的な生産力押上効果のほどはなかなかみえてこない。こうした状況のなかで，ごく一部の農家で徐々に輪作体系の採用や関係指導機関の助言による新種作物の導入が進み，きゅうりの周年4作型の産地ではなす・いんげん・はくさい・キャベツ・トマト・さやえんどう等も出荷されるようになった。6品種・11類型に及ぶ「指定産地」指定によって，葉物3品型産地にもトマト・ピーマン・きゅうり・未成熟とうもろこし・しいたけ・グリーンボール・なす・ねぎ・だいこん・ほうれんそう・ちんげんさい等の作付が見られ，春レタス―秋冬レタス・夏ねぎ―グリーンボールの輪作体系も確立した。いわば単品特産地が総合産地化・周年産地化の様相を帯びてきたといえよう。

　生産者のこうした動きに対して，産地仲買人たちは，昭和30年代における消費市場独占時代の単品移出型，季節限定型，地域限定型の営業に限界を感じて，上武蔬菜園芸地帯の業者を見本にした多品目詰め合わせ移出に転換した。営業期間の長期化も当然視野に入れる業者が増えた。その結果，産地の性格に変化があらわれはじめた。ひとつは，仲買人たちからも産地農民や市場に対して，栽培品目，取扱品目の多様化を要請するようになったことである。これは農民たちの栽培品目の多様化指向ならびに指定産地制度と結合して，上記のように特産地的性格に総合産地の性格を新たに付与する方向に機能した。もうひとつは，産地市場に対して地元産以外の蔬菜を中央卸売市場から転送荷で入れることを要請する業者が増えたことである。この方法は，産地農家に新規栽培品目の増産を要請するより遥かに即効的であり，普及も

速かった。ともあれ仲買人の対応と蔬菜農家の動向とは，それぞれ互いに影響し合いながら，新しい産地の性格を形づくっているといえる。

第四節　蔬菜園芸地帯の生産と流通の新局面

最後に，1）大阪府を中心とする近郊蔬菜産地について，産地仲買人と中央・地方卸売市場の巡回集荷活動がもたらす産地形成機能を概観し，2）次いで産地仲買人の類型とその業者的性格に関する，利根川中流域蔬菜園芸地帯の総括を，大阪府・堺市近郊産地との比較を交えながら試み，3）結びとして，蔬菜流通の新局面について言及し，本章を閉じることにする。

大阪近郊の業者流通形態と産地形成　大阪の市場で近郊蔬菜作農民たちが市場対応を行う場合は，A）大阪市中央卸売市場における巡回集荷（本場＝青和会・東部市場・大阪府中央卸売市場）または近郷売場（東部市場・大阪府中央卸売市場），B）百姓市（野市）由来の歴史を持つ地方卸売市場の買い付けと巡回集荷，C）産地仲買業者の青田買い，以上の3形態をとおして推進されると考えて大過ないだろう。

A）のうち最も影響力の大きいとみられる「清和会」については，軟弱蔬菜類の立売り人に対して，大阪府が1983（昭和58）年に「府下産指定蔬菜専業仲買人」の名称を与え，卸売業務の代行を公認したものである。1994年現在，35名の業者が公認されていた。基本的な集荷形態は，午後，農家の圃場を巡回し，生産者から無条件委託された蔬菜を，翌早朝に本場内の各店舗に直接搬入するものである。取引は長期契約の相対売りが一般的である。軟弱蔬菜の大部分は彼らによって搬入される。集荷圏は本場を中心に半径50kmにおよび，大阪府をはじめ京都，兵庫，奈良の一部まで包括している（都市農業の軌跡と展望）。地場の産地仲買人や市場関係の産地仲買人の巡回集荷活動が，出荷労働の節減効果をとおして，大阪および近県蔬菜産地の存続と発展に与える影響は大きい。

青和会方式のメリットとしては，少々の入荷増でも値崩れが少なく，価格が相対的に安定していること，高品質物の出荷で市場の信用を得た場合には，

以後，相対的に高価格での販売が可能になること等の点が指摘されている。他方，デメリットとしては，搬出距離が遠いこと，品質，荷姿，規格が厳しく出荷労働が強化されること，資材経費がかかること，零細生産者が排除されやすいこと等が指摘されている（都市農業の軌跡と展望）。

B）地方卸売市場の動向は，中央卸売市場を核にした流通整備過程で，一方の極に広域的集荷能力を持つ大規模地方卸売市場を創出し，他方の極に中央卸売市場からの転送荷に依存する零細地方卸売市場を生み出す結果となった。本来，地方卸売市場はその成立の起源からして，零細な蔬菜生産者を多く含む地元産地との結合が強く，その点からも産地市場的性格を長期にわたって維持してきた市場である。事実，大手地方卸売市場でも，集荷上の全国展開を進める一方で，府下あるいは近隣の主要産地に向けて巡回集荷を行うほか，軟弱物についてはコンテナ方式の導入等地場産蔬菜の集荷に独自の努力を払っている。産地維持機能については，改めて指摘するまでもない。もとより，府下の蔬菜作農民も，市場の出荷勧誘以外に，近隣の地方卸売市場への自主的出荷も進めている。

大阪府下の地方卸売市場の場合，その経営的性格が，利根川中流域産地市場群の場合と決定的に異なる点は，前者の地場流通型市場に対する後者の産地中継型市場の違いである。産地市場と産地仲買人が相互補完的に結合している利根川中流域産地市場群に比較すると，大阪府下の場合，地方卸売市場の経営的性格は産地市場と消費市場の両面を形成し，小規模市場ほど「地産地消」型に大きく傾斜していることが考えられる。都市近郊農業地帯の地域的性格の変化—都市化—を媒体に考えたとき，地方卸売市場の機能は，成立当初に比べると大きく変質していることが理解できる。したがって，現状からは，産地仲買人の動向が地方卸売市場の集出荷業績を大きく左右したり，ましてや隔地配荷機能を発揮する可能性はほとんど考えられない。いわば大阪府下に立地した地方卸売市場のレーゾンデートルとは，本来，生産者のために存在する市場であり，産地仲買人とは近郊蔬菜の集荷上同質・同格で，時に競合する存在だったと考えてよい。多くの零細地方卸売市場ほど，府下産蔬菜と生産者出荷の比重が増していくことがその証左である（藤田武弘

1989)。

　地方卸売市場への出荷上のメリットは，生産者にとって市場距離が近く労働節約的意義が大きいこと，なかでも巡回集荷の省力効果は大である。中央卸売市場になじまない質量の商品でも受け入れること等が挙げられる。デメリットとしては，生産過剰時に出荷制限を受けること，不連続出荷が嫌われること，総じて中央卸売市場より価格が安いこと等が指摘されている（都市農業の軌跡と展望）。

　C）産地仲買い業者への出荷は，委託より青田売りが多くを占める。出荷品目は菜類・青ねぎ・しゅんぎく・かぶ・みつば・ふき等の軟弱物が主流である（表終.1）。なお，業者扱いのメリットは，農家の圃場を巡回集荷するため，地方卸売市場への出荷以上に，生産者にとって収出荷労働の節約効果が大きく，年間の経営計画に寄与するところが少なくない。さらに両者の信頼関係に基づいた安定的価格形成が可能であること等も考えられている。デメリットは価格高騰時に市況が反映され難いこと，生産過剰時に取引制限を受けることがある等の点が指摘されている（都市農業の軌跡と展望）。

　東西流通業者の地域間比較　はじめに，高度経済成長期の大阪府における産地仲買商人の類型とその業者的性格をみておこう。仲買人の類型では，たまねぎ類型を除いて他に追随するものはないといわれてきた（都市近郊野菜経営）。そこで，たまねぎ以外の大阪府・堺市近郊蔬菜産地の業者類型について，以下触れてみたい。

　第一は，大阪府下各地で周年栽培されている青ねぎ専門業者類型である。大規模業者で，出荷も中央卸売市場に限られる。第二は，にんじんを主として扱う業者類型である。出荷期以外は果菜類・ほうれんそう・しゅんぎく等も扱う。第一類型と同じく大規模業者である。第三の類型は，軟弱蔬菜類を扱う零細業者である。出荷対象も地方卸売市場か大規模仲買人である。この他に近年，地方卸売市場の経営者が，産地仲買人の機能を兼ねている場合も見られるようになった。これも新しい業者類型の一つといえるが，分類基準に馴染まない感がなくもない（都市近郊野菜経営）。いずれも青田買いによる労働節約を通して，近郊農家の経営計画にかかわるほどの影響力を持つとみら

終章　産地市場・産地仲買人と産地形成

表終.1　大阪市中央卸売市場本場における主要大阪産蔬菜の入荷量(1990)

(単位：t，百万円，%)

品　目	本場総入荷量	うち大阪産入荷量		うち仲買業者集荷量	
キャベツ	23,979	4,434	(18.5)	―	
菜　　類	2,605	2,526	(97.0)	2,525	[100.0]
タマネギ	30,376	1,302	(4.3)		
ナ　　ス	6,988	1,139	(16.3)	12	[1.1]
アオネギ	2,440	770	(31.6)	768	[99.7]
キュウリ	15,393	429	(2.8)	―	
フ　　キ	858	382	(44.5)	―	
サトイモ	4,130	360	(8.7)	―	
シュンギク	457	353	(77.2)	332	[94.1]
ト　マ　ト	12,265	329	(2.7)	―	
カ　　ブ	1,211	310	(25.6)	310	[100.0]
ホーレンソウ	4,008	190	(4.7)	189	[99.5]
ミ　ツ　バ	719	157	(21.8)	118	[75.2]
ハクサイ	18,415	101	(0.5)	1	[1.0]
エダマメ	1,283	85	(6.6)	57	[67.1]
野菜計　(数量)	313,300	15,760	(5.0)	5,442	[34.5]
(金額)	87,940	4,759	(5.4)	1,854	[39.0]

注：1）品目は本場における大阪産入荷量上位15品目をとった。
　　2）(　)：本場総入荷量に対する大阪産入荷量占有率
　　　　[　]：大阪産入荷量に対する仲買業者取扱量占有率
　　3）仲買業者取扱品目には，表出の他に「野菜加工品（モヤシ）」1,031 t，「ダイコン」92 t 等がある。
資料：大阪市中央卸売市場本場資料および『大阪中央卸売市場青果物流通年報（野菜編）』，『大阪市中央卸売市場年報』により作成。
　　　『都市農業の軌跡と展望』より転載。

れているが，その後の変貌については，資料的制約から，1990年代半ばを超えて論ずることはできない。ただし，少なくとも類型別に出荷対象，営業規模の面で分化が進行していることだけは推定できる。

　軟弱蔬菜を扱う産地仲買人を市場単位でみると，大阪市中央卸売市場本場，大阪木津地方卸売市場，天満卸売市場（問屋市場），大阪青果卸売協同組合（通称恵比寿市場）の業者たちが，依然，旺盛な集荷活動を展開している。これらの産地仲買人たちは，多くの場合，農家の蔬菜圃場を巡回集荷することで，高齢化した農家や相対的に作付規模の大きい農家に対して，収穫，調整，

出荷労働上の節減効果をもたらしているという（都市農業の軌跡と展望）。産地の維持・発展にかかわるこれらの機能についてはすでに述べたとおりである。

　次いで，本書が問題とする利根川中流域蔬菜園芸地帯における仲買人の業者的性格とその変貌について考察してみたい。最も特徴的な仲買人の変化は，上武蔬菜園芸地帯でみることができる。ここでは産地市場自体が階層的な分化を示し，かつ産地仲買人も昭和40年代後半以降，移出業から加工業，加工・移出業，移出業に三類型化され，さらに大手移出業者の下請け業者，あるいは資本的・経営的に系列化された単なる代理買い付け業者も出現している。業者の階層分化と淘汰が著しい産地である。商品の仕入れ方法も多様化し，直買い，産地市場仕入れ，委託等に分かれている。

　移出先は昔ながらの積雪寒冷地への「山出し」と「京浜送り」に大別され，送り荷は大部分が蔬菜全般のいわゆる詰め合わせ出荷である。類型上の分化がみられるのは「京浜送り」においてである。近年，手数料商人的性格の強まりがみられる。ただし，積雪寒冷地帯における青森県（十和田地方）の事例が示す「山出し」地域の蔬菜消費地から産地への変貌が，今後，移出業者の業者的性格にいかなる影響を及ぼすことになるか，注目すべき問題点である。利根川右岸低地農村における圃場の50％を超えるねぎ作への特化傾向（上武生産市場社長）も，産地と産地仲買人の性格にどう影響していくか注視する必要があるだろう。

　邑楽台地・板倉低地蔬菜園芸地帯と猿島・結城台地蔬菜園芸地帯では，蔬菜の詰め合わせ移出業者が大勢を占め，また後者には単品移出業者が存在し，差益商人的性格を強く残している。移出先は，きゅうりを主とする市場では東北，北海道，京浜地帯等の遠隔消費地または大消費地出荷が目立ち，葉物3品を主とする市場では関東諸県の地方中核市場を中心に移出している。いずれも商品特性としての重量比価を考慮した輸送範囲の選定である。中央卸売市場からの転送荷の入荷が，零細市場ではとくに大きな地位を占めているが，産地仲買業者の経営的性格を知る上で重要な問題点である。加えて，営業期間の通年化指向と集荷圏の広域化の動きも，所得の安定以外に系統の圧力を見据えた，業者の新しい経営的性格を示す指標となっている。

終章　産地市場・産地仲買人と産地形成

ともあれ，流通近代化が進行するなかでその存在が否定され，あるいは存続自体が過度期的なものとして捉えられているなかで，一部農村には依然，地域性を伴いながら産地流通業者が存在を主張している。理由は彼らが産地高の市況をつくり出していること，「青田買い」「圃場買い」「庭先買い」「委託契約」「運搬委託」等の売買方式が，農家労働力の老齢化が進行するなかで，改めて見直されていることも存続理由として指摘できる。もちろん，特定の商品に仲買業者向きの商品特性を持つものがある以上，そして大規模流通組織と集散市場体系の大きな網の目からこぼれる小市場が存在する限り，変質を前提としながらも，産地流通業者の存在を必要とする状況はこれからも続くと考える。こうした産地高の市況，各種売買方式の成立，商品特性の存在，大規模流通組織の限界などが，産地市場・産地仲買人の活動を通じて産地の維持と発展に寄与してきたことは，これまでの論考からすでに明らかにしたとおりである。

蔬菜業者流通の新局面　1980年代後半以降，産地市場関係者の間で意識されるようになったのが，青森，長野等の新興産地問題である。とりわけ，青森の事例は衝撃的にデビューした。1992年秋の台風被害でもたらされた蔬菜高騰の危機が，意外に短期間で収束した。収束理由その1は，被害報道の割に中央卸売市場の入荷量が減少しなかったからである。とくに青森，北海道等から系統はもとより産地仲買人による京浜地区への卸売市場出荷が集中したためである。理由その2は，スーパー等の小売業界の「安値放出」による需給調整効果であり，間接的には産直の実現にかかわった産地市場—産地仲買人の存在と機能である。理由その1における仲買人出荷は，通常なら10月中に終了予定の地場産キャベツ・だいこん・ねぎ・きゅうり等が12月まで産地市場（十和田青果）に出荷され，産地仲買人の手で京浜地区の中央卸売市場に仕向けられたという（森　祐二1992）。

昭和末期頃までは，ながいも・にんにくの特産地としての認識しかなかった青森県の夏〜秋物蔬菜産地は，土壌の新しさ，気温の日較差が大きいこと等から高原蔬菜産地を凌駕するほどの適地として急速な発展を遂げてきた。積雪寒冷地域における新興産地の成立と京浜市場への進出は，青森に限らず

長野（長野県連合青果市場—産地市場連合体），仙台平野（南部・施設物果菜，周辺部・葉菜類），北上盆地（北部・葉物三品，南部・果菜），花輪盆地（夏物果菜）等の東北諸県にも見られるという（上武産地市場社長，青果物流通コンサルタント・大倉明博）。

　もとより，これら積雪寒冷地域での業者流通の成立を伴う蔬菜生産の発展は，夏〜秋物に限定され，関東諸地域の蔬菜生産と全面的な競合関係の成立を意味するものではない。しかしながら，少なくとも夏〜秋物における市場競争は，地元積雪寒冷地域への関東諸地域からの移出排除あるいは京浜市場への逆進出という枠を超えて，一部蔬菜の初冬ないし越冬出荷をとおして，不完全ながらいわゆる「地産地消」の実現をもたらそうとしている。上武蔬菜園芸地帯に展開する「山出し」業者にとって，これまでの営業圏（仕向け先消費地）が競合産地になろうとしているわけである。こうした状況の主たる原因として，上記社長は温暖化現象の影響を指摘しているが，米作付制限，関係者の経営努力等も見落とせない要因であろう。時代はまさに産地間競争を超えて，積雪寒冷地対関東の新旧産地市場間競争という新局面に移行しようという気配をみせている。

文献および資料
愛知県農会（1911）：『愛知県園芸要鑑』．
愛知県西春日井郡編（1924）：『西春日井郡史』．
愛知県農林部編（1949）：『農林要覧』．
新井鎮久（2010）：「近世・近代における近郊農業の展開」古今書院．
大阪府史編集専門委員会（1987）：『大阪府史　第六巻』．
大阪府農業会議編（1994）：『都市農業の軌跡と展望』．
小泉浩郎（1969）：「流通機構の変化と市場対応」（農林省農業技術研究所編『産地形成と流通』）．
名古屋鉄道局（1929）：『尾張の蔬菜と市場』．
農林水産技術会議事務局編（1968）：『都市近郊野菜経営』．
農産物市場研究会編（1990）：『問われる青果物卸売市場』筑波書房．
野菜生産流通問題研究会編（1988）：『日本の野菜』地球社．
藤田武弘（1989）：「市場対応からみた都市近郊軟弱野菜産地の存立条件」農政経済研究　第16集．
森　祐二（1992）：『青果物の市場外流通』家の光協会．

あとがき

　著者の研究領域である農業問題を，体力と気力のあるうちに，一連の本に整理し出版しておきたいという思いが，ずっと心の中にくすぶり続けていた。ようやく構想がまとまり，仕事が始まった。過去の業績の1部を根幹に据え，これに欠落個所を補綴して全体を構成することになった。

　至福の時間を楽しむなかから，三部構成の第一冊目―『近世・近代における近郊農業の展開』―が，2010年の初秋，多くの人たちの力を借りて古今書院より刊行の日を迎えた。翌2011年初夏，余力を駆使して第二冊目―『自然環境と農業・農民』―を一挙に編み上げた。農民にとっての自然環境の意味とその変質過程を，技術・資本・労働に視点を置いてまとめた作品である。いわゆる環境生態学的なそれゆえにまたより本質的な地理学研究である，と理解し自負もしている。方法論的な枠組みで括られた二冊目の古今書院からの出版であった。

　2011年の晩秋，三部作の三冊目をまとめるべく引き続いて書斎にこもる日々が始まった。一・二冊目のころと比べると，さすがに仕上げなければ，という責任感のようなものが働いて，我ながらよく頑張るな，と己の根性を自覚することが多くなった。2012年の早春，三部作のしんがりを務める―『産地市場・産地仲買人の展開と産地形成』―なる作品が脱稿した。至福の時とまではいかないが，執筆・編集の作業が一つの生甲斐になっていた筆者に，ついに擱筆のときがきた。

　よる年波で，作業の質がめっきり低下した著者の意欲を支え続けた「頑張りの源」は，実は著者の生い立ちの中に宿っていた。それは父親の存在とその生き方の影響であった。父は農村恐慌期の真っただ中で中規模養蚕農家の家督を継ぎ，農民としての将来について真剣に悩み考える日々を送っていた。満蒙開拓に未来を求めて内原訓練所の門もたたいた。これは家督相続人という理由で不許可となった。ついで桑園一色の養蚕地帯に，仲間の農民3名で蔬菜作を導入し，現金収入の道を模索した。父の蔬菜作りは，桑園間作を超

えた平畑の経営であった。養蚕との2足のわらじではなく，蔬菜作農家に比重を移した覚悟のほどを反映していた。蔬菜類の販売先は，自力で開拓した中島飛行機太田工場の従業員寮の賄い方であった。

　父の蔬菜作りは戦後も規模を広げて続けられた。夏物は伊勢崎の消費市場まで自転車に小判籠を付けて著者が搬出した。冬物は新潟の問屋へ貨車を仕立てて移出した。利根川左岸沖積低地帯農村における生産者兼移出業者の草分けであった。父の商農的経営感覚はこれに留まらず，都内に進出して青果業を開き，そこへ自家産蔬菜・近隣農家産の蔬菜を送り込むという産直構想も描いていた。もちろん青果店は筆者に経営させるつもりであった。この構想は筆者の発病で頓挫した。おかげで筆者は家督継承者の重責を解かれ，自由に生きる道を選択することになった。父の期待を裏切り，次弟に家督相続の重責を任せたことへのせめてもの償いとして，筆者は農業地理学を専攻し，「蔬菜の生産と流通」の研究に半世紀を傾注することになった。両親・次弟と話題を共有し，気持の上で深い繋がりを持っていたいという心情の表れでもあった。今，実家は父親時代を上回る内面的規模拡大の下に，次弟の手で蔬菜農業が営まれている。ここに著者の長年の思いを込めて編んだ本書を，亡き父への鎮魂歌として捧げ，併せて実家と兄弟の人生を護ってくれた次弟に心からの感謝を込めて贈呈したいと思う。

　末筆になりましたが本書の作成に当たって，多くの章節で文献引用をさせて頂いた藤田武弘氏，小泉浩郎氏をはじめとする諸先輩方，ならびに温かいお力添えを下さった元上武生産市場社長　鶴田静雄氏，東群青果社長　小林正親氏，資料収集過程で今回もまた懇切丁寧な協力を頂いた日本大学文理学部教授　井村博宣氏，出版社との連絡・調整・印刷段階で万全の協力を頂戴した東海大学教授　鈴木康夫氏等々の皆様に厚く御礼申し上げます。また，出版の機会を与えて下さった図書出版成文堂と，格別のご配慮と御指導を賜わった本郷三好氏・飯村晃弘氏をはじめスタッフの皆様に重ねて御礼申し上げます。誠にありがとうございました。

　　　2012年3月

　　　　　　　　　　　　　　　　　　傘寿と早春を迎えて　新井鎮久

事項索引

（あ）

青田売り ……………… *186, 189, 196*
青田買い ……………… *177, 186, 196, 199*
青田買い業者 ……………………… *64*
青田師 ……………………………… *5, 192*
青森県の夏～秋物蔬菜産地 ……… *199*
アゲッ田 ……………………… *25, 29*
渥美半島 …………………………… *188*
後作のはくさい栽培 ……………… *73*
荒川中部開発計画 ………………… *16*

（い）

飯沼干拓 …………………………… *28*
委託 …………………………… *77, 196*
委託契約 …………………………… *199*
板倉生産商業協同組合 …………… *75*
板倉中央青果市場 ………………… *78*
板倉低地帯 ………………………… *22*
一元集荷体制の確立 ……………… *73*
一元出荷体制 ……………………… *116*
1年3毛作 ………………………… *71*
市場依存度 …………………… *179, 181*
市場の運搬委託 …………………… *192*
市場の産地支配力 …………… *145, 172*
市場の庭先買い …………………… *192*
茨城むつみ農協 …………………… *67*

（う）

運搬委託 …………………… *79, 199*

（え）

営業形態 …………………………… *179*
越冬出荷 …………………………… *200*
遠隔大型産地 ……………………… *186*
遠隔出荷 …………………………… *132*

遠隔新興産地の成立 ……………… *189*
遠隔輸送園芸型地域 ……………… *55*
遠郊農業地帯 ……………………… *4*
遠方買参人の撤退 ………………… *148*

（お）

邑楽台地 …………………………… *22*
邑楽台地・板倉低地 ……………… *45*
邑楽台地・板倉低地蔬菜園芸地帯 …… *21, 22,, 81190, 192, 198*
邑楽台地・板倉低地帯 …………… *72*
大型共販体制 ……………………… *3*
大型産地 …………………………… *131*
大阪・堺近郊蔬菜産地 …………… *189*
大阪・堺近郊農村 ………………… *192*
大阪府・堺市近郊蔬菜産地の業者類型
 ……………………………………… *196*
大里一元出荷体制 ………………… *129*
大手仲買人 ………………………… *153*
送り師 ………………………… *187, 188*
送り師集団 ………………………… *4*
尾張蔬菜 …………………………… *187*

（か）

階層分化 …………………………… *183*
階層変動 …………………………… *109*
価格決定権 ………………………… *179*
価格の広域的平準化 ……………… *82*
価格の市場間格差 …………… *40, 57*
価格の平準化 ……………………… *112*
核心的濃密産地 …………………… *126*
過小農の集積 ……………………… *142*
仮設市場 …………………………… *41*
勝手市場 ……………………… *41, 74*
家督相続予定人 …………………… *164*
上福岡青果市場 …………………… *158*

関東内陸の洪積台地 …………………… 37
関東内陸の農村地帯 …………………… 160
関東農政局の指摘 ……………………… 130
関東北西部蔬菜産地 …………………… 157

（き）

機械化省力一貫体系 …………………… 29
規格管理 ………………………………… 131
季節市場 ………………………… 142,143
季節営業 ………………………………… 64
季節業者的性格 ………………………… 120
季節限定型 ……………………………… 193
季節的蔬菜移出業者 …………………… 190
北関東洪積台地農村 …………………… 190
北関東蔬菜作農村 ……………………… 160
逆移入 …………………………………… 179
休業期間 ………………………………… 61
競合産地 ………………………………… 200
恐慌脱出期 ……………………………… 109
業者委託出荷 …………………………… 132
業者属性 ………………………………… 176
業者的性格 ……………………………… 174
業者の階層分化 ………………………… 198
業者流通 ………………………… 2,3,4,5,6
業者流通の安定的継続性 ……………… 176
共同出荷 ………………………………… 2
共同出荷体制 …………………………… 104
京都の振り売り ………………………… 185
共販体制 ………………………………… 131
近県物蔬菜産地 ………………………… 35
近郷売場 ………………………………… 194
近郊外縁蔬菜園芸地帯 ………………… 37
近郊外縁蔬菜園芸地帯成立の基礎 …… 38
近郊外縁蔬菜作農村 ………………… 6,56
近郊外縁部農村 ………………………… 89
近郊蔬菜園芸型地域 …………………… 55
近郊蔬菜園芸地域 ……………………… 157
近郊蔬菜作農民 ………………………… 194
近代青果物流通の雛型 ………………… 56
近代的産地市場 ………………………… 143
近代的連続堤防 ………………………… 40

近隣都市への挽き売り ………………… 85

（く）

軍需工場 ………………………………… 137
軍需都市 ………………………………… 137
郡・村農会 ……………………………… 56
群馬県南部蔬菜園芸地域 … 14,17,20,167
群馬境中央市場 ……… 44,143,146,151,171
群馬境中央市場の集荷圏 ……………… 144
群馬境中央市場の取扱品目 …………… 145

（け）

経済自力更生運動 ………………… 35,136
経済連 …………………………………… 116
系統出荷 …………………………… 45,188
系統出荷網 ……………………………… 182
系統・商社 ……………………………… 167
京浜市場資本 ……………………… 110,124
軽量蔬菜の選好 ………………………… 157
県北蔬菜産地 …………………………… 159

（こ）

広域集荷圏 ……………………………… 155
広域配荷性 ……………………………… 77
工業団地 …………………………… 20,30
工芸作物 ………………………………… 1
高原蔬菜産地 …………………………… 199
工場誘致政策 …………………………… 20
洪積台地 ………………………………… 173
洪積台地農村 ……… 85,86,88,106,109
洪積台地農村市場 ……………………… 96
洪積台地の基本的経営類型 …………… 191
耕地整理組合法 ………………………… 18
高度経済成長期 …………… 52,160,189
高度経済成長期以降 …………………… 162
購入肥料 ………………………………… 136
国営鬼怒川南部農業水利事業 ………… 28
国営畑地灌漑事業 ……………………… 20
国営渡良瀬川沿岸農業水利事業 ……… 19
穀菽農業 …………………………… 37,42
穀桑型農産物の価格暴落分 …………… 72

（さ）

埼玉県青果物配給統制規則 ………… *105*
埼玉県北部蔬菜園芸地域 ………… *11,165*
埼玉県北部蔬菜産地 ……………… *173*
埼玉県北部蔬菜産地確立の基盤 …… *142*
埼玉産直センター ………………… *165*
栽培品目の多様化・総合化 ……… *43*
差益商人 ………………… *41,60,182*
差益商人的性格 …… *65,81,174,180,198*
差益商人的性格の追及 …………… *131*
差益商人的な仲買業者 …………… *192*
差益商品的性格 …………………… *160*
境大橋 ………………………… *31,50*
境町中島集落 ……………………… *161*
猿島・結城台地 ………………… *45,55*
猿島・結城台地蔬菜園芸地帯 …… *28,190,198*
猿島・結城台地農村 …………… *50,60*
猿島・結城台地の畑作農村 ……… *47*
猿島・結城両台地農村 …………… *66*
産業間所得格差 …………………… *160*
産地育成資金 ……………………… *110*
産地依存度 ………………………… *176*
産地市場 ………………………… *45,187*
産地市場・産地仲買人 …………… *192*
産地市場体制 ……………………… *132*
産地市場的性格 …………………… *187*
産地市場の集荷圏 ………………… *62*
産地市場の成立 …………………… *45*
産地市場買参人の動向 …………… *150*
産地市場流通 ……………………… *57*
産地開拓 …………………………… *178*
産地形成 ……………………………… *7*
産地形成機能 …………………… *189,194*
産地市場 …………………………… *41*
産地市場依存度 …………………… *120*
産地市場 ……………………………… *7*
産地市場支配 ……………………… *110*
産地市場出荷 ……………………… *67*
産地市場体制 ……………………… *104*

産地市場的性格 …………………… *159*
産地市場の優位性 ………………… *68*
産地支配 …………………………… *124*
産地支配力の低下 ………………… *170*
産地高の市況 ………………… *192,199*
産地高の市況形成 ………………… *182*
産地中継型市場 …………………… *195*
産地仲買業者の青田買い ………… *194*
産地仲買人 …… *5,6,7,36,37,38,40,41,42,45,127,176,186,190,197*
産地仲買人出荷 …………………… *189*
産地仲買人の経営的性格 ……… *119,173*
産地仲買人の大量発生 …………… *100*
産地仲買人の発生 …………… *99,100*
産地仲買人分布地域 ……………… *190*
産地の形成と維持 ………………… *189*
産地の持続的発展 ………………… *51*
産地の性格 ………………………… *77*
産地の濃密化 ……………………… *172*
産地流通業者 ……………………… *74*
三和蔬菜出荷組合 ………………… *65*

（し）

直買い ………………………… *177,178*
仕切り ……………………………… *77*
市場外流通 …………………… *158,185*
市場外流通ルートの確立 ………… *182*
市場規則 …………………………… *98*
市場組織の違い …………………… *94*
市場間価格差 ……………………… *60*
市場存続要因 ……………………… *69*
市場発展の基礎的条件 …………… *124*
下請け業者 ………………………… *174*
下請け業者化 ……………………… *182*
湿田土地改良 ……………………… *29*
指定産地 ………………… *3,55,193*
「指定産地」指定 ……………… *48,57*
指定産地制度 …………………… *51,129*
地場流通 …………………………… *3*
地場流通型市場 …………………… *195*
地元産地市場出荷 ………………… *158*

若年労働力の在村流出	160
受委託関係の成立	177
集荷競合	62
集荷量の減少	165
集散市場体系の確立	82
集散市場体系	3,7,130,199
収・出荷労働の節約	189
周年栽培	55
周年栽培の濃密産地	73
重量比価	40,57,82,192,198
主産地形成	126
主産地形成機能	129
主産地形成段階	128
出荷労働の節減効果	194
首都近郊外縁農村	35,36,37,51
首都近郊農業地帯	40
首都近郊農村	50
巡回集荷	197
巡回集荷活動	194
巡回集荷の省力効果	196
準産地市場	159
商業的農業	72
商系出荷	188
商農	189
商農的気質	2
消費市場	187
上武生産市場	44,111,129,147,153,168
上武生産市場の集荷圏	144,170
上武生産市場の取扱品目	145
上武蔬菜園芸地帯	16,45,45,135,140,141,150,198
上武蔬菜園芸地帯の核心地域	172
上武蔬菜園芸地帯の黎明期	135
昭和村	160
女子の余剰労働力	85
新旧産地市場間競争	200
新興産地	125,199
新興産地群	160
新興産地問題	199
新産地開拓	170
侵食谷	25

(す)

すいかの接木技術	47,57
スプロール現象	32

(せ)

青果物統制	120
青果物統制解除	109,119
青果物配給統制規則	89
生産者兼仲買人	118
生産物販売手段	67
生産力押上効果	193
生産力形成条件	52
成熟産地	176
清和会	194
積雪寒冷地	198
関宿橋	31
前作の陸田水稲栽培	72
千住市場	188
専属代理買い付け	123

(そ)

桑園間作	87,88,89,124,136
桑園間作蔬菜の市場開拓	101
桑園蔬菜間作	1,190
総合産地	45
総合産地化	80
総合産地化・周年産地化	193
総合産地の形成	43
総合的周年型産地	55
総合的蔬菜産地	160
総合的な蔬菜産地	45
促成栽培	73,141
蔬菜作草分け三軒	161
蔬菜産地形成の揺籃期	99
蔬菜産地の形成機構	107
蔬菜集荷量の減少	166
蔬菜主業型農家群	124
蔬菜専業農家	153
蔬菜専作型農業	137

事項索引

蔬菜二毛作 …………………………47
蔬菜二毛作体系 ……………………42
蔬菜の詰め合わせ移出業者 ………198

（た）

大規模地方卸売市場 ………………195
大規模濃密産地 ………………………6
大規模流通組織 ……………………199
台地畑作農村 ………………………49
大都市中央卸売市場 ………………122
代理買い付け ………………………122
代理買い付け業者 …………174,182
大量規格品 …………………………186
立売り人 ……………………………189
建値市場化 ………3,4,7,79,82,122,182
旅荷 …………………………………3
多品目出荷型 ………………………116
多品目地方卸売市場出荷 …………174
多目的雑木林 ………………………51
男子余剰労働力 ……………………85
単独配荷 ……………………………66
単品移出型 …………………………193
単品移出業者 ………………………198
単品型産地 …………………………55
単品出荷型 …………………………116

（ち）

地域限定型 …………………………193
地産地消 ……………………………200
地方卸売市場のレーゾンデートル …195
地方卸売価格の平準化 ……………172
地方集散市場 ………………………187
チャーター便 ………………………181
中央卸売市場体系の確立 …………120
中央卸売市場の建値市場化 ……112,172
中央卸売市場法 ………………………4
中継市場的性格 ……………………188
中国人農業研修生 …………………55
沖積低地 ……………………………173
貯蔵性 ………………………………40

（つ）

通年営業 ……………………………61
通年型営業 …………………………64
通年型土地利用 ……………………89
嬬恋村 ………………………………160

（て）

手数料商人 ………………………41,182
手数料商人化 ………………………65
手数料商人化の徹底 ………………131
手数料商人的業者 …………………174
手数料商人的性格 ………………81,180
鉄骨ビニールハウス栽培 …………73
転送荷 ……43,45,60,79,176,177,187,193,198
転送荷依存 …………………………80
転送荷体系 …………………………116
転送荷体系の確立 ………79,112,122,172
転送荷体系の浸透 …………………182
伝統的産地 …………………………157
伝統的蔬菜園芸地帯 ………………6

（と）

投機性 ………………………………186
投機的仮設市場 ……………………110
投機的性格 …………………………178
東京送り ……………103,105,127,142
東京行商 ……………………………185
東京中央卸売市場の大規模化 ……132
統制経済期 …………………………90
特産地的性格 ………………………193
都市型市場 …………………………187
利根川右岸低地帯 …………40,91,159
利根川右岸農村 …85,86,87,89,100,106,107,108,109,129,130,138,153,190
利根川右岸農村市場 ………………96
利根川右岸の振り売り業者 ………105
利根川左岸農村 ……………………138
利根川自然堤防帯 ……………………9
利根川舟運 …………………………49

207

利根川治水工事の影響 …………………100
利根川中流域蔬菜園芸地帯 ……6,16,81,
  193
利根川・広瀬川沖積低地帯 …………160
利根・広瀬沖積低地帯 ………………159
トンネル栽培 ……………………………73

(な)

仲買商人化 ……………………………190
仲買人 ……………………………………58
仲買人の営業形態 ……………………174
仲買人の業者的性格 …………………198
仲買人の分解 …………………………182
中川下流域農村 ………………………100
長野県連合青果市場 …………………200
投げ師 ………………………2,103,188
投げ師集団 ………………………………4
投げ師的性格 …………………………82
夏～秋蔬菜 ………………………………87
夏枯れ期 ………………………………128
軟弱蔬菜 ………………………………197

(に)

荷口の大型化 …………………153,172
荷引き力 …………………………………58
庭先買い …………………177,181,199
庭先仕切り ………………………………79
任意組合の結成・共同輸送 ………132

(ね)

年間価格差 ……………………………192

(の)

野市 ……………………………………189
農家の委託販売 ………………………180
農間副業 ………………………………100
農業基本調査 …………………………141
農協経営型市場 ………………………110
農業経済史的契機 ………………………37
農業研修生 ……………………………193
農業後継者 ……………………………162

農協資本 ………………………………110
農協集配センター ……………………168
農協離れ ………………………………132
農業離脱農家 …………………162,164
農業労働力の老齢化 …………………140
農村恐慌 …………………………………47
農村恐慌期 ………35,36,42,72,74,108
農村恐慌期以降 ………………………190
農村恐慌期以降の開墾 …………………37
農村恐慌期以前 …………………35,190
農村恐慌離脱後 …………………89,99
農村経済 ………………………………107
農村社会 ………………………………107
濃密産地化 ……………………………129
濃密蔬菜園芸地域 ………………………17
濃密蔬菜産地 ……128,138,139,150,155,
  159,167,167,190
濃密蔬菜産地の形成 …………………137

(は)

配荷圏 ……………………………………62
買参人の営業類型 ……………………150
買参人の減少 …………………112,148
はくさいの練り床技術 …………………57
はくさいの練床栽培技術 ………………47
畑売り …………………………………186
畑地二毛作体系の成立 ………………190
葉物3品 ……………………6,24,52
販売圏 …………………………………178

(ひ)

挽き売り ………………………………185
平畑栽培 ………………………………140
枇杷島市場 ……………………187,188

(ふ)

付加価値の創出 ………………………131
府下産指定蔬菜専業仲買人 …………194
深谷駅貨車送り出荷組合 ……………117
不完全市場 ………………………………82
副業農家統計 …………………………100

複合機能市場	187
復路便利用	118, 128
普通畑作	86
プッシュ要因	2, 35
冬蔬菜の栽培	85
冬場の農間副業	106
冬〜春蔬菜型産地	87
振り売り	185
振り売り業者	89, 91, 142
振り売り業者の経営的性格	102
振り売り業者の属性	92
振り荷組織の大型化	40, 41, 57, 191
プル要因	2, 35

（へ）

平地林	37, 51
平地林開墾	18, 87, 136
平地林開拓	190
平地林の開拓	97

（ほ）

圃場買い	192, 199
ホック	25

（む）

武蔵野台地北部農村	100
無償増資	125

（め）

芽吹大橋	50

（も）

モノカルチャー	30

（や）

八千代町	55
藪塚台地畑地帯総合土地改良事業	20
山出し	103, 105, 127, 142

（ゆ）

輸送園芸地域	157

輸送園芸地帯の確立	188
輸送能性	24, 40

（よ）

養蚕	1
養蚕経営	37
養蚕地帯	27
養蚕不況	124, 142
抑制栽培	141
余剰生産物	47

（り）

陸田水稲作	48, 49, 82
流通近代化	199
流通近代化政策	42, 57, 58, 129
流通経済組織	107
立木売り	186
リレー出荷	82
輪作体系の採用	193
輪作体系の導入	51

（れ）

零細過小農の滞留	101
零細産地市場の簇生期	159
零細地方卸売市場	195
零細副業農民	190
連作障害の発生	140

（ろ）

労働節約的意義	196
労働力の高年齢化	167
労働力の節約効果	189
労力節約効果	186
露地栽培	162

（わ）

藁框	73

著者紹介

新井鎮久（あらい やすひさ）
1932年　群馬県に生まれる
1958年　埼玉大学教育学部卒業
1970年　日本大学大学院博士課程修了
理学博士
(元)専修大学文学部教授

著書（単著）
『開発地域の農業地理学的研究』大原新生社　1975年
『地域農業と立地環境』大明堂　1977年
『土地・水・地域―農業地理学序説―』古今書院　1985年
『近郊農業地域論―地域論的経営論的接近―』大明堂　1994年
『近世・近代における近郊農業の展開―地帯形成および特権市場と農民の確執―』古今書院　2010年
『自然環境と農業・農民―その調和と克服の社会史―』古今書院　2011年

産地市場・産地仲買人の展開と産地形成
―関東平野の伝統的蔬菜園芸地帯と業者流通―

2012年7月20日　初版第1刷発行

著　者　　新　井　鎮　久
発行者　　阿　部　耕　一

〒162-0041　東京都新宿区早稲田鶴巻町514番地
発行所　　株式会社　成　文　堂
電話 03(3203)9201(代)　Fax 03(3203)9206
http://www.seibundoh.co.jp

製版・印刷　藤原印刷　　　　　　製本　弘伸製本
©2012　Y. ARAI　Printed in Japan
☆乱丁・落丁本はおとりかえいたします☆
ISBN 978-4-7923-9231-4 C3025　　　　検印省略

定価（本体2700円＋税）